가맹점 창업을 위한

프랜차이즈
시스템 실무

가맹점 창업을 위한

프랜차이즈
시스템 실무

서민교(맥세스컨설팅 대표) 지음

중앙경제평론사

● 머리말 ●

　2023년 사)외식프랜차이즈진흥원과 ㈜맥세스컨설팅이 발표한《2023 프랜차이즈산업통계현황》에 따르면 가맹본부의 평균 지속기간은 외식 6.8년, 서비스 8.9년, 도소매 10.8년으로 나타났고, 사업기간이 5년 미만인 가맹본부도 57.4%나 되어 국내 프랜차이즈 본부의 절반 정도가 설립된 지 얼마 되지 않았음을 알 수 있다.

　이는 사업기간이 길지 않은 가맹본부가 대부분이라는 의미이며, 반대로 우후죽순처럼 생겨나 소리소문없이 사라지는 프랜차이즈 본부가 많다는 것을 의미하기도 한다.

　더 심각한 것은 3년도 채 안 되어 실패하는 본부도 63.1% 정도나 되다 보니 프랜차이즈 경험자들의 노하우를 들어도 속 시원하게 답을 얻을 수 없다는 것이다.

　그렇다면 어떻게 위험부담 없이 단기간에 프랜차이즈 본부를 설립할 수 있을까?

　사업 초기부터 제대로 된 프랜차이즈 시스템을 구축하고 사업을 전개하여 본부 수익구조 극대화를 통한 우량본부를 구축하기 위해서는 2가지 방법이 있다.

　첫 번째 방법은 프랜차이즈 본부의 론칭 경험자를 사업담당자로 영입하는 것이고, 두 번째 방법은 본부 설립시스템을 구축할 수 있는 어드바이저를 맞아들이는 것이다.

첫 번째 방법은 인연이나 타이밍에 좌우되기 때문에 생각하는 것보다 스카우트하기가 힘든 부분도 있지만, 후자는 인터넷 키워드 검색으로 '프랜차이즈 컨설팅'이라고 입력하면, 수많은 프랜차이즈 컨설팅회사가 나온다.

그중에서 선택할 때 주의할 점은 바로 자기 회사에 맞는 컨설팅회사를 고르는 것이다.

컨설팅회사를 선택할 때는 컨설팅 실적과 4대 보험이 적용되는 상근 컨설턴트 보유 현황, 프랜차이즈 사업화 결과, 컨설팅 방식을 면밀히 따져봐야 한다.

컨설팅 실적은 컨설팅회사의 발자취와 신뢰도를 한눈에 볼 수 있는 항목이고 상근 컨설턴트 보유 현황은 컨설팅회사의 안정도를, 프랜차이즈 사업화 결과는 그 회사의 역량을 판단할 수 있는 기준이 된다. 특히 컨설팅 방식은 단순히 영업대행, 가맹계약서, 매뉴얼 작성 수준인지 아니면 콘셉트 제안부터 모델점 개점, 인력구축, 상품구성, 매뉴얼 설계 및 구축 등 처음부터 성장궤도에 오를 때까지 일련의 과정을 동시에 수행하는 수준인지를 파악해야 한다.

필자가 대표로 있는 ㈜맥세스컨설팅은 프랜차이즈 본부 시스템구축을 전문으로 20여 년간 꾸준히 컨설팅을 진행해왔다. 앞에서 언급한 두 번째의 '어드바이저' 역할을 그만큼 충실히 해왔다는 말이다.

이 책은 지난 20여 년간 축적된 ㈜맥세스컨설팅의 본부 시스템구축 컨설팅 경험과 학문적 성과를 바탕으로 집필된 것으로, 내용을 구성하고 집필하는 데만 꼬박 2년 6개월이라는 시간이 걸렸다. 그만큼 단순히 프랜차이즈 본부의 전개 순서만을 나열한 여느 책과는 그 차이가 명확하다고 자신한다.

그렇다면 본부 시스템을 구축할 때 반드시 들어가야 할 내용에는 무엇이 있을까?

첫째, 해당 회사에 맞는 제대로 된 시스템을 구축하기 위해서는 그 회사 및 주변 환경 진단과 분석을 해야 한다.

둘째, 타깃과 제공상품의 표준화를 통한 콘셉드 설징, 입종운영 노하우 정립, 입지상권 표준화, 상품 서비스 표준화, 가맹조건 등 요소별 유닛을 표준화해야 한다.

셋째, 프랜차이즈 밸류 체인에 맞는 본부의 체제를 구축한다.

넷째, 가맹계약서 등 툴(Tool)을 작성한다.

다섯째, 각종 매뉴얼을 만든다.

이러한 5가지 필수 사항이 해결된 후에야 비로소 양질의 프랜차이즈 사업을 전개할 수 있다.

프랜차이즈 본부는 가맹점을 늘려 본부와 가맹점 모두 성장·확대해가는 것이 본래의 목적이다. 그런데 프랜차이즈 본부를 만들기 전에 가맹점 확대 전략 위주로 사업전개를 시도하는 프랜차이즈 본부들이 한결같이 '가맹점이 모이지 않는다'라고 한탄한다.

이 책에서는 프랜차이즈 본부로서의 기능이나 툴을 정비하는 것만이 아니라 현상 분석과 이념 비전의 명확화를 제대로 행하여 전략적으로 프랜차이즈 시스템을 구축해야 한다는 것을 명확하게 보여주고 있다.

독자들이 이 책을 읽고 프랜차이즈 사업에서 빛나는 업적을 쌓기를 기대한다.

아울러, 이 책의 표지를 만들면서 그동안 필자가 컨설팅한 업체의 로고를 디자인에 사용했다. 일일이 허락을 구하지 않은 점 양해하길 바란다.

•차 례•

Chapter 1

20년의 성장,
제2의 도약을 위한 발판

자연식품, 건강기능식품 전문기업으로
성장해온 '자연먹은'

늦은 저녁, 사무실을 나선 '자연먹은'의 허준 사장은 집 근처 대형 할인점에 들렀다. 저녁을 먹고 쇼핑에 나선 노부부, 퇴근하고 장 보러 들른 싱글족, 이리저리 뛰어다니며 시식코너를 휘젓는 아이들과 젊은 부부들까지 할인점은 늦은 시간인데도 활기가 넘쳤다.

'없는 것이 없고, 게다가 이 시간에도 여유롭게 장을 볼 수 있다니 참 좋은 세상이야!'

허 사장은 문득 옛 생각이 나서 격세지감을 느꼈다. 30년 전 임신한 아내가 한겨울 깊은 밤에 갑자기 딸기가 먹고 싶다고 졸라대는 통에 밤새 농산물도매시장을 뒤지던 기억이 떠올랐기 때문이다. 지금이야 계절과 관계없이 싱싱한 농산물이 나오고 1년 365일 하루 24시간 편리하게 물건을 살 수 있으니 부부 사이에 그런 문제는 없을 것 같다는 생각에 허 사장 입가에 미소가 번졌다.

두부와 콩나물 코너에는 노란색과 초록색이 어우러진 포장지에 담긴 '자연먹은' 상품이 언제나 앞자리를 차지하고 있다. 젊은 주부도 나이 지긋한 노부부도 자연먹은의 두부와 콩나물을 집어 장바구니에 담는 모습이 이제는 익숙할 법도 한데 허 사장은 마음속으로나마 그들에게 진심어린 감사의 인사를 보냈다.

시식코너의 판매원이 자연먹은의 두부를 노릇노릇하게 부쳐내며 목소리를 높이자 손님들이 한꺼번에 몰렸다. 맛을 보고 고개를 끄덕이며 장바구니에 제품을 담는 사람들이 늘어났다. 허 사장은 뒤에서 그 광경을 흐뭇한 표정으로 바라보다가 몰렸던 손님들이 빠져나간 뒤 자신도 시식을 해보았다. 혹시라도 잘못된 점이 빌건되지는 않을까 긱정되기도 했지만 맛은 만족스러웠다. 허 사장은 판매원에게 고맙다는 인사를 한 뒤 두부 한 모를 카트에 집어넣고 자리를 옮겼다.

또 다른 코너에 진열해놓은 무공해 채소와 된장, 고추장 등 양념류는 깔끔한 포장과 다양한 맛으로 소비자를 공략하는 자연먹은의 또 하나의 대표 상품이다. 좋은 재료를 고르는 노하우를 바탕으로 출시한 냉동식품과 면제품도 좋은 반응을 얻고 있다.

허 사장은 진열된 물건이 원산지표시는 제대로 되어 있는지, 잘못 포장된 것은 없는지 종류별로 하나하나 살펴보았다. 이제는 워낙 많은 기업이 진출해서 이름도 포장도 비슷비슷한 제품을 속속 내놓지만 자연먹은이 쌓아온 '깨끗하고 건강한 식품'이라는 이미지는 소비자의 머릿속에 깊이 새겨져 있다.

허 사장은 두부와 콩나물 그리고 냉동만두를 한 봉지씩 카트에 담고 할인점 한쪽에 자리한 건강기능식품 코너로 자리를 옮겼다. 그곳에서도 자연먹은의 상품은 눈에 띄는 곳에 진열돼 있었다. 안전하고 건강한 먹거리를 넘어 내 몸에 맞는 건강기능식품에 대한 관심이 점점 커지는 요즘, 아이 손잡고 물건을 고르는 젊은 주부는 물론 중년의 남성 고객도 쉽게 볼 수 있었다. 어린이를 위한 성장 칼슘젤리, 남성들을 위한 동충하초 캡슐, 노년층을 위한 면역력 증강 기능식품, 홍삼 등 최근의 트렌드를 반영한 제품들이 소비자들의 눈길을 끌고 있었다.

허 사장은 한 달 전 이곳을 방문했을 때보다 더 많은 소비자가 상품을 자세히 살피고 고른다는 것을 깨닫고 그 모습을 유심히 바라보았다. 그러고는 한 제품을 살펴보는 듯싶더니 판매원에게 다가가 말을 걸었다.

"이 홍삼은 어디에 좋습니까?"

"아, 이 상품이오? 아무래도 중년 남성들에게 좋지요. 원기회복, 체력증진에 도움이 되니까 피로해소에도 좋고요. 드셔보신 소비자들 반응이 아주 좋습니다."

"제가 당뇨와 고혈압이 있는데 먹어도 상관없습니까?"

"이건 약이 아니라 식품에 가까워 몸에 크게 지장을 주지 않아요. 그동안 이 제품을 드신 손님들도 부작용이 있었다는 말씀은 하시지 않았거든요."

"그래도 부작용이 언제 어떻게 나타날지 모르지 않습니까?"

판매원은 잠시 제품 뒷면을 살펴보더니 다시 말을 이었다.

"네, 혹시 모르니까 제가 상세한 제품정보를 더 드릴게요. 잠시만 기다리시겠어요?"

판매원은 테이블로 가서 책자를 뒤적이더니 제품 홍보 팸플릿을 가져와 내밀었다.

"이게 뭡니까?"

"제품 성분과 효능에 대한 상세정보인데요, 한 번 읽어보시면 구매를 결정하시는 데 도움이 될 거예요."

"흠, 알겠습니다."

허 사장은 기분이 조금 불쾌해져서 매장을 나왔다. 그 말고도 판매원에게 이것저것 물어본 뒤 제품을 선택하는 소비자들도 눈에 띄었는데, 다양한 브랜드의 제품을 혼자 판매하는 판매원의 태도가 만족스럽지 않았기 때문이다. 자연먹은의 제품이 타사 제품보다 경쟁력을 갖추려면 제품을 잘 만드는 것도 중요하지만 소비자에게 제대로 알리고 그들이 궁금해하는 것들을 풀어주는 것도 중요하다는 생각이 허 사장의 머리를 스쳤다.

'안전하게 재배한 원료로 좋은 제품을 만들어 다양한 소비자에게 건강과 기쁨을 선사하자.'

20년 전, 그의 사업은 무공해 자연식품을 표방하며 시작됐다. 20년 전이면 IMF 외환 위기를 극복하고 한일월드컵을 치르면서 사람들의 생활이 급속히 달라지던 때다. 비싸더라도 좋은 제품을 원하는 소비자들이 늘면서 깔끔하고 사용하기 편리하게 포장된 제품을 선호하게 된 것이다. 전통시장에서 직접 만든 손두부처럼 김이 모락모락 나는 것은 아니지만 맛이 떨어지지 않는다면 소비자가 두부 한 모를 사더라도 어떻게 재배한 원료로 만들었는지 정확히 알고, 좀 더 깔끔한 제품을 선택하리라는 허 사장의 판단은 적중했다.

하지만 두부와 콩나물, 달걀과 채소에 '브랜드'가 있다고 생각하기 어려운 시절이었던 만큼 '자연먹은'이 처음부터 순항한 것은 아니었다. 일반 제품보다 비싸서 지갑 열기를 주저하는 소비자들이 많았지만 오래 지나지 않아 먹어본 사람들이 입소문을 내고 주부들 사이에 '차별화된 고급 식품'이라는 이미지로 각인되면서 시장은 점점 커졌다. 옛날만큼 자녀수가 많지 않다 보니 내 아이에게는 좋은 것을 먹이고 싶다는 젊은 주부들, 살림이 여유로워지면서 반찬 하나도 골라서 선택하려는 중산층 주부들까지, 다양한 소비층을 공략하며 자연먹은은 식품시장의 조용한 강자로 우뚝 서게 되었다.

이렇게 소비자들이 먼저 찾는 브랜드가 되자 좋은 원료를 공급하겠다는 재배농가와 축산농가도 늘어났다. 소비자들이 좋은 먹거리를 원하는 만큼 관련 농가의 재배방식이나 규모도 더욱 발전해 그들에게는 더 나은 수익을 올릴 대안으로 각광받기도 했다.

허 사장이 가맹사업을 시작하기로 하고 고심한 것 가운데 하나는 바로 이름이었다. 깨끗함과 안전함을 의미하는 '자연'과 몸에 이로운 것을 전해주는 〈동의보감〉 같은 식품이라는 뜻에서 생각하고 있던 이름 '자연보감'은 사업 목표를 함축한 진수와도 같은 것이라고 생각했다.

건강기능식품 코너까지 찬찬히 둘러본 허 사장은 계산대로 자리를 옮겼다. 줄을 선 사람들의 장바구니를 살펴보는 것은 그의 오래된 버릇이었다. 남녀노소 다양한 소비자의 장바구니에서 자연먹은의 제품을 찾는 것은 어려운 일이 아니었다. 허 사장은 20년 동안 한결같이 자연먹은을 선택하는 소비자들을 위해 앞으로도 초심 그대로 사업을 펼치리라는 다짐을 되새기며 늦은 귀가를 서둘렀다.

변화하는 시장, 업태 변경의 필요성

이튿날 회사로 향하는 허 사장의 발걸음은 조금 무거웠다. 할인점에서 직접 본 자연먹은에 대한 소비자들의 반응은 분명히 긍정적이었지만, 한편으로는 벌써부터 생각해온 새로운 도전을 이제는 정말 시작해야 할 때라는 생각이 들었기 때문이다.

'발판을 튼튼하게 만들었으니 도움닫기를 해야 할 때다. 이제는 그 뜻을 임원들과 공유하고 대안을 찾아야 한다.'

회의실에 임원들이 하나둘 모여들었다. 중요한 안건을 논의한다는 전달이 있었던 만큼 회의실에는 긴장감이 감돌았다. 각 분야 임원들이 모두 모이고 회의는 예정대로 시작됐다. 허 사장은 임원진을 둘러보며 입을 열었다.

"상품개발, 마케팅, 영업, 회계, 인사… 각 팀에서 보고된 지난 분기 실적과 진행 상황을 잘 살펴봤습니다. 최근 여러 식품 사고가 이슈가 되고 방송으로 보도되면서 식품 안전성에 대한 관심이 더욱 커졌습니다. 그 덕분에 우리 자연먹은을 찾는 소비자들도 더 늘어났고요. 이런 흐름을 타고 유기농채소와 무공해두부, 홍삼류, 유기농재료로 만든 냉동식품 등의 판매는 좋은 실적을 기록했습니다."

허 사장의 말이 끝나자 상품개발 담당 이사의 말이 이어졌다.

"이런 분위기에 힘입어 시장점유율을 더욱 높이도록 상품을 세분하고 신제품을 개발하면 어떨까 합니다. 요즘 소비자들은 그 어느 때보다 깐깐하고 섬세해졌습니다. 지난 분기에 출시한 '무지개 자연두부'의 경우 흑임자, 자색고구마, 녹차 등 국산 천연재료를 사용해 다양한 색을 내 눈으로 보기에도 좋고, 영양 면에서 궁합까지 잘 맞아 좋은 반응을 이끌었습니다. 또 건강기능식품의 경우 어린이, 여성, 남성, 노년층 등 소비층을 세분해 공략한 상품들의 반응이 점점 좋아지고 있습니다."

자연에서 온 재료로 더 맛있고 건강한 제품을 만드는 것, 좀 더 다양한 소비자를 만족시키는 것이 기업의 목표인 만큼 담당 이사의 말에 허 사장은 고개를 끄덕였다.

"그럼 마케팅 부문은 어떻습니까?"

마케팅 담당 이사의 말이 이어졌다.

"지난 분기는 수입농산물에서 검출된 유해성분, 어린이들의 먹거리에서 검출된 유해성분 등으로 식품업계가 조용할 날이 없었습니다. 우리 회사야 물론 재료부터 검증된 것만 사용하니 오히려 이번 일로 더욱 주목받는 효과를 누리지 않았나 싶습니다. 특히 주부들 사이에서 활용도와 참여도가 높은 인터넷 카페와 블로그를 통해 자연먹은 제품을 이용한 요리교실, 요리소식 발송, 설문조사, 모니터링, 옴부즈맨, 생산 공정 공개, 공장 견학 등 활동을 넓혀가면서 적은 비용으로 큰 효과를 거두고 있습니다."

텔레비전이나 신문광고보다는 인터넷 홍보가 대세인 요즘 허 사장 역시 관련 카페와 블로그를 수시로 살펴보고 있다. 연예인을 등장시킨 광고보다 파워블로거 한 명의 제대로 된 제품 사용 후기가 더 큰 힘을 발휘하는 것이 요즘 분위기이기 때문이다.

"저도 가끔 카페나 블로그를 들어가는데 소비자들의 예리한 지적에 뜨끔할 때가 있습니다. 좋은 이야기보다는 쓴소리에 더 귀를 기울여주기 바랍니다. 영업팀은 어떻습니까?"

영업 담당 이사가 자료를 뒤적이더니 잠시 숨을 고르고는 입을 열었다.

"앞서 말씀하신 상품이나 마케팅 등 소비자들의 반응을 직접 느낄 수 있는 부분의 결과는 좋습니다. 그런데 지난 분기에 영업 부문에서는 어려움이 적지 않았던 것이 사실입니다. 경쟁업체에서 유사 품목을 많이 출시하면서 대형 할인점이나 백화점, 지역 유통업체 등으로 판매처를 늘리는 것이 예전만큼 수월하지 않습니다. 또 대형 할인점이나 슈퍼마켓 체인점, 백화점 등에서는 수시로 할인행사나 사은행사를 기획해서 판매량이 수익률로 이어지는 비례 폭이 점점 좁아지고 있습니다. 게다가 우리의 주력상품인 1차식품의 경우 물류, 배송, 재고관리가 중요한데 최근 유류비 증가, 폐기 비용 증가 등 외부요소가 크게 작용하는 것도 있고요."

"그럼 건강기능식품 부분은 어떻습니까?"

허 사장이 질문을 던졌다.

"건강기능식품의 경우 현재 대형 할인점과 백화점이 주요 판매처인데 1차식품에 비해 규모는 작지만 오히려 영업 면에서 보면 더 효자 상품입니다. 건강에 대한 관심이 높아지면서 건강기능식품을 찾는 소비자들이 늘었고, 상품의 마진율도 1차식품보다 높고요. 물류나 상품관리도 훨씬 수월하죠. 다만 자연먹은이 이 시장에서는 후발주자에 속하므로 경쟁업체들이 더 많고 인지도나 점유율 면에서도 아직 갈 길이 멉니다."

마케팅 담당 이사가 입을 열었다.

"그럼 회사의 수익을 올리려면 건강기능식품 비중을 더 높여야 한다는 말씀입니까? 사실 지금 자연먹은은 1차식품을 기본으로 하고 건강기능식품은 보조상품 정도로만 판매합니다. 건강기능식품의 마케팅도 본격적으로 하지 않고 있고요."

"잠깐만요. 그전에 회계 담당 이사님의 말씀을 먼저 듣고 싶습니다."

허 사장은 마케팅 담당 이사의 질문에 답변하는 대신 또 다른 질문을 던졌다. 회계 담당 이사는 프로젝터에 자료 화면을 띄우고 입을 열었다.

"지난 분기 자연먹은의 전체 매출은 1,800억 원, 영업이익은 108억 원으로 그전 분기보다 각각 2% 정도 올랐습니다. 하지만 최근 4분기 동안의 매출과 영업이익

변화를 비교 분석해보면 영업이익률이 점점 줄어드는 것을 알 수 있습니다. 아시다시피 최근 경쟁업체의 1차식품 시장 진출이 빨라져서 가격 경쟁도 치열합니다. 좋은 재료를 썼다고 홍보하는 업체가 많아지는 만큼 우리 제품만 비싸게 팔 수는 없다는 겁니다. 자연먹은의 경우 현재 전체 상품 가운데 두부와 콩나물이 35%를 차지하고 그 밖에 무공해 1차식품이 20% 정도, 양념류가 15%, 면과 만두 등 가공 냉동식품이 10% 정도, 건강기능식품이 20% 정도를 차지하고 있습니다. 1차식품이 대표 상품군이다 보니 앞서 지적한 물류, 배송, 관리문제가 더욱 부각되는 것입니다. 장기적인 회사 수익을 담보하고 안정적으로 경영하려면 대안이 필요한 시점입니다."

회계 담당 이사의 말이 끝나자 잠시 침묵이 흘렀다. 허 사장은 고개를 끄덕이며 입가에 미소를 지었다.

"여러분의 이야기를 듣고 보니 저는 현재 자연먹은의 장점과 문제점 그리고 개선방향이 보입니다. 20년 동안 깨끗하고 안전한 자연식품으로 이미지를 굳혀온 우리 회사가 주력상품인 1차식품군에서는 성장한계점에 다다랐다는 판단이 듭니다. 이건 이미 오래전부터 생각해온 바입니다. 그 대신 건강기능식품 쪽에서는 우리가 좀 늦긴 했지만 앞으로 충분히 승산이 있을 거라 생각합니다. 그동안 다져온 이미지가 있고 좋은 원료를 고르는 안목과 물량을 확보할 기반도 튼튼하고요. 제품 개발과 마케팅 또한 그동안의 노하우를 바탕으로 승부수를 던져볼 만하다고 봅니다."

허 사장의 말이 끝나자 영업 담당 이사가 질문을 던졌다.

"저도 사장님 말씀에 동의합니다. 현장에 나가보면 건강기능식품에 대한 소비자들의 관심과 구매력이 크게 성장한다는 것이 피부로 느껴집니다. 소비자들은 이제 좋은 음식, 안전한 식탁은 물론 자기에게 꼭 필요하고 적절한 건강기능식품까지 원합니다. 평균수명이 길어지고 노년층 인구가 증가하는 추세, 핵가족이 되는 풍토, 참살이와 로하스의 대중화가 이를 뒷받침하는 사회적 흐름이죠."

영업 담당 이사의 말에 마케팅 담당 이사가 입을 열었다.

"그 부분은 충분히 공감합니다. 하지만 지금 자연먹은의 영업 형태로는 크게 승산을 보기 어렵지 않을까요? 두부를 사는 것과 홍삼을 사는 것은 다른 형태의 소비죠. 건강기능식품은 좀 더 전문적인 영역이어서 판매하는 사람도 그에 대해 충분히 알아야 합니다. 마케팅 또한 더 고급스럽고 차별화된 전략이 필요하고요."

허 사장은 지난밤 대형 할인점에서 본 광경이 떠올랐다.

"맞습니다. 제가 어제 대형 할인점에 들러 건강기능식품 코너를 둘러봤는데 소비자들은 1차식품이나 가공식품에 비해 더 신중하게 고르고, 판매원에게 문의하는 사람도 많더군요. 의약품은 아니지만 건강을 위해 특별히 투자하는 소비재이자 비교적 많은 금액을 지불하는 제품의 효능과 안전성, 특징이 소비자들에게는 크게 다가가는 것 같습니다. 그렇다면 지금의 건강기능식품 판매 형태는 개선해야 한다고 봅니다. 다양한 기업의 여러 가지 제품을 '건강기능식품 코너' 한곳에 모아놓는 것은 자연먹은 건강기능식품의 전문성과 차별점을 각인하기에 부족한 것 아닐까요?"

허 사장의 말이 끝나자 임원들은 서로 얼굴을 쳐다보며 갸우뚱했다. 임원들의 표정을 둘러본 허 사장은 다시 말을 이었다.

"저는 이제 자연먹은이 건강기능식품을 바탕으로 제2의 도약을 할 때라고 생각합니다. 하지만 건강기능식품은 그동안 우리가 주력해온 1차식품과는 성격이 다른 아이템인 만큼 새로운 판로와 영업방식이 필요합니다. 자연먹은이라는 브랜드 파워와 제품 개발, 영업 노하우에 전문 판매자가 있고 판매자와 고객이 직접 만나는 형태가 결합되어야 한다는 겁니다."

허 사장은 잠시 노트북 마우스를 움직이더니 프로젝트 화면을 띄웠다.

"프랜차이즈 가맹사업?"

화면에 뜬 글을 보고 임원들은 입을 모아 외쳤다. 어리둥절해하는 임원들의 표정을 보며 허 사장은 말을 이었다.

"그렇습니다. 이제 자연먹은이 가야 할 길은 건강기능식품의 프랜차이즈 가맹사업입니다."

프랜차이즈 가맹사업에 도전장을 던지다

회의실에 잠시 침묵이 흐르는 사이, 허 사장은 다시 마우스를 클릭해 프로젝터 화면에 새로운 그림을 띄웠다. '대리점과 프랜차이즈 가맹점의 차이점'이라는 제목과 함께 자료가 나타났다.

"보시다시피 지금 우리가 각 지역 대리점을 통해 제품을 유통하는 형태와 프랜차이즈 가맹점은 서로 다릅니다. 우선 프랜차이즈 가맹사업에 대한 여러분의 의견을 듣고 싶습니다. 오늘 중요한 안건이라는 것이 바로 이것이지요. 사실 저는 프랜차이즈 가맹사업에 대해 꽤 오래전부터 고민해왔습니다. 특히 건강기능식품 사업에 힘을 쏟고자 한다면 판매 형태의 변화는 반드시 필요합니다. 자연먹은은 그동안 도소매유통방식으로 판매해왔기 때문에 기존 상품과 판매방식이 다른 '자연보감' 가맹사업은 새로운 도전이기도 합니다."

허 사장의 말이 끝나자 상품개발 담당 이사가 궁금한 듯 질문을 던졌다.

"프랜차이즈 가맹사업 하면 음식점이 먼저 떠오르는데 자연보감의 건강기능식품 전문점을 치킨집이나 삼겹살집처럼 전국 방방곡곡에 두겠다는 말씀이시죠?"

"하하. 그렇습니다. 물론 치킨집과는 성격이 다르지만 어쨌든 형태는 비슷하다고 할 수 있겠네요. 저도 그렇고 여러분도 그렇고 지금은 프랜차이즈 가맹사업에 대해 아는 것이 많지 않습니다. 하지만 우리가 자연보감 프랜차이즈 본부를 출범하고 가맹점주를 모집해 사업을 확대해나간다고 가정할 때 예상할 수 있는 것들이 있습니다.

상품개발팀에서는 어떤 아이템으로 승부를 걸지, 마케팅팀에서는 어떤 방식으로 본부를 홍보하고 브랜드를 알려서 가맹점주를 모집할지, 영업팀에서는 가맹 시스템을 어떻게 운영해야 본부와 점주 모두에게 가장 효율적일지, 회계팀에서는 프랜차이즈 가맹사업을 할 경우 사업확장 범위와 매출, 수익은 얼마나 될지 미리 구성안을 짜볼 수는 있습니다.

상세하지 않아도 좋습니다. 앞으로 2주일 동안 프랜차이즈 사업에 대한 기본 지식을 습득하고, 앞서 말씀드린 대로 각자의 분야에서 '자연먹은 건강기능식품' 프랜차이즈 사업을 구상해보자는 겁니다. 어떻습니까?"

허 사장의 말이 끝나자 영업 담당 이사가 머리를 긁적이며 말했다.

"결국 공부를 해오라는 말씀이시군요. 알겠습니다. 사장님께서 고심 끝에 결정한 일인 만큼 저 역시 공감하는 바가 큽니다."

회의실에 웃음꽃이 피었다. 곧이어 회계 담당 이사도 입을 열었다.

"사장님 말씀에서 어느 정도 확신이 느껴집니다. 새로운 사업을 시작하기가 쉬운 것은 아닌 만큼 철저히 준비해야겠죠. 저도 오랜만에 머리를 좀 굴려서 자료를 모아봐야겠습니다."

허 사장은 자리에서 일어나 다시 말을 이었다.

"여러분에게 또다시 짐을 얹어드리는 것 같아 죄송하기도 하지만 뜻을 같이해주신다니 감사할 따름입니다. 20년 동안 쌓아온 우리의 노력이 새로운 도약을 하

대리점과 프랜차이즈 가맹점의 차이점

대리점 제조업체의 관점에서 발생한 유통 체계
- 한 사업자의 제품(상품의 종류가 적음)만을 판매
- 본부에서 대리점으로 물품과 상표권만 공급할 뿐 경영, 교육 지원이나 노하우는 제공하지 않음
- 고객의 불만사항 발생
  - 상품 종류가 적어 원스톱 쇼핑이 불가능
  - 가격 정책, 고객 서비스에 대한 불만
- 점주의 불만 증대
  - 대리점의 매출 하락
  - 본부 입장만을 고려한 대리점 통제
- 본부와 대리점 간의 분쟁 발생
  - 제품 가격을 점주 임의로 조정
  - 본부 제품 이외의 타 제품 자점 사입
  - 본부 제품의 위조 제작 판매
- 본부와 대리점의 관계는 「공정거래법」의 통제를 받음
  - 본부: 대리점을 강제로 통제했을 경우 불공정행위로 간주됨(대리점의 부정행위를 통제할 수 있는 방법이 없음)
  - 가맹점: 공정위에 제소하는 방법 외에는 불만사항을 본부와 협의할 수 없음
- 본부: 이미지 실추와 매출 하락
- 대리점: 매출 하락으로 폐점

프랜차이즈(Franchise) 고객의 관점에서 발생한 유통 체계

- 당사의 제품뿐 아니라 점포 콘셉트에 맞는 여러 가지 상품군 판매
- 본부는 가맹점으로부터 가맹금과 로열티를 수수하는 대가로 경영, 교육, 서비스, 상품 등에 대한 노하우를 지급
- 고객만족도 높음
  - 한 매장에서 원스톱 쇼핑 가능
  - 고객의 니즈에 부합하는 가격과 서비스 정책
  - 브랜드에 대한 신뢰와 만족
- 점주의 만족도 증진
  - 가맹점의 매출 증대
  - 슈퍼바이저를 통한 정기적인 가맹점 관리와 지원
- 본부와 가맹점의 윈윈 전략
  - 가맹점 하나의 폐점이 가맹점 전체와 본부에까지 영향을 미치는 체인 구조임을 쌍방이 이해하고 합의
- 본부와 가맹점의 관계는 「가맹사업거래의 공정화에 관한 법률」의 통제를 받음
  - 가맹금과 로열티, 무형 자산의 거래에서 발생할 수 있는 본부와 가맹점 간의 분쟁을 해결하기 위한 특별법
- 고객·본부와 가맹점의 만족도를 극대화하는 21세기 유통산업의 대안

는 데 충분한 밑거름이 되리라 믿습니다. 우리 회사의 발전과 더 나은 미래를 위해서 마음을 모았으면 합니다. 그럼 2주 후에 뵙지요."

컨설턴트와 함께 변화에 도전하다

2주일 뒤 회의실에 다시 임원들이 모였다. 그동안 모은 자료를 가져와 서로 이야기하며 화기애애한 분위기를 꽃피우고 있었다. 지난 회의 때 허 사장의 새로운 '선언'이 꽤 충격적이었지만 2주일 사이에 머리를 맞대고 의견을 나눈 끝에 긍정적인 결론과 새 사업에 대한 희망이 싹트기 시작했기 때문이다.

시간에 맞춰 허 사장이 회의실로 들어섰다.

"지난 2주 동안 다들 힘드셨을 것입니다. 저 역시 큰 숙제를 내드리고 나니 오랫동안 혼자 생각하던 때보다 오히려 더 부담이 가더군요."

임원들 사이에 웃음이 번졌다.

"하지만 모두 제 의견에 동참하고 긍정적인 반응을 보여주어 자신감은 더 커졌습니다. 전쟁터에 함께 나갈 실력 있는 아군을 확보한 기분이라고나 할까요? 자, 그럼 이제 그동안 나름대로 조사하고 준비한 내용을 들어보죠. 먼저 상품개발팀 이사님부터 시작할까요?"

상품개발 담당 이사가 노트북을 두드리더니 화면을 띄웠다.

"네. 저희 팀에서는 기존의 상품구성과 프랜차이즈 가맹사업으로 전환했을 때 상품구성의 변화를 집중적으로 조사했습니다. 지금은 백화점이나 할인점 등 대형 유통업체의 건강기능식품 코너에 자연먹은의 제품을 납품해 판매하는 형태입니다. 즉 불특정 대다수를 상대로 하며, 장을 보러 나온 고객이 겸사겸사 들르는 비중도 큽니다. 하지만 프랜차이즈화했을 때, 자연보감 건강기능식품 전문점이 서울 시내 대규모 아파트단지 상가에 문을 열었다고 가정해보겠습니다. 그 매장은 거의 아파트 주민과 인근의 주민을 상대로 장사하게 되고 누구보다 주부들이 방문할 확률이 높습니다. 그런 여건에서 매출을 높이려면 고객수와 구매빈도를 최대한 높이는 상품구성이 필요합니다. 우리의 최종 목적은 '건강기능식품 전문점'이지만 초반에는 그것만으로 고객수를 늘리고 인지도를 높이는 것은 무리일 수도 있습니다. 따라서 자연먹은의 이름을 달고 있는 유기농식품, 유기가공식품 등도 함께 배치하고 현재 대형 유통업체에서 판매하는 건강기능식품은 물론 가맹점에서만 판매하는 특화된 상품, 남편과 자녀들을 위한 것들이나 주부들 사이에서 입소문이 난 직수입 건강기능식품도 생각해볼 만합니다."

보관 유형별 구분 원칙	냉장, 냉동, 온장, 상온, 카운터 제품을 구분하여 ZONING
콘셉트에 따른 구분 원칙	상품군별 ZONING을 기본으로 콘셉트별 ZONING(가족별 테마존 등)
계절·절기별 테마 선정 원칙	계절별, 절기별 핵심 이슈에 따른 주요 테마를 도출함
행사존의 원칙	콘셉트별, 계절별 중복 테마를 통해 도출되는 핵심 아이템을 부각, 중점 운영할 수 있는 존을 구축하여 대표 이미지 존으로 운영(아토피존, 환절기 계절존 등)
프리미엄존의 원칙	홍삼의 프리미엄 고가 상품을 별도로 조닝할 수 있는 특별한 존 구축
상담존의 원칙	상담 테이블·시각자료(텔레비전, 컴퓨터, 카탈로그) 등이 구비된 전문 상담존 운영
즉석가공존 대체의 원칙	칠보식, 홍삼추출기 등을 대체할 수 있는 존 마련(CK 주문 생산 방식존)
마그네틱존 운영의 원칙	고객을 매장 끝까지 유인할 수 있는 마그네틱존 운영

프랜차이즈 사업 시 매장 상품구성

이야기를 들은 임원들과 허 사장은 고개를 끄덕였다. 허 사장은 미소를 지으며 입을 열었다.

"어떻습니까? 모두 긍정적인 반응을 보이시는 것 같군요. 제가 보기에도 상세한 부분은 물론 더 고민해봐야겠지만 큰 틀은 어긋남이 없는 것 같습니다. 그럼 다음으로 마케팅팀의 의견을 들어볼까요?"

마케팅 담당 이사가 목소리를 가다듬고는 입을 열었다.

"마케팅의 경우 새로운 판이 필요할 것으로 보입니다. 지금까지의 대형 유통업체나 도소매점을 통한 판매방식과 달리 가맹점주들이 운영하는 가맹점에서 제품을 판매하므로 다른 기업보다 전문적이라는 이미지를 만드는 것이 중요합니다. '자연보감의 건강기능식품점에 오시면 건강 컨설턴트의 조언을 받아 나와 우리 가족에게 꼭 맞는 기능식품을 만나실 수 있습니다'와 같이 슈퍼마켓에서 두부와 콩나물을 사듯 살 수 있는 제품이 아니라 상담과 진단을 거쳐 선택하는 고급 제품이라는 이미지를 만들어보는 게 좋겠습니다. 각 상품에 대한 상세한 마케팅은 상품 라인이 확정되면 함께 진행하면 되고요."

허 사장은 화면을 보면서 고개를 끄덕였다. 상품개발 담당 이사가 입을 열었다.

"맞습니다. 고급화, 차별화 전략을 바탕으로 승부를 걸어야 합니다. 상품 역시 그 축에 맞춰 개발될 것이고 마케팅도 그와 함께 방향을 잡아야겠죠."

허 사장이 말을 이었다.

"제가 대형 할인점 건강기능식품 코너에서 우리 기업 브랜드 자연먹은의 상품을 고를 때 느낀 가장 큰 아쉬움이 바로 그것이었습니다. 분명히 값도 더 비싸고 뭔가 고급 소비재임이 확실한데 판매원의 전문성이 떨어진다는 것이죠. 하지만 가맹점에서 판매한다면 소비자를 위한 컨설턴트 역할까지 부여할 수 있습니다. 건강기능식품은 소비자들이 나와 가족의 건강을 위해 특별히 선택하는 상품이므

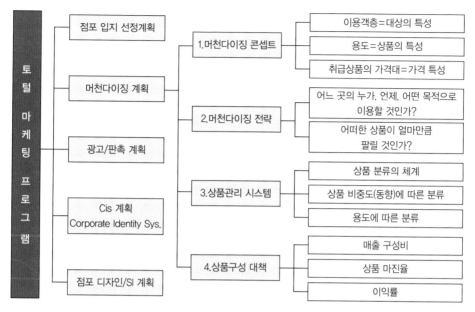

프랜차이즈 사업 시 마케팅 전략

로 소비자들에게 정확한 정보를 제공해야 한다는 점을 잊지 말아야 합니다. 자, 그럼 영업팀의 조사 결과를 볼까요?"

영업 담당 이사가 화면에 자료를 띄우며 입을 열었다.

"네, 지금까지의 영업 시스템과 다른 형태이다 보니 저희 역시 아주 기본적인 것부터 조사했습니다. 프랜차이즈 점주를 모집하고 가맹점을 운영한다는 것은 우리 회사와 수많은 가맹점주가 함께 사업을 이끌어가는 것입니다. 본부에서는 브랜드와 상품, 마케팅, 영업 노하우 등을 제공하지만 실제로는 가맹점주들의 자금과 인력으로 운영되므로 본부와 가맹점주들의 긴밀한 소통과 협력이 무엇보다 바탕이 되어야 합니다. 이는 본부의 수익과 가맹점의 수익을 효과적으로 배분하기 위해 점주 계약과 가맹점 오픈 과정, 상품 공급, 홍보, 물류, 재고관리 등 모든 부분에 제대로 된 시스템이 갖춰져야 한다는 뜻입니다. 자연보감은 역시 프랜차이즈 사업에서는 초보자인 만큼 이 시스템이 갖춰지지 않으면 본부의 수익성이 흔들릴 것입니다. 그렇게 되면 가맹점을 효과적으로 운영하고 가맹점 숫자를 늘리기가 어려울 것입니다. 가맹점주 수익률을 어느 정도로 할지, 그에 따른 본부와 가맹점주의 권한을 어디까지로 둘지 가장 기초가 되는 것부터 틀을 잡아야 합니다."

허 사장은 영업 담당 이사의 설명 자료를 보면서 잠시 생각에 잠겼다.

"역시 생각했던 것보다 준비를 많이 해야 할 것 같군요. 영업 담당 이사님 말씀대로 프랜차이즈 사업이 본부만 잘한다고 되는 것이 아니죠. 본부는 멀리 봤을 때 사업을 확장하고 안정적으로 경영하는 것이 목표이지만 프랜차이즈 사업에서는 수많은 가맹점주를 배출하는 만큼 사회적 책임 또한 크다고 생각합니다. 그러나 점주들에게는 무엇보다도 합당한 수익 배분이 가장 중요할 것입니다. 가맹점주를 모집하기 위해 우리가 제안할 수 있는 상품 공급, 홍보, 물류, 재고관리 등 상세 항목의 시스템과 이에 따르는 수익 배분은 누구에게나 일괄적으로 적용되고 설득력이 있어야 합니다."

이야기를 듣던 상품개발 담당 이사가 낮게 한숨을 쉬며 입을 열었다.

"정말 프랜차이즈 사업화를 하려면 준비할 항목이 한두 가지가 아니군요. 그동안 자연먹은이 쌓아온 노하우라면 어렵지 않겠다는 생각을 했는데 오늘 회의를 해보니 쉽지 않은 도전이라는 생각도 드네요."

상품개발 담당 이사의 말에 웃음이 번지며 회의실의 긴장감도 잠시 누그러졌다. 허 사장 역시 고개를 끄덕이며 임원들의 표정을 살폈다.

"맞습니다. 저 역시 오늘 회의를 해보니 다시 한 번 마음을 다잡게 되는군요. 그럼 마지막으로 회계 담당 이사님 말씀을 들어볼까요?"

회계 담당 이사가 마우스를 조작하더니 화면을 띄웠다.

"현재 도소매유통을 하는 자연먹은의 수익은 대부분 1차식품에서 나옵니다. 그리고 지난번에도 말씀드렸듯이 매출액은 오르고 있지만 수익률은 점차 줄어드는 추세입니다. 지금 전체 상품의 20% 정도를 차지하는 건강기능식품 분야를 따로 떼어놓고 사업을 확장한다고 가정해보겠습니다. 건강기능식품의 마진율은 평균 37%입니다. 1차식품보다는 높은 편이죠. 또 물류에서도 냉장이나 냉동 시스템이 거의 필요하지 않고 유통기간을 고려했을 때 재고관리도 수월합니다. 본부의 가맹점 네트워크를 활용해 모자란 물건과 남는 물건을 서로 조절, 공급할 수 있어 재고도 효율적으로 관리할 수 있을 것으로 보입니다.

전체 매출에 따른 본부 마진율을 어느 정도로 할지는 나중에 정하겠으나 우선 3분의 1 정도로 가정했을 때, 매장 한곳에서 1,000만 원 매출을 올릴 때 전체 마진율은 370만 원, 본부 수익은 120만 원 정도로 볼 수 있습니다. 현재 1차식품을 1,000만 원어치 팔았을 때 전체 마진율이 15% 정도이고, 여기에서 실제 본부 수익으로 돌아오는 것이 10%이므로 100만 원 정도입니다. 하지만 물류와 재고관리 측면에서 보면 건강기능식품의 효율성이 높고 가맹점이 많을 경우 그 부분의 지출은 더욱 줄어들게 됩니다. 프랜차이즈 사업 시스템이 안정적으로 자리를 잡을 때까지 기간이 어느 정도 걸릴지 모르겠으나 이것이 안정되면 수익 창출 측면에서는 더욱 긍정적인 결과가 예상됩니다."

골똘히 설명을 듣던 허 사장이 말을 꺼냈다.

"제가 예상하고 기대하는 것이 바로 그겁니다. 지금의 제품군으로는 우리 회사가 더 성장하기는 어려워 보입니다. 건강기능식품은 상품성과 수익성, 관리의 효율성 등이 복합적으로 갖춰져 있으므로 프랜차이즈 가맹점을 통한 판매 시스템이 안정되면 수익률은 높아질 거라 생각합니다. 또 그렇게 되면 가맹점수도 자연스럽게 늘어나는 바탕이 될 거고요."

허 사장과 임원들은 회의를 하면서 각 부서의 1차 조사 내용을 파악하고 건강기능식품 가맹사업에 더욱 확신을 갖게 되었다. 하지만 청사진은 청사진일 뿐 일이 계획하고 예상한 대로 흘러간다는 보장이 없으니 한편으로는 불안한 마음도 어쩔 수는 없었다. 영업 담당 이사가 말을 이었다.

"사업이 사장님 말씀대로만 진행된다면 더 바랄 것이 없습니다. 하지만 이것은 그야말로 청사진일 뿐 저희 중에 프랜차이즈 전문가가 없어 정확한 시스템을 구축하는 데 어려움이 있지 않을까 하는 걱정이 듭니다."

"하하. 물론입니다. 제가 여러분에게 오늘 회의를 준비하도록 부탁한 것은 우리가 진행하려는 사업에서 자기 분야에 대해 조사해봄으로써 앞으로 해결해야 할 것들을 직접 파악하고 공유하자는 목적에서였습니다. 2주라는 길지 않은 시간이었지만 모두 핵심 요소를 잘 짚어주신 것 같습니다."

허 사장은 임원들이 발표한 내용을 듣고 흡족한 표정을 지었다. 그리고 이제부터 프랜차이즈 가맹사업을 함께 준비할 전문가로 맥세스(MAXCESS)컨설팅의 서민교 대표와 컨설턴트 2명을 회의실로 들였다.

"서민교 대표님, 들어오시지요."

문을 열고 들어서는 컨설턴트에게 모두의 이목이 쏠렸다. 회의실로 들어온 서민교 대표와 컨설턴트들은 허 사장이 안내하는 자리로 가서 사람들을 향해 인사를 했다.

"안녕하십니까? 앞으로 여러분과 함께 자연먹은 기업의 건강기능식품 프랜차이즈 자연보감 가맹사업을 준비할 맥세스컨설팅의 서민교입니다."

임원들은 서 대표와 컨설턴트의 갑작스러운 등장에 당황한 듯했지만 이내 허 사장의 속내를 알아차리고 차분하게 허 사장 말에 귀를 기울였다.

"제가 프랜차이즈 가맹사업을 처음 생각할 때 도움말을 많이 해주신 분입니다.

그동안 크고 작은 프랜차이즈 기업들의 Action & Learning 컨설팅을 진행하면서 노하우를 많이 쌓은 전문가이시죠. 이번에 우리가 사업을 본격적으로 진행하면서 함께 일하게 되었습니다. 프랜차이즈 본부 경영 시스템을 구축하는 데 조언을 아끼지 않고 대안도 제시하실 겁니다.”

이어 서 대표도 자신감 넘치는 목소리로 입을 열었다.

“그동안 쌓아온 자연먹은의 노하우와 허 사장님의 목표 그리고 임직원 여러분의 협력이 있다면 이번 사업이 기대할 만한 일이라고 생각합니다. 프랜차이즈 가맹사업으로 가능성 있는 시장을 빠르게 선점하고 사회적으로 기여도를 높이며 회사가 한 단계 더 발전하는 계기가 되기를 바랍니다.”

서 대표가 자리에서 일어나 임원들을 향해 인사하자 모두 자리에서 일어나 인사를 하며 박수를 보냈다. 오랫동안 계획만 해오던 일이 이제 정말 시작된다는 생각에 허 사장은 뿌듯했다. 믿음직한 임직원, 실력 있는 전문 컨설팅사가 진행과정 자문과 조정을 하여 힘을 모은다면 안 될 일이 없다는 자신감이 생겼다.

서 대표가 먼저 준비해온 컨설팅 로드맵과 추진방식을 설명하기 시작했다.

	FC사업전략의 결정	FC기본전략의 수립	직영 모델점 개점/Test	Franchise Sys. 설계
	시장분석/대안탐색 · 사업형태의 결정 · 비즈니스 모델 수립	Shop Concept · Shop Identity · Location/Service · Product And Service · Organization · Promotion		
개요	• 자연먹은 기본 사업전략을 바탕으로 FC 전략 수립 • 현기식 사업이 이해와 사업 대안을 탐색하여, 사업 콘셉트를 도출하고 사업의 최적 FC사업전략을 수립함(어떤 형태의 FC시스템을 구축할 것인가?)	• 사업에 대한 기본전략의 수립 • FC사업 진입전략 • FC사업 확장전략 • 기본 유통체계 정비전략	• 모델점 후보지 선정 • 모델점 시공사 • 모델점 개점 • 모델점의 시범 운영 • 운영결과의 피드백 −기맹점주 입장에서의 사업성 분석	• 운영결과의 피드백에 따른 프랜차이즈 시스템 구축
주요 행동	프랜차이즈 컨기기식 사업에 대한 • 고객분석: 대리점 방문 후 고객 및 대리점 점주 인터뷰 • 경쟁점포분석 • 산업환경 • 내부직원 모니터링	• 점포 콘셉트의 도출 • 점주/본부의 필요인원의 선정 • 모델점 프로모션 전략 수립 • 모델점 출점을 위한 소요자금 산출 • BEP 분석을 통한 단위점 타당성 검토	• 모델점을 통한 프랜차이즈 비즈니스 모델의 재도출 • 모델점 오픈을 위한 계획 수립 • 가맹전환 대리점 선정/SI시공/교육 • 운영결과에 대한 피드백 −개점 프로세스 구축, 교육, 서비스 매뉴얼 정비	• 프랜차이즈 패키지 확립 • 각종 매뉴얼 작성 • 교육 훈련 자료 작성 • 교육 훈련 시스템 확립 • 가맹 계약서 작성 • 인적 자원 육성 −슈퍼바이저, 점포 개발 • 가맹점 모집 방법 확립

자연먹은 토탈본부 경영 시스템 구축 컨설팅 프로세스

*FC = franchise

	STEP 0 준비 및 착수	STEP 1 시장진입전략	STEP 2 FC UNIT 표준화	STEP 3 FC 본부체계 구축
주요 ISSUE	• TFT 구성	• 현상분석/전략방향 • 직영점 및 프랜차이즈 Biz Model 분석 • 프랜차이즈 Biz Model 확립	• 프랜차이즈 Unit 표준화 • 가맹사업 확장 전략	• FC 본부기능 정립 • FC 본부 sys. 구축 • 매뉴얼 설계 • 가맹사업 전개 지도

ACTION	• TFT 인원 편성
	 - 맥세스 컨설턴트
	 - 고객사 임직원
	• 컨설팅 이해
		• 산업 및 시장환경 분석
		• 경쟁 및 자사 분석
		 - 경쟁사 가맹사업 전개 모델
		 - 기존 데이터분석
		  (표준화 기조 작업)
		 - 고객/상품/상권 등
		  차별화 요소 도출
		• 어떤 형태의 FC 시스템을 구축할 것인가?
		• FC Biz Model을 어떻게 설계할 것인가?
			• FC Unit 표준화
			 - 고객
			 - 상품/서비스
			 - BI/SI
			 - 상권설정 기준
			 - 운영시스템 정비
			 - 표준투자 및 손익
			 - 본부수익구조
			  (가맹금, 로열티 등)
			 - 홍보판촉 방안(LSM)
			• 가맹사업 확장 전략
				• 본부 기능과 조직 검토
				• 점포개발시스템
				• 개점지원시스템
				• SV 업무 규정 정립
				• 지원시스템
				• 본부사업계획 검토/방향설정 및 실행
				• 매뉴얼(개발 등) 정비
				• 조직시스템 정비
				 - 전문인력의 채용 등
				• Contract sys. 정비
				• (정보공개서 등록)

대박집 프랜차이즈 시스템 구축 컨설팅 프로세스

*FC = Franchise의 약자

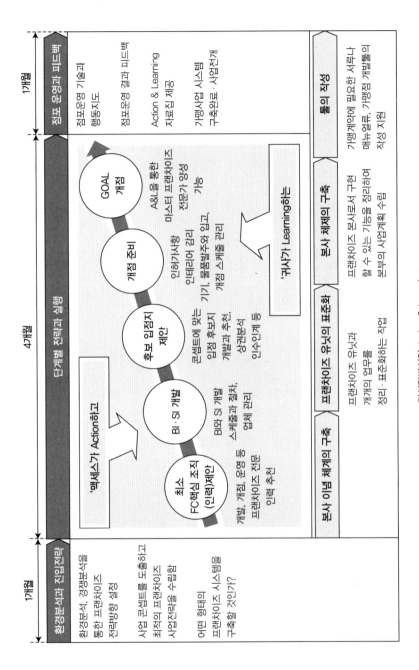

컨설팅방식인 Action & Learning

서 대표는 이어서 가맹사업을 할 때 간과해서는 안 될 사항과 가맹사업 과제를 설명했다.

　"1년에 몇백 개 브랜드가 새로 탄생하기도 하고, 몇백 개 기업이 문을 닫기도 합니다. 이는 대부분 사업을 쉽게 보고 진행하려 하기 때문이지만 프랜차이즈 사업은 그리 간단하지 않습니다. 최첨단 스마트폰에 부속품이 900여 개 들어간다지만 프랜차이즈에는 작게는 200가지에서 많게는 400가지 제품이 사용되고, 그에 따른 점포 사업 노하우까지 있어야 하는 복합구조의 사업입니다. 따라서 가맹사업에서 중요한 것은 가맹점 한 곳이라도 적자를 내지 않겠다고 생각하는 것입니다. 가맹사업은 공동경영이 아니라 공동사업이기 때문입니다. 상당수 프랜차이즈 기업이 가지고 있는 문제점을 열 가지 제시하고 앞으로 진행되는 프로젝트 조정도 이 관점에서 해보고자 합니다. 그 열 가지는 다음과 같습니다.

　① 프랜차이즈 시스템 구축의 필요성 미인지
　② 단위점 매출액의 과대평가 습관(매출 예측 시스템 부재에 따른)
　③ 직영점과 본부 인원의 부족, 특히 양성된 슈퍼바이저의 부족
　④ 원·부자재 상승에 대한 무방비
　⑤ 경쟁점포 출현 시 대응 방안 미비
　⑥ 지속적인 혁신활동 부재
　⑦ 가맹점 상담원칙이 없어 가맹 전과 후의 내용이 달라 분쟁 야기
　⑧ 상권범위 설정 노하우가 없어 가맹점끼리 또는 가맹점과 본부가 분쟁
　⑨ 가맹점주의 투자자금 부족(1.5억 원 이하가 80%), 자금조달의 한계
　⑩ 가맹점 매출증대를 위한 마케팅 전략과 활동의 미비"

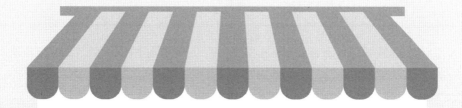

Chapter 2

프랜차이즈 가맹사업 실행계획 (1개월)

프랜차이즈 개념 정립

　　서 대표에게서 프랜차이즈 사업에 대한 전반적
정보를 습득한 허 사장과 임원들, 프로젝트팀은
이제 어느 정도 현실적 안목을 갖게 되었다. 막연하기만 했던 프랜차이즈 사업계
획에 대해 작지만 의미 있는 첫걸음을 내디딘 것이다. 그동안 각자 위치에서 기초
자료를 수집하고 공부한 사람들은 다시 오랜만에 서 대표와 한자리에 모였다. 회
의실 분위기는 화기애애했다. 허 사장이 먼저 말을 꺼냈다.

　"서 대표께 듣자 하니 그동안 각자 공부를 열심히 했다고요? 보내준 자료에 대
해 피드백을 주고받고 궁금한 점을 묻고 답하면서 알찬 시간을 보냈다고 들었습
니다. 서 대표가 그동안 많이 바빴겠습니다. 허허허."

　허 사장의 말에 임원들 사이에서 웃음꽃이 번졌다. 서 대표가 말을 이었다.

　"허 사장님의 의욕은 저리 가라 할 만큼 임원들이 열심히 준비하였고, 프로젝트
팀은 맥세스컨설팅과 많은 준비를 하였습니다. 제가 발송한 메일은 물론이고 관
련 서적이나 자료를 요청하는 분이 많아서 오늘 책과 자료를 좀 가져왔습니다. 앞
으로 여기에 두고 필요할 때마다 찾아보면 도움이 될 겁니다."

　서 대표는 프랜차이즈 산업과 관련된 책 몇 권과 자료가 정리된 파일 몇 개를
꺼내놓았다. 그리고 그중 프랜차이즈 개념 정리가 상세히 되어 있는 책을 펼치며
설명하기 시작했다.

　"첫째, 국제프랜차이즈협회의 정의는 이렇습니다. 프랜차이즈는 가맹본부
(Franchisor)와 가맹사업자(Franchisee) 사이의 계속적 계약관계로 가맹본부의 일련
의 노하우, 이미지, 성공, 제조·마케팅 기법을 가맹사업자에게 제공하고 그 대가
를 받는 것을 말한다.

　둘째, 한국프랜차이즈협회(KFA)의 정의는 이렇습니다. 프랜차이징(Franchising)

이란 가맹본부(Franchisor)가 가맹사업자(Franchisee)에게 프랜차이즈 회사의 이름, 상호, 영업방법 등을 제공하여 상품과 서비스를 시장에서 판매하거나 기타 영업을 할 수 있는 권리를 부여하며, 영업에 관하여 일정한 통제·지원을 하고, 이러한 관계에 따라 일정한 대가를 수수하는 계속적인 채권관계를 의미한다.

셋째, 가맹사업거래의 공정화에 관한 법률(제2조)의 정의는 이렇습니다. 가맹본부(Franchisor)가 가맹사업자(Franchisee)로 하여금 자기의 상표·서비스표·상호·간판 그 밖의 영업표식을 사용하여 일정한 품질기준에 따라 상품 또는 용역을 판매하도록 함과 아울러 이에 따른 경영 및 영업활동에 대한 지원·교육과 통제를 하며, 가맹사업자(Franchisee)는 영업표지의 사용과 경영 및 영업활동 등에 대한 지원·교육의 대가로 가맹금을 지급하는 계속적인 거래관계를 말한다."

이 정의들을 도식으로 표현하면 다음과 같다.

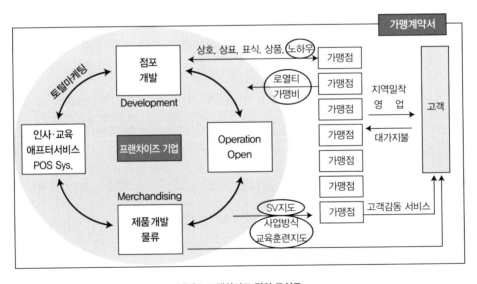

맥세스 프랜차이즈 정의 도식도

즉, 가맹점주의 로열티 지급을 제도화하였는지와 프랜차이즈 기업의 슈퍼바이 저가 가맹점 경영지도를 지속적으로 하는지에 대한 여부에 따라 선진 프랜차이즈 시스템을 갖추었는지가 구분되는 것이다.

모델점 콘셉트 설정과 개발 약 3개월, 개점된 모델점을 운영하는 기간 3개월, 검증하는 기간 1개월이 소요되며, 가맹사업준비단계와 연계해서 진행할 예정임

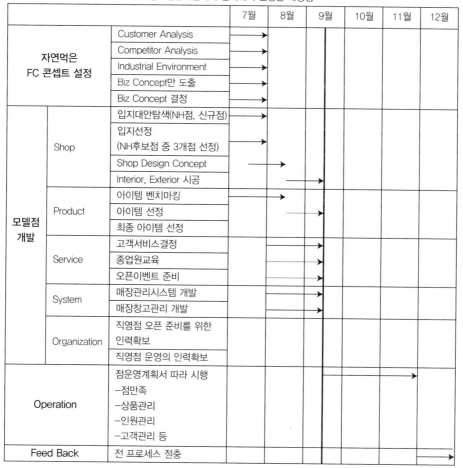

			7월	8월	9월	10월	11월	12월
자연먹은 FC 콘셉트 설정		Customer Analysis						
		Competitor Analysis						
		Industrial Environment						
		Biz Concept만 도출						
		Biz Concept 결정						
모델점 개발	Shop	입지대안탐색(NH점, 신규점)						
		입지선정 (NH후보점 중 3개점 선정)						
		Shop Design Concept						
		Interior, Exterior 시공						
	Product	아이템 벤치마킹						
		아이템 선정						
		최종 아이템 선정						
	Service	고객서비스결정						
		종업원교육						
		오픈이벤트 준비						
	System	매장관리시스템 개발						
		매장창고관리 개발						
	Organization	직영점 오픈 준비를 위한 인력확보						
		직영점 운영의 인력확보						
Operation		점운영계획서 따라 시행 −점만족 −상품관리 −인원관리 −고객관리 등						
Feed Back		전 프로세스 점충						

자연먹은 프랜차이즈 가맹사업 실행계획

허 사장은 임원들과 프로젝트팀원의 적극적이고 긍정적인 태도에 천군만마를 얻은 듯했다. 오랫동안 꿈꿔온 사업을 이제 시작해도 되겠다는 확신이 들었다.

"여러분이 이렇게 도와주시니 저도 더욱 자신감이 생기는군요. 자, 이제부터는 본격적으로 사업에 착수할까 합니다. 서 대표님이 먼저 말씀해주시지요."

허 사장의 말이 끝나자 서 대표는 마우스를 클릭해 컨설팅 로드맵을 프로젝터 화면에 다시 띄웠다.

허 사장과 임원들, 프로젝트팀원의 눈이 모두 화면으로 집중됐다. 서 대표의 말이 이어졌다.

"프랜차이즈 사업을 본격적으로 시작하는 첫 단계입니다. '자연보감 프랜차이즈 가맹사업 실행계획'이라고 이름 붙였습니다. 이는 자연보감의 건강기능식품 가맹점 사업계획과 중장기 사업계획을 바탕으로 가맹사업 실행계획을 수립하는 단계로, 앞으로 한 달 정도 걸릴 것입니다."

프랜차이즈 산업 개관

어떤 사업이든 '왜 이것을 하려는지'가 분명해야 한다. 특히 새로운 사업 영역에 발을 들여놓는다면 가장 먼저 산업론을 정립해야 한다. 자연보감의 경우 '건강기능식품'이라는 새로운 아이템으로 '프랜차이즈 가맹사업'이라는 새로운 형태에 도전하는 것이므로 이 과정은 가장 기초가 된다고 할 수 있다. 서 대표는 말을 이었다.

"이 가운데 제일 먼저 이루어질 과정은 프랜차이즈 산업에 대한 큰 틀을 살펴보고 산업론을 정립하는 것입니다. 우선 프랜차이즈에 대한 개관은 그동안 제가 여러분에게 발송한 자료 메일과 개인적으로 습득한 지식을 바탕으로 편하게 이야기하면 좋겠습니다. 앞으로 프랜차이즈 사업을 펼쳐갈 자연먹은이 교과서처럼 늘 새겨야 할 큰 틀이라고 생각하면 됩니다."

먼저 영업 담당 이사가 말을 꺼냈다.

"프랜차이즈 산업은 본부와 가맹점주들이 같은 목표 아래서 함께 일궈가는 것이라 생각합니다. 본부에서 아무리 좋은 운영 시스템을 갖고 있다고 해도 가맹점주들의 협조 없이는 성장하기 어려울 것입니다. 본부가 추구하는 방향과 다른 방식으로 매장을 운영한다거나 가치관이 다르다면 제대로 된 결과가 나올 수 없죠. 따라서 본부의 영업 시스템과 이에 따른 가맹점주의 협조와 노력이 가장 중요하지 않을까요?"

서 대표는 고개를 끄덕이며 노트북 자판을 두드렸다. 영업 담당 이사의 의견이 프로젝터 화면에 떴다.

"영업 담당 이사님은 무엇보다 본부와 가맹점주의 협조가 가장 중요하다고 말씀하시는군요. 또 다른 의견 있으신가요?"

상품개발 담당 이사의 말이 이어졌다.

"저 역시 이 의견에 공감합니다. 여기에 상품 쪽에서 좀 더 덧붙이면 프랜차이즈 사업은 전국적으로 동일한 매장에 같은 브랜드의 상품을 판매하는 형태죠. 전국 수백 개 할인점과 슈퍼마켓에서 상품이 유통되는 것과는 다른 차원입니다. 새로운 상품을 구성하는 속도도 빨라져야 하고 우리만의 브랜드를 각인할 수 있는 상품구성도 중요하죠. 그런 점에서 프랜차이즈 산업에서는 기업이 좀 더 뚜렷하게 사업 영역, 즉 자기 색깔을 만들어야 한다고 생각합니다. 시장을 이끌어갈 수 있는 명확한 상품 라인이 바탕이 되어야 한다는 말씀입니다."

고개를 끄덕이며 임원들의 이야기를 듣던 허 사장도 한마디 거들었다.

"두 분 말씀 모두 중요한 핵심이네요. 기본적이고 단순하긴 하지만 우리가 앞으로 사업을 해나가는 데 뿌리가 될 지침입니다."

상품개발 담당 이사의 발언도 곧 프로젝터 화면에 떠올랐다. 이어 회계 담당 이사의 말이 이어졌다.

"저는 아무래도 회계 담당으로서 의견을 말씀드려야겠군요. 프랜차이즈는 본부와 가맹점주들의 자본이 어우러지는 사업입니다. 다시 말하면 외부 자본이 유입되기 때문에 본부 혼자 큰 목소리를 내기 어려운 것이죠. 신뢰를 바탕으로 자본이 섞이고 함께 이익을 추구하는 프랜차이즈 사업은 수익 분배에서도 확실한 결과가 나와야 한다고 생각합니다. 그러려면 모든 가맹점에 일괄적으로 적용할 수 있는 회계 시스템이 갖춰져야 하고 최선의 수익 분배를 위한 전략이 무엇보다 중요합니다."

허 사장은 임원들의 말을 경청하며 흐뭇한 표정을 지었다. 임원들 모두 프랜차이즈 사업에 대해 그동안 많이 고민했구나 하는 생각에 문득 고마운 마음이 들었다.

회계 담당 이사의 이야기도 곧 화면에 글자로 나타났다. 이어 마케팅 담당 이사의 말이 이어졌다.

"프랜차이즈 사업은 마케팅 측면에서 보면 상당히 흥미롭습니다. 기존의 자연먹은의 상품은 대부분 유통업체를 통해 판매하는 방식이다 보니 수많은 경쟁사 제품과 함께 놓여 있는 가운데서 '가능한 한 우리 물건을 많이 파는 것'이 목표였다고 해도 지나친 말이 아니죠. 따라서 대중매체를 통한 광고나 다양한 행사, 이벤트가 항상 있어야 했습니다. 그런데 자연보감만의 공간, 즉 프랜차이즈 가맹점이 생긴다면 이제는 소비자들이 여러 가지 중에서 자연먹은을 선택하는 것이 아닌 '자연보감'으로 찾아오도록 이끌어야 합니다. 단순히 광고와 포장만으로 승부를 거는 것이 아니라 상품과 서비스의 질이 다른 브랜드와는 다르다는 것, 따라서 자연보감을 찾아오면 좀 더 전문적이고 믿을 수 있는 상품과 서비스를 만날 수 있다는 것을 강조해야 합니다. 여기에는 본부의 마케팅 노하우도 물론 필요하지만 고객들을 직접 만나는 수많은 가맹점주의 역할도 중요합니다. 그저 우리 물건을 파는 사람들이 아니라 본부와 고객을 잇는 다리 역할을 하는 것이죠. 전문성을 갖추고, 다른 곳에서는 볼 수 없는 좋은 물건을 파는 곳이라는 이미지가 마케팅의 기본이 되어야 하며, 이것이 실행되려면 본부와 가맹점의 전문성, 차별화가 갖춰져야 하지요."

다른 임원들도 고개를 끄덕이며 동조 표시를 했다. 서 대표는 마케팅 담당 이사의 발언도 정리하여 화면에 띄웠다. 일제히 시선이 화면으로 몰렸다.

자연보감 건강기능식품의 프랜차이즈 사업 개관
- 본부의 원활한 운영 시스템과 가맹점의 적극적 협력
- 신뢰를 바탕으로 본부와 가맹점에 최선의 수익 분배
- 명확한 사업 영역 규정과 시장을 이끌어갈 상품구성
- 전문화, 차별화된 서비스를 바탕으로 한 마케팅

"여러분이 말씀하신 프랜차이즈 산업의 내용을 정리해봤습니다. 자연스럽게 분야별로 핵심 내용이 도출된 것 같습니다. 객관적으로 보면 저 네 가지 요소를 정확하게 준수하는 기업이라면 사업 성공은 확실할 것으로 보입니다. 제가 더 보충하지 않아도 이것만 유념하신다면 될 것 같습니다."

허 사장과 임원들 사이에 웃음이 번졌다. 서 대표가 말을 이었다.

"본부는 가맹점을 모집해 운영하는 시스템을 갖춰야 하고 가맹점은 이에 적극적으로 협력해야 합니다. 본부와 가맹점 사이에는 무엇보다 신뢰가 바탕이 되어야 하며 일괄적으로 적용할 수 있는 수익 분배 시스템도 갖춰야 합니다. 사업 영역이 명확해야 회사가 추구하는 가치와 달성하고자 하는 목표를 실행할 수 있고, 경쟁력 있는 상품이 시장을 주도하게 됩니다. 프랜차이즈 가맹점이라는 특화된 공간에서 전문성과 차별성을 부각할 수 있으므로 이를 바탕으로 마케팅을 한다면 소비자들에게도 쉽게 다가갈 수 있을 것입니다."

서 대표의 말이 끝나자 허 사장이 입을 열었다.

"여러분의 말씀을 들으니 제가 부족하다는 생각이 드는군요. 여러분이 도출한 이 내용을 앞으로 우리 자연보감 프랜차이즈 사업의 지표로 삼지요. 지금의 마음을 잊지 않고 끝까지 지켜나갈 수 있었으면 합니다. 오늘 회의 자료는 정리해서 여러분에게 메일로 보내겠습니다."

서 대표가 다음 회의 주제를 알리며 회의를 마무리했다.

"오늘은 프랜차이즈 산업에 대해 이야기했습니다. 다음 회의 때는 자연보감의 산업론을 정립하겠습니다. 우리가 왜 이 사업을 하려고 하는지 목표와 목적, 자연먹은의 사업 영역, 경영이념 그리고 비전을 정리하지요. 지금부터 사흘 동안 준비해서 오늘처럼 자유롭게 말씀해주시면 됩니다. 이는 자연보감이 시행할 사업 방향을 구체적으로 가리키는 지표가 될 것입니다. 오늘 모두 수고 많으셨습니다. 사흘 뒤에 뵙지요."

프랜차이즈 산업론 정립

사흘 뒤, 회의실에 다시 사람들이 모였다. 프랜차이즈 산업의 개관을 스스로 정리한 이후 임원들은 더욱 자신감에 찬 모습이었다. 허 사장이 회의에 앞서 임원들과 편하게 이야기를 나눴다.

"지난번 회의 결과를 보면서 저도 자극을 많이 받았습니다. 여러분이 이토록 열정적으로 힘을 모아주니 감사할 따름입니다. 오늘 회의도 기대가 되는군요."

"회의 전에 이런 말씀을 들으니까 오늘은 왠지 좀 부담스러운데요? 하하하."

임원들은 화기애애한 분위기에서 회의를 준비했다. 시간에 맞춰 서 대표가 도착했고 곧 회의가 시작됐다.

"사흘 동안 많이 준비하셨는지 궁금하네요. 오늘 회의의 핵심은 '자연보감'이라는 기업이 프랜차이즈 사업을 시작하기에 앞서 자신을 돌아보고 정체성을 확립하는 과정이라고 할 수 있습니다. 지난 시간에는 프랜차이즈 산업의 큰 틀, 방향을 잡아봤죠. 오늘은 프랜차이즈 산업에서 '자연보감'이라는 기업이 어떤 존재인지 정립하겠습니다. 지난 회의 때 오늘 이야기 나눌 부분을 미리 말씀드렸는데 먼저 사업 목표와 목적부터 짚어볼까요?"

먼저 허 사장이 말을 꺼냈다.

"오늘은 제가 먼저 이야기를 해보죠. 제가 건강기능식품으로 프랜차이즈 가맹사업을 해야겠다는 생각을 하게 된 데에는 여러 가지 이유가 있습니다. 하지만 대표로서 생각하는 가장 큰 이유라면 '자연먹은'이라는 기업의 생존입니다. 저를 믿고 따라오는 수많은 직원과 협력업체 직원들까지 생각하면 지금 이대로는 안 되겠다 싶은 것이었습니다. 그래서 처음 자연보감을 탄생시켰을 때처럼 소비자들의 욕구와 요구, 시장 흐름에 따라 자연스럽게 생각해본 것이 건강기능식품의 프랜차이즈 사업이었습니다. 이는 자연먹은의 생존, 생명력을 강화하고 소비자들이 원하는 상품을 제공하는 데 목표가 있다고 할 수 있습니다."

서 대표는 허 사장의 말을 듣고 노트북을 두드리며 질문을 던졌다.

"그렇다면 허 사장님이 생각하는 이 사업의 목적은 무엇인가요?"

"건강기능식품을 팔겠다는 목적은 그동안 자연먹은이라는 브랜드를 믿고 선택해준 소비자들에게 더 좋은 상품을 제공하는 것이고, 프랜차이즈 가맹사업의 형태를 택한 것은 좀 더 전문적이고 특화된 서비스를 제공하겠다는 것입니다."

서 대표가 내용을 정리하며 회의를 계속 이끌었다.

"좋습니다. 다른 분들 의견은 어떠신가요?"

영업 담당 이사가 말을 꺼냈다.

"저는 프랜차이즈 가맹사업의 목적을 좀 더 구체적으로 짚고 싶습니다. 지난 20년 동안 자연먹은은 새로운 시장을 개척함과 동시에 끊임없이 소비자들의 입맛에 맞는 상품을 개발, 출시해왔습니다. 그러나 이번 프랜차이즈 가맹사업은 지금까지 해온 사업의 연장이라기보다 새로운 도전에 가깝습니다. 건강기능식품이라는 영역을 프랜차이즈 사업에 적용하는 것이니 우리의 위치를 새로 매긴다고 봐야 할 것입니다. 하지만 그동안 쌓아온 노하우와 브랜드 가치에 바탕을 두고 있으니 자연보감이 새로운 산업에서 자리매김하는 것도 목적이라고 봐야 할 것 같습니다."

임원들이 고개를 끄덕이며 동조의 뜻을 표시했다. 서 대표가 말을 이었다.

"두 분의 말씀은 앞으로 자연보감이 가야 할 방향을 잘 짚었습니다. 제가 한 가지 더 보태면, 자연보감이 앞으로 건강기능식품 시장에 뛰어든다면 그와 관련한 협력업체는 더욱 다양해질 것입니다. 요즘 소비자들의 눈과 입맛이 워낙 까다로우므로 양질의 원료를 생산하는 중소기업, 농가와 축산농가, 지역의 특산물 생산업체 등 검증된 1차원료 제조업체를 발굴하고 개발하는 것도 자연보감의 중요한 역할 중 하나일 것입니다. 시장에서 모범적인 위치를 잡기 위해서 이 점에도 힘을 싣는 것이 어떨까요?"

서 대표의 말이 끝나자 상품개발 담당 이사가 입을 열었다.

"맞습니다. 사실 다양한 건강기능식품을 개발하고 생산하려면 그보다 더 중요한 것이 없지요. 우리가 지역의 소규모 업체와 농가, 축산농가와 원원할 수 있다면 사회적으로 좋은 이미지를 갖게 될 겁니다."

"자, 그럼 우리의 사업 목표는 이렇게 정리할 수 있겠네요."

서 대표는 화면에 요약한 내용을 띄웠다.

> **자연보감 건강기능식품 프랜차이즈의 사업 목표**
> - 자연먹은 브랜드의 강화, 기업의 생명력 강화
> - 소비자의 니즈에 따른 건강기능식품 제공
> - 건강기능식품 프랜차이즈 시장에서 자리매김
> - 검증된 중소업체의 발굴과 협력으로 사회적 역할 수행

그리고 서 대표는 다음 주제를 꺼내며 회의를 진행했다.

"좋습니다. 그럼 이번에는 자연보감 건강기능식품 프랜차이즈 사업의 영역을 규정해보죠. 이것은 기업이 어떤 분야에서 사업하고 있는지를 나타내는 것으로 미래 환경 변화에 대응하고 사업의 차별화 요인을 명확히 하기 위해 필요합니다. 우리가 제공하려는 본질적 기능을 표현하는 정의를 내림으로써 사업 진행 방향을 일관성 있게 유지할 수 있지요. 쉽게 말하면 기업이 제공하는 서비스를 구체적으로 표현해보자는 겁니다."

이번에는 프로젝트 팀장이 이야기를 꺼냈다.

"건강기능식품을 판매하는 만큼 고객에게 건강과 행복을 주어야 합니다."

마케팅 담당 이사가 뒤를 이었다.

"우리 매장에 와서 단순히 건강식품을 사기만 하는 것이 아니라 참살이, 에코, 힐링 같은 자연친화적 문화를 느낄 수 있다면 더욱 좋을 것 같은데요."

"그냥 물건을 사는 것이 아니라 자신에게 맞는, 꼭 필요한 건강기능식품을 구입할 수 있도록 전문적인 상담이나 컨설팅도 필요합니다."

임원들과 프로젝트팀원들이 저마다 한마디씩 했다. 허 사장은 미소를 머금고 말을 꺼냈다.

"모두 쉽고 간단하면서도 우리가 지향해야 할 것들이군요. 저는 우리가 건강기

능식품 시장을 이끌어가도록 유행을 선도하면 좋겠습니다. 요즘 면역력이 최고 관심사로 떠오르면서 홍삼이 불티나게 팔린다는데 홍삼 이후에 어떤 제품이 소비자들에게 사랑받을지 예측하고 그것을 먼저 제시한다면 건강기능식품 시장의 흐름을 선도할 수 있겠지요."

서 대표는 화면에 키워드 몇 가지를 띄웠다.

건강, 행복, 참살이, 힐링, 로하스, 자연친화, 문화, 전문 상담, 컨설팅, 유행의 선도

"지금까지 나온 이야기를 키워드로 정리해보면 이 정도가 되겠네요. 건강기능식품이라는 상품의 특성상 아무래도 참살이가 기본이 될 텐데, 제가 보기에 이 정도 키워드라면 기존의 건강기능식품업체와 크게 다를 바가 없을 것 같습니다. 자연보감만의 특색을 살릴 수 있는 것을 좀 더 구체적으로 제시해보면 어떨까요?"

잠시 회의실에 침묵이 흘렀다. 임원들과 프로젝트팀원들은 화면에 뜬 키워드를 응시하며 생각에 잠겼다. 잠시 후 상품개발 담당 이사가 말을 던졌다.

"프랜차이즈 가맹점에서만 만날 수 있는 건강기능식품이니까 차별화된 공간을 강조하면 어떨까요?"

"가맹점이니까 전국 어디에서나 전문적인 서비스를 받고 품질 좋은 상품을 살 수 있다는 것을 부각해도 좋을 것 같습니다."

"가까운 곳에 있는 가맹점에 들르면 어른 아이 할 것 없이 누구나 안심할 수 있는 우리 가족의 건강 지킴이를 만날 수 있다고 표현하면 어떨까요?"

서 대표는 다시 쏟아지는 임원들의 발언을 하나하나 정리했다.

"자, 그럼 좀 더 추가된 내용을 덧붙이겠습니다. 이 모든 키워드가 전부 담겨야 하는 것은 아닙니다. 이 가운데 핵심만 조합되면 될 것 같습니다."

건강, 행복, 참살이, 힐링, 로하스, 자연친화, 문화, 전문 상담, 컨설팅, 유행의 선도,
차별화된 공간, 전국 어디서나 양질의 서비스, 우리 가족 건강 지킴이

다시 화면에 키워드가 떠올랐다. 임원들과 프로젝트팀원들은 눈으로 키워드를
훑어보며 고개를 끄덕였다. 이제 자연보감 건강기능식품의 프랜차이즈 가맹점이
'어떤 서비스'를 제공해야 하는지 윤곽이 잡힌 듯했다. 허 사장이 말을 꺼냈다.

"참살이 문화 선도, 고객의 건강과 행복을 위해 전국 어디에서나 전문 상품과
서비스를 제공하는 건강 지킴이가 된다. 이건 어떻습니까?"

"좋은데요! 핵심만 잘 추린 것 같습니다."

"저도 동감입니다. 가맹점이라는 특징과 전문 서비스라는 것이 와 닿습니다."

"저는 참살이 문화를 선도한다는 것이 좋네요. 책임감이 느껴지지만 그만큼 사
명감을 가질 수 있을 것 같군요."

서 대표는 여러 의견을 조합한 끝에 탄생한 허 사장의 마지막 발언을 화면에 띄
웠다.

자연보감 건강기능식품 프랜차이즈의 사업 영역
참살이 문화를 선도하고 고객의 건강과 행복을 위해 전국 모든 가맹점에서 전문 상품
과 서비스를 제공하는 건강 지킴이가 된다.

"어떻습니까? 이렇게 정리하고 보니 사업 영역의 틀이 좀 보이시나요?"

서 대표의 물음에 회계 담당 이사가 답을 했다.

"뭐랄까, 이제야 우리의 구체적인 길이 보인다고나 할까요? 하하하."

"좋습니다. 그럼 우리의 사업 영역은 이렇게 규정하는 것으로 하죠. 이로써 자

연먹은 건강기능식품의 사업 목표와 사업 영역을 정립했습니다. 잠시 쉬었다가 회의를 이어가겠습니다."

20분 뒤, 개인 용무를 마치고 돌아온 임원들과 프로젝트팀원들이 모두 자리에 앉았다. 허 사장은 자신이 쓰는 커피머신으로 직접 커피를 내려 가지고 왔다. 사장과 직원들 사이의 격의 없고 편안한 분위기는 자연먹은의 특별한 자랑이기도 했다. 임원들은 커피를 마시며 칭찬을 아끼지 않았다.

"사장님이 만들어주시는 커피를 오랜만에 마시는군요. 커피 맛이 아주 좋습니다."

"맛있다니 다행이네요. 회의가 좀 길어지는 것 같은데 나른할까봐서요. 사실 회의 열심히 해서 좋은 의견 내달라고 부탁드리는 겁니다. 하하하."

화기애애한 분위기에서 다시 회의가 시작됐다. 서 대표 역시 커피를 마시면서 편하게 분위기를 이끌어갔다.

"자, 이제 산업론을 정립하면서 경영이념을 이야기해보겠습니다. 경영이념은 어떤 방침과 태도로 기업이나 본부, 가맹점을 이끌어갈지를 정의하는 것입니다. 조직구성원의 의사를 통일하고 일체감을 조성하는 데 목적이 있지요. 이는 결국 기업의 원활한 운영으로 이어집니다. 편하게 말씀해주시기 바랍니다."

먼저 영업 담당 이사가 말을 꺼냈다.

"아무래도 고객 이야기부터 해야 할 것 같습니다. 기존의 자연먹은에서 그랬듯이 고객에게 최고의 상품과 서비스를 제공하는 것이 기본이겠지요."

"모든 것은 고객 입장에서 생각한다. 고객의 말이 무조건 옳다. 이런 것은 어떨까요?"

말이 시작되자 다양한 의견이 쏟아져 나왔다.

"직원들에게도 경영이념이 필요합니다. 자연먹은의 직원들은 일하면서 성취감을 느끼고 행복해야 한다고 생각합니다. 즐겁지 않은 일은 결코 회사의 발전도,

개인의 발전도 가져올 수 없으니까요."

"가맹점은 본부 발전의 동반자라고 할 수 있겠죠. 따라서 가맹점은 신뢰와 협력을 바탕으로 자연먹은의 지속 성장과 발전을 위한 원동력이 되어야 한다고 생각합니다."

"음, 가맹점이 지나치게 본부에 귀속되는 느낌이 들지 않을까요?"

"가맹점을 본부의 원동력이라고 하기보다는 본부와 가맹점이 서로 원동력이 되어야 한다는 것이 맞을 것 같네요."

서 대표는 임원들과 프로젝트팀원들의 의견을 조율하며 회의 내용을 정리해나갔다. 프로젝트팀장의 말이 이어졌다.

"앞서 사업 목표 부분에서도 이야기가 나왔는데, 우리에게 좋은 원료를 제공해줄 협력업체에 대한 내용도 들어가면 좋을 것 같습니다. 신뢰를 바탕으로 계약을 합리적으로 맺고 시장 발전에 이바지한다는 내용이면 어떨까요?"

이어 허 사장이 말을 덧붙였다.

"가맹점의 입장이 있다면 본부에도 경영이념이 필요할 것입니다. 본부는 고객에게 최고의 상품과 서비스를 제공하여 만족을 드린다는 점, 본부와 관련된 모든 사람과 신뢰를 바탕으로 관계를 맺고 사회적 역할을 수행한다는 것을 강조하고 싶군요."

서 대표가 이야기를 모두 듣고 회의록을 정리해 화면에 띄웠다.

자연보감의 프랜차이즈

- 고객만족 실현
- 신뢰로 맺는 협력관계
- 사회의 모범이 되는 기업

"이건 허 사장님이 말씀하신 내용으로, 우리의 경영철학으로 세워두면 좋을 것 같습니다. 경영이념은 여러분이 말씀해주신 내용으로 정리하면 이 정도가 되겠군요."

자연보감 건강기능식품 프랜차이즈의 경영이념

- 고객의 의견에 귀를 기울이며 최고의 상품과 서비스를 제공한다.
- 즐겁고 행복한 일터를 만든다.
- 본부와 가맹점은 신뢰와 협조를 바탕으로 함께 발전한다.
- 협력업체와 원활한 관계를 맺어 사회에서 꼭 필요한 기업이 된다.

서 대표는 요약된 내용을 화면에 띄우고 설명을 덧붙였다.

"우리의 경영이념은 크게 고객과 직원, 가맹점, 협력업체 이렇게 넷으로 나누어 정리할 수 있습니다. 이는 앞으로 사업하면서 만나게 되는 수많은 사람과의 관계에 적용되고 세세한 사업을 실행하는 데 기본 개념이 된다고 보면 됩니다."

허 사장이 이어 입을 열었다.

"무엇보다 여러분의 다양한 의견을 잘 조합해서 만든 경영이념이라 더 마음에 듭니다. 자연먹은 식구들의 뜻이 반영된 만큼 앞으로 이를 지켜가는 것도 어려운 일은 아닐 거라고 믿습니다."

상품개발 담당 이사가 웃으며 말을 이었다.

"이렇게 우리 회사의 경영철학과 이념을 새롭게 정립하니 감회가 새롭습니다. 우리가 가야 할 길, 이루어야 할 목표가 많은 이들과 협력해야 가능하다는 점도 잊지 말아야 한다는 생각이 듭니다."

허 사장이 고개를 끄덕이며 동감했다.

"바로 그겁니다. 자연먹은이라는 기업을 통해서, 건강기능식품 프랜차이즈 자연보감이라는 사업을 통해서 우리는 더 많은 사람을 만나고 그들과 함께하게 될 것입니다. 늘 깨어 있는 생각과 마음으로 일하고 모두 행복해질 수 있는 최선의 결과가 나오도록 함께 노력합시다."

허 사장의 말이 끝나자 모두 한마음으로 박수를 쳤다. 서 대표는 계속해서 회의를 이끌어나갔다.

"좋습니다. 이번에는 자연보감의 비전(vision)을 정리해보지요. 이는 경영이념에 따라 기업을 운영하며 분야별로 어떤 목표가 있는지 구체적으로 정의하는 것입니다. 한 외식 프랜차이즈업체의 예를 들어보겠습니다."

서 대표는 화면에 자료를 띄웠다.

예시: 'ㅇ' 프랜차이즈업체의 비전

- 성장성: 기존 사업 극대화, 신규 사업 활성화, 유통구조 다양화, 재무구조 고도화
- 고객만족: 브랜드 강화, 메뉴 업그레이드, 점포 경쟁력 강화, 고객지원 체계화
- 생산성: 전국 물류 시스템, 글로벌 소싱 시스템, 품질생산 시스템, R&D 강화
- 시스템경영: 직무관리 시스템, 책임 자율 조직, 지식경영, 성과 중심 조직

"보시다시피 이렇게 세분한 비전도 있습니다. 물론 이곳은 역사도 깊고 규모도 큰 기업입니다. 하지만 분야를 세분하는 것보다 더욱 중요한 것은 현재 자연보감의 그릇에 맞으면서도 정해진 기간에 목표달성이 가능한 비전을 구체적으로 제시하는 것입니다. 따라서 크게 두 가지, 정성적인 것과 정량적인 것으로 구분하는 것이 어떨까 합니다."

상품개발 담당 이사의 말이 이어졌다.

"아무래도 그것이 좋겠습니다. 우리는 이제 프랜차이즈 사업을 시작하니 너무 장황한 것보다는 작더라도 구체적인 목표가 필요하겠지요. 정성적 비전이라면 '건강 기능식품 문화를 주도하는 프랜차이즈 가맹 체제 구성' 정도가 되지 않을까요?"

영업 담당 이사도 덧붙였다.

"자연보감의 기본 이념은 고객만족이니 고객만족에 대한 것도 언급해야 할 것 같습니다."

"프랜차이즈 가맹사업 면에서 질적으로도 우수한 업체를 표방하는 것은 어떻습니까? 수많은 프랜차이즈 기업들 사이에서 모범적인 가맹사업을 펼친다는 것을 강조하면 어떨지요?"

서 대표는 여기저기서 나오는 발언을 정리해 화면에 띄웠다.

"좋습니다. 그럼 정성적 비전을 이렇게 정리해볼 수 있겠군요."

자연보감 건강기능식품 프랜차이즈의 정성적 비전

• 건강기능식품 문화 선도
• 고객만족 실현
• 우수한 프랜차이즈 가맹 체제구축

"자, 다음은 자연보감의 정량적 비전을 논의하겠습니다. 구체적인 숫자를 제시하면서 사업 목표를 제시해주시기 바랍니다."

마케팅 담당 이사가 먼저 입을 열었다.

"우선 프랜차이즈 가맹사업에 따른 가맹점 확보가 중요한 목표가 될 것입니다. 수도권에서 먼저 가맹점을 확대하고 전국적으로 확대하는 것은 어떨까요? 내년 한 해 동안 수도권에서 50개 가맹점 확보, 내후년까지 전국적으로 100개 가맹점 확보를 목표로 하는 것이 어떨까 싶습니다."

허 사장이 말을 이었다.

"구체적인 가맹점수를 제시하는 것이 지금으로서는 부담감이 없지 않아 있습니다만, 마케팅 이사님 말씀대로 구체적인 가맹점 목표 수를 정해놓으면 더욱 열의가 생기겠지요. 그런데 내년 한 해 동안 수도권에서 50개를 목표로 하는 것이 현실적으로 가능한지 의구심이 드는군요. 저는 내년 한 해 동안 30개를 목표로 하고 내후년까지 전국적으로 100개를 목표로 하는 것이 어떨까 합니다. 처음 1년 동안 자리를 확실히 잡는다면 다음 해에 100개를 채우는 것은 오히려 더 수월할 것이라고 봅니다."

회계 담당 이사의 말도 이어졌다.

"맥세스컨설팅 서 대표께서 개괄적으로 경쟁사를 고려한 평균 출점수가 480점(88쪽 참조) 정도 된다고 말씀하셨는데요. 그럼 내년 사업 시작 연도에 50개 점포를 예상하고 매출액을 가늠해보면, 본부 매출은 연 100억 원 정도로 예상해볼 수 있습니다. 사업 시작 첫해인 만큼 초기 투자 부분에 따라 큰 매출을 기대하기는 어려울 것입니다. 사업을 안정화하는 데에 더욱 큰 목표를 두고 실행하는 것이 어떨까요?"

이에 서 대표가 덧붙였다.

"사실 본부 매출 100억 원도 무리가 있을 것 같습니다. 마케팅이나 시스템 구축에 따른 비용 등 초기 투자 비용을 생각할 때 50개 점포에 80억 원 정도를 예상하는 것이 어떨까 생각합니다."

"저도 그 의견에 동감합니다."

잠시 침묵이 흐르고 서 대표가 회의를 정리하며 말을 꺼냈다.

"좋습니다. 그럼 자연먹은의 정량적 비전을 이렇게 정리해볼 수 있을 것 같군요."

자연보감 건강기능식품 프랜차이즈의 정량적 비전

- 첫 사업연도에 수도권에 50개 점포 오픈
- 본부 매출액 80억 원 달성

허 사장이 화면을 보며 입을 열었다.

"이렇게 보니 정말 사업이 시작되는구나 하는 생각이 듭니다. 내년에 자연보감 건강기능식품 매장 50개가 수도권 곳곳에 문을 열고, 소비자들이 그곳을 찾아 양질의 상품을 구매해 프랜차이즈 사업으로 80억 원의 매출을 올리도록 최선을 다합시다."

임원들은 긴 회의에 지친 듯했지만 눈빛만은 열의가 넘쳤다. 서 대표는 다음 회의 준비를 부탁하며 마무리 지었다.

"오늘 모두 고생 많으셨습니다. 이로써 자연보감 건강기능식품 프랜차이즈의 기본 산업론이 정리됐고, 다음 회의에서는 현상 분석을 진행하겠습니다. 크게 외부환경과 내부역량으로 나눌 수 있는데, 외부환경에는 거시적 환경, 경쟁업체 분석, 고객 분석이 포함되며, 내부역량은 자사분석을 뜻합니다. 임원님들과 프로젝트팀에서는 해당 부분의 자료를 준비해주십시오. 저도 따로 자료를 준비하겠습니다. 그럼 일주일 뒤에 함께 의견을 나누고 정리하지요."

프랜차이즈 현상 분석

일주일 뒤, 임원들은 다시 회의실에 모였다. 과제가 많았던 만큼 피곤한 모습도 보였지만 예정대로 한 달 안에 실행계획을 모두 마치려면 속도를 늦출 수 없었다. 회의실에 서 대표가 들어서고 회의가 시작됐다.

"지난 한 주간 잘 지내셨습니까? 오늘은 2단계 현상 분석을 하겠습니다. 이 단계에서는 우리가 하려는 사업의 외부환경과 내부역량을 객관적으로 알아보고 그에 맞게 사업 진입전략을 구축하는 것이 목표입니다. 자, 그럼 먼저 거시 환경 분석부터 들어보겠습니다. 마케팅 담당 이사님께서 말씀해주시지요."

마케팅 담당 이사가 준비한 자료를 화면에 띄웠다.

경제 환경

- 경제위기 보합 단계
- 경기부양 축소, 고용 저조
- 저성장기조 유지

사회 환경

- 웰빙, 로하스 라이프스타일의 유행과 일반화
- 저탄소 녹색성장의 기조 속에 에코(eco)스타일 유행
- 빠른 속도로 진행되는 고령화
- 핵가족화, 싱글족 증가 등 가족형태 변화
- 변종 바이러스 같은 새로운 바이러스 출현

기술 환경

- 소비자들의 국내외 정보 습득력 향상
- 인터넷 커뮤니티를 통한 소비자들 간의 교류 확대
- SNS의 괄목할 만한 성장

프랜차이즈 정책 환경

- 프랜차이즈 산업 활성화: 프랜차이즈 기업의 수준평가를 통한 등급제 시행, 등급별 가맹점 지원, 프랜차이즈 기업 직원교육, 시스템 구축 컨설팅 지원
- 해외시장 진출: 코트라, 중기청 해외전담조직을 통한 국내 프랜차이즈 기업 해외 판로 개척
- 공정위 모범거래 규제화: 베이커리, 커피, 편의점 등 과밀 출점방지를 위한 가맹점 간 거리 제한정책 시행

자료 화면이 뜨자 마케팅 담당 이사가 말을 이었다.

"먼저 거시적인 경제 환경을 살펴보겠습니다. 2019년 코로나로 인한 팬데믹 현상을 겪고 엔데믹 이후 글로벌 경제가 회복되고 있습니다. 하지만 기업과 소비자들이 느끼는 체감경기는 수치만큼 높지 않을 것으로 보여 올해보다 시장이 크게 활성화되리라는 보장은 없습니다. 이것이 새로운 프랜차이즈 사업을 시작하는 데 걸림돌이 될 수도 있습니다. 하지만 기업들의 고용이나 투자가 크지 않을 것으로 보이므로, 이것이 오히려 창업시장에서는 긍정적 요소로 작용할 가능성도 있습니다. 가맹사업을 시작하는 데 좋은 시점이 될 수도 있을 것입니다."

마케팅 담당 이사는 다음 페이지를 넘기며 설명을 이어갔다.

"사회 환경을 살펴보겠습니다. 이미 웰빙, 즉 참살이 열풍은 유행을 넘어 우리 사회에 안착했습니다. 이제는 건강과 환경을 동시에 생각하는 자연주의 에코(eco)에서 힐링이 라이프스타일을 주도하고 있습니다. 내 몸에 좋은 상품을 찾는 것은 물론 환경을 생각하는 소비를 지향하는 것입니다. 유기농제품이나 화학적 처리를 거치지 않은 원료 생산 등이 이에 부합합니다. 이런 면에서 자연먹은은 이미 시장의 선두주자라 해도 지나친 말이 아니며 이러한 문화를 일찍이 주도했다고 볼 수 있습니다.

또 고령화가 빠르게 진행되고 있습니다. 특히 소득수준이 올라가면서 경제력을 갖춘 노년층이 늘어나고 있죠. 이들은 오래 사는 것보다 건강하게 사는 것을 더욱 중시하며 자녀들에게 의존하기보다는 독립된 노년생활을 하고 싶어합니다. 이런 생활의 바탕에는 건강기능식품을 빼놓을 수 없습니다. 다양한 노인성 질환을 예방하거나 완화하는 건강기능식품이 더욱 각광받을 것으로 보입니다.

그리고 핵가족화로 자녀를 하나만 두는 가정이 늘었습니다. 자녀에게 아낌없이 투자하는 부부들이 많아진다는 의미입니다. 한 설문조사에 따르면 서울에 사는 30~40대 부부 가운데 50% 이상이 아이들을 위한 건강기능식품을 구입한다고 합니다. 성장, 두뇌개발 촉진, 면역력 증강 등 다양한 종류의 건강기능식품을 선호하는 것으로 나타났습니다. 반면 늘어나는 싱글족도 큰 시장이 될 것으로 보입니다. 경제력을 갖춘 싱글족은 바쁜 직장생활과 불규칙한 식사에 대한 우려로 건강기능식품을 꾸준히 섭취하려는 욕구를 가지고 있습니다.

변종 바이러스의 영향으로 홍삼 열풍이 불기도 했습니다. 학계에서 앞으로 이러한 변종 바이러스가 더 자주 출현할 것이라고 발표하자 면역력 강화 등 평소에 꾸준히 건강관리를 해야 한다는 생각이 일반화되고 있습니다."

허 사장과 임원들은 고개를 끄덕이며 설명을 들었다.

"기술 환경까지 검토해보면, 인터넷이 일상화되면서 소비자들의 정보 습득력이 매우 커졌습니다. 누구나 검색만 하면 국내는 물론 국외의 다양한 건강기능식품을 접할 수 있습니다. 이에 따라 한 발 앞선 상품을 개발하고 시장을 이끌어갈 선두를 차지하는 것이 매우 중요해졌습니다. 또 현재 자연먹은이 그렇듯 소비자들 사이에서 인터넷 커뮤니티는 효과가 매우 큰 홍보의 장이 되고 있습니다. 프랜차이즈 가맹사업을 할 때도 이를 잘 활용하면 좋은 효과를 거둘 것으로 보입니다."

발표가 끝나자 모두 박수를 쳤다. 허 사장이 먼저 말했다.

"좋습니다. 꼼꼼하게 조사하셨네요. 사회 환경이 우리에게 긍정적 요소가 많습니다. 하지만 경제 분위기로 볼 때는 위험할 수 있다는 것도 잊지 말아야겠습니다."

서 대표가 말을 이었다.

"지금 이루어지는 모든 조사와 자료 수집은 사업을 위한 준비운동입니다. 긍정적인 요소는 적극 활용하고 부정적인 요소는 최소화하는 전략을 짜게 될 것입니다. 자, 그럼 이어서 경쟁업체 분석을 들어보죠. 상품개발 담당 이사님이 준비하셨다고요?"

상품개발 담당 이사는 준비한 자료를 화면에 띄우고 발표를 시작했다.

경쟁업체 분석

- 유기농식품 전문업체 '유기농마을' : 유기농 친환경 농산물 위주
- 수입 건강기능식품 전문업체 '헬스타운' : 직영점 형태로 운영
- 홍삼 전문업체 '홍삼마당' : 가맹사업 운영

"우선 '유기농마을'은 1차식품을 위주로 하여 전국의 유통업체에 포진해 있습니다. 이런 유기농 친환경 브랜드는 전문점 형태보다는 일반 소매점으로 확대될 거라 예상합니다. 대형 마트의 PB 상품 가운데도 유기농 친환경 라인이 출시될 것으로 예상되므로 자연먹은 건강기능식품 가맹점에서 취급하는 유기농 친환경 1차식품이나 가공식품은 어떤 종류로, 어느 정도 비중으로 둘지 고려해야 할 것입니다.

수입 건강기능식품 전문업체인 '헬스타운'은 현재 백화점과 대형 할인점에 주로 입점해 있습니다. 모두 직영점으로 운영되며 제품은 수입·판매만 하는 형태입니다. 주로 비타민, 미네랄 등 영양제 중심이며, 해외 유명 브랜드 상품을 많이 확보하고 있어서 판매량이 많습니다. 인터넷 쇼핑몰을 통한 판매량이 큰 비중을 차지하는 것으로 알려져 있습니다.

마지막으로 '홍삼마당'은 변종 바이러스로 '대박'이 난 업체입니다. 홍삼과 관련된 상품만 취급하며 프랜차이즈 가맹 형태로 운영되므로 최근 몇 달 사이에 가맹점 수가 크게 늘었습니다. 가맹점뿐만 아니라 홈쇼핑 판매도 비중이 점점 커지고 있습니다.

이 세 업체를 보면 매출이 꾸준히 늘고 있으며 상품구성도 다양해지고 있다는

공통점이 있습니다. 또 세 곳 모두 대기업이나 대기업에서 분산된 기업이 운영한 다는 점을 감안할 때, 앞으로도 대기업 중심 업체들이 건강기능지향 식품 시장을 이끌며 공격적인 마케팅을 펼칠 것으로 보입니다.

한편 세 곳 모두 우리가 진행할 사업 영역과 교차되는 부분이 있습니다. 우리가 앞으로 전체 상품 가운데 유기농 친환경 식품을 어느 정도 배치할지, 소비자들이 선호하는 상품군을 어떻게 배치할지 경쟁업체의 흐름을 참고하는 것이 도움이 될 것입니다. 우리가 시도하려는 건강기능식품에 대한 상담이나 컨설팅 부분을 부각하는 것이 차별화 전략이 될 수 있을 것입니다."

발언이 끝나자 서 대표가 정리했다.

"조사한 대로 유기농 친환경업체와 수입 건강기능식품업체, 홍삼전문업체 세 곳은 우리의 경쟁업체이자 벤치마킹 대상이라고 할 수 있습니다. 이어서 우리가 벤치마킹해야 할 부분을 덧붙여보죠."

벤치마킹

- 유기농마을: 유기농 친환경상품의 소비 흐름 파악, 유행하는 아이템 리뷰, 유기농 친환경 생산 환경 변화 파악
- 헬스타운: 해외의 건강기능식품 유행 파악, 해외의 건강·생활문화 도입
- 홍삼마당: 국내 홍삼 시장과 소비 흐름 파악, 다양한 판로와 판매 실적 파악

"사실 유기농 친환경 1차식품은 현재 자연먹은이 갖고 있는 시장을 활용하는 것이 우선입니다. 그러나 유기농마을의 경우 상품군이 워낙 다양하고 규모가 커 유기농제품 시장에서 소비자 인지도나 시장점유율은 최고 수준이죠. 이곳의 판매 동향을 살펴보면 소비자들 사이에 유행하는 아이템이나 히트 상품을 파악할 수 있습니다. 그런 자료를 건강기능식품과 연결해 자연보감의 상품을 개발한다

면 승산이 있습니다.

그리고 헬스타운은 직수입 제품이라는 강점과 해외의 유행 상품을 접할 수 있다는 장점이 있습니다. 웰빙이나 로하스 같은 개념도 선진국에서 시작되어 우리나라로 넘어오지 않았습니까? 선진국의 건강·생활문화, 유행하는 아이템 역시 잘 살펴봐야 합니다. 우리의 목표가 참살이 문화를 선도하는 것인 만큼 해외시장의 흐름도 늘 주시해야 합니다.

마지막으로 홍삼마당은 '홍삼'이라는 아이템을 어떻게 사업과 연결해 '대박'이 나게 했는지 잘 보여주는 곳입니다. 사실 가맹점이라는 판로가 컸다는 점이 있습니다만, 차후 사업이 안정기에 접어들면 다양한 판로를 선택할 수 있다는 것도 새겨볼 만합니다. 홍삼은 앞으로도 사업성이 매우 높은 아이템이므로 여러 기업이 시장에 뛰어들 것입니다. 우리가 홍삼 제품으로 승산을 보려면 전문기업보다는 당연히 인지도가 떨어지니 다른 시각의 접근이 필요합니다. 예를 들면 홍삼농가와 직거래해 가격을 낮추거나 새로운 형태의 제품을 개발하는 것 등이 있습니다. 아무쪼록 경쟁업체와 벤치마킹 대상은 늘 염두에 두고 살펴보아야 한다는 점을 당부드립니다."

허 사장과 임원들은 회의 내용을 정리하며 잠시 휴식 시간을 가졌다.

"자, 그럼 20분 뒤 고객 분석과 자사분석으로 회의를 계속하겠습니다."

20분 뒤, 회의실에 다시 사람들이 모였다. 저마다 긴장을 풀려고 기지개도 켜고 차도 마시면서 담소를 나누었다. 허 사장은 그런 임원들과 프로젝트팀원들을 독려했다.

"여러분이 고생이 많습니다. 프랜차이즈 사업을 해보겠다는 결정은 제가 했지만 여러분이 없다면 절대 실행 불가능한 일이라는 것 아시죠?"

"사장님도 요즘 프랜차이즈 공부하느라 바쁘시다는 소문이 있던데요. 하하하."

"물론입니다. 저도 모르는 것이 많아서 요즘 주경야독하고 있습니다. 집사람이 저더러 '옛날에 이렇게 공부했으면 하버드대학 갔을 것이다'라고 하더군요. 아무튼 오늘 회의가 끝난 뒤에는 오랜만에 회식이나 합시다."

"좋습니다!"

서 대표가 들어오고 회의가 계속됐다.

"자, 그럼 이제 고객 분석을 해보겠습니다. 영업 담당 이사님께서 준비하셨지요?"

영업 담당 이사가 준비한 자료를 화면에 띄우고 발표를 시작했다.

고객 분석

- 목표 고객: 월소득 400만 원 이상 가정의 30~50대 주부, 60대 이상 노부부, 20~30대 직장인 미혼남녀
- 구매 동기: 건강관리, 성장촉진, 미용, 브랜드에 대한 신뢰, 사회적 흐름 등

"먼저 우리 목표 고객부터 규명해보겠습니다. 건강기능식품을 이용하는 소비자들이 크게 늘고 있지만 생필품 영역 밖의 상품이므로 가정의 월소득이 일정 금액 이상 되어야 여유가 있을 것으로 보입니다. 최근의 경제 상황과 소비심리를 전반적으로 조사한 결과 4인 가족 기준 최소 400만 원의 소득이 있어야 가족을 위한 건강기능식품을 구매할 것으로 보입니다. 소비 주체는 주부들이 대다수를 차지하며 주부들 사이의 입소문이나 유행 역시 소비에 큰 영향을 미칠 것으로 보입니다. 구매력을 갖춘 노년층도 주요 고객이 될 것으로 예상합니다. 60대 이상 은퇴 노년층이나 자녀들과 따로 거주하는 노년층 가정의 경우 소비 가운데 건강기능식품의 비중이 해마다 높아지는 것으로 조사됐습니다. 특히 현재 자연먹은

건강기능식품의 설문조사에 따르면 60대 이상 고객 가운데 앞으로도 지속적으로 구매할 계획이 있다고 답변한 사람이 80%가 넘는 것으로 나타났습니다. 한편 20~30대 미혼 직장인 역시 잠재력이 큰 목표 고객으로 보입니다. 암이나 고혈압, 당뇨 같은 질환이 젊은 층에서도 많이 나타나고 돌연사 같은 사고도 적지 않다 보니 젊은 층 사이에서도 일상적인 건강관리가 화두가 되고 있습니다. 특히 이들은 소득이 자신을 위해 지갑을 선뜻 열 정도는 되므로 잠재구매력이 크다고 봅니다.

그리고 자연먹은의 건강기능식품을 구매하는 동기는 자신과 가족의 건강관리, 자녀들의 성장과 두뇌개발을 위한 투자, 다이어트나 미용 등 상품에 따라 구분할 수 있습니다. 최근에는 면역력 강화에 관심이 몰리고 있으며, 콜레스테롤 수치 하강, 혈당조절, 피부관리 등 구체적인 목적으로 건강기능식품을 찾는 추세입니다. 변종 바이러스가 유행하면서 사람들의 관심이 쏠린 것처럼 사회적 흐름이나 유행에 따라 건강기능식품을 찾는 소비자도 늘고 있으며, 비슷한 제품이라면 자연먹은의 브랜드를 믿고 선택한다는 소비자도 있습니다.

따라서 앞으로 우리는 다양한 연령층을 위한 상품 전략과 구체적인 기능을 살린 상품개발, 브랜드 이미지 강화 등에 중점을 두어야 합니다.”

서 대표는 고개를 끄덕이며 말을 덧붙였다.

“저는 이번 프랜차이즈 가맹사업으로 자연보감의 잠재고객층을 더 많이 이끌었으면 합니다. 더 많은 소비자가 더 많은 곳에서 더 자주 가맹점을 마주하게 되면 지금 목표 고객보다 더 다양한 층의 고객을 만날 수 있겠지요. 우리의 잠재고객은 지금 제시된 목표고객과 목표고객 사이의 틈새입니다. 중년 남성들이 직접 지갑을 열게 된다면 어떨까요? 아마 주부들보다 구매력이 더 클 것입니다. 그들에게 건강기능식품을 구매할 필요성을 느끼게 하는 것이 바로 우리가 앞으로 해야 할 일입니다.”

허 사장도 동감한 듯 입을 열었다.

"그렇습니다. 시장은 점점 경쟁이 심해지고 있고 주 고객은 한정되어 있지요. 잠재고객을 끌어들이기 위한 다양한 방법을 함께 모색해나가겠습니다."

"좋습니다. 그럼 이제 내부역량, 즉 자사분석으로 들어가겠습니다. 회계 담당 이사님께서 발표해주시겠습니다."

회계 담당 이사가 자료를 띄우면서 말을 시작했다.

자연먹은의 자사분석

- 연혁: 2003년 사업 시작
- 경영이념: 정직한 상품, 정도 경영
- 비전: 가족이 먹는 먹거리로 음식문화 선도, 고객만족

"자연먹은은 2003년 브랜드 두유와 콩나물을 내세워 도소매유통을 시작했습니다. 2005년부터는 달걀과 친환경채소를 판매했고, 두부와 콩나물 시장점유율이 25%를 돌파했습니다. 2007년 된장과 고추장 등 전통장류와 소스류를 개발해 판매하기 시작했고, 2008년에는 냉동식품과 반찬류 시장에 새롭게 진입해 시장점유율이 30%를 돌파했습니다. 그리고 2010년에 건강기능식품 전담 연구소를 설립해 2012년부터 생산과 판매에 돌입했고 150여 종의 상품을 개발하여 유통업체를 통해 판매하고 있습니다. 설립 이후 세 차례에 걸쳐 소비자평가 대상 수상, 소비자 안전마크 획득, ISO 9002 획득 등 품질과 서비스에 대한 객관적인 검증을 꾸준히 받았습니다.

이어 재무구조를 설명하겠습니다. 매출액은 꾸준히 늘고 있습니다만 매출원가의 상승세가 커 총이익은 오히려 줄어드는 추세입니다. 이에 따라 영업이익률이

분기마다 줄고 있습니다. 판매비와 관리비도 최근 다시 올라가고 있어 안정된 수익구조를 위한 개편이 필요한 시점이라 생각합니다."

허 사장이 질문을 던졌다.

"주식시장 분위기는 어떻습니까?"

"친환경 먹거리, 힐링 먹거리에 대한 일반인의 관심이 높아지고 개개인의 건강 관리가 유행처럼 번지면서 관련주의 주가는 꾸준히 오르고 있습니다. 자연먹은 역시 올해 들어 주식시장에서도 탄력을 받은 것이 사실입니다. 현재 시장 전반에 긍정적 요소가 많아 우리에게 유리하지만, 과거 경험을 돌이켜볼 때 작은 식품 사고라도 일어나면 주가에 미치는 파장이 엄청나다는 점도 잊지 말아야 합니다."

서 대표는 중요 내용을 체크하면서 말을 이었다.

"좋습니다. 그럼 이어서 저희가 분석한 자연먹은의 SWOT를 보시겠습니다."

자연먹은 SWOT 분석

강점(Strengths) · 식품 제조와 유통에 오랜 경험, 높은 브랜드 가치, 대표의 리더십 ·	약점(Weaknesses) 프랜차이즈 표준 콘셉트 부재, 프랜차이즈 조직 관리 체계 부재, 영업이익률 하락세
기회(Opportunities) 건강에 대한 사회적 관심 증가, 건강 관련 소비문화 변화, 차별화와 전문화 요구	위협(Threats) 식품안전에 대한 감시 기능 확대, 소비자의 요구 강화

"현재 자연먹은의 강점은 식품 분야에서의 오랜 경험과 브랜드 가치입니다. 소비자들에게 각인된 자연먹은의 이미지는 건강하고 깨끗하며 믿을 수 있는 안전한 먹거리라는 것입니다. 따라서 건강기능식품이라는 좀 더 넓은 분야로 자연스럽게 연결되며, 초기에 이루어져야 하는 브랜드 각인과 이미지 생성에 드는 에너지를 아낄 수 있습니다. 또 20년을 한결같이 조직을 이끌어온 대표의 리더십과 능

력도 중요한 원동력입니다.

한편, 약점이라면 아직 프랜차이즈 사업을 해본 적이 없다는 것입니다. 따라서 모든 표준 콘셉트와 조직, 관리체계가 잡혀 있지 않다는 점을 들 수 있습니다. 최근 영업이익률이 하락세인 것도 눈여겨봐야 합니다. 하지만 최근 사회 분위기나 소비시장의 흐름에는 '건강'이라는 화두가 던져져 있습니다. 더 많은 사람이 건강을 관리하고 몸에 더 좋은 것을 찾는다는 것입니다. 그러다 보니 쏟아지는 다양한 상품 속에서 좀 더 전문적이고 차별화된, 즉 검증된 상품을 선택하고자 하는 욕구도 커지는 것입니다.

동시에 국가적으로 식품 안전에 대한 감시 기능이 강화되고 있다는 점도 잊지 말아야 합니다. 건강기능식품 사업에서도 상품에 대한 감시와 표준이 강화되고 있으며 건강기능식품 전문점을 운영하려면 일정한 교육을 받아야 한다는 지침도 생겨났습니다. 소비자의 입맛은 더욱 까다로워지고 식품 안전에 대한 눈높이도 상당히 높아져서 생산자와 판매자는 이를 항상 주시해야 한다는 점을 강조하고 싶습니다."

서 대표가 발표를 마무리지었다. 허 사장이 끝맺음에 나섰다.

"이렇게 해서 오늘은 프랜차이즈 가맹사업을 실행하기 위한 계획 두 번째 단계로 외부환경과 내부역량을 살펴보는 현상 분석을 해봤습니다. 이 과정에서 우리는 새로운 사업을 시작하기에 앞서 현재 자연먹은의 객관적 위치를 파악할 수 있었습니다. 지피지기면 백전백승이라는 말처럼 새로운 도전에서 나를 아는 것만큼 중요한 것은 없다는 생각이 드는군요."

서 대표가 말을 이었다.

"저 역시 여러분이 직접 조사한 내용을 바탕으로 새로운 사업계획을 짜는 데 큰 도움을 받게 되었습니다. 다음 회의 때는 이런 정보를 기초로 우리가 실행할 전략을 세우겠습니다. 4일 뒤 다시 회의를 열지요. 다음 시간에는 프랜차이즈 시장에 진입하기 위한 전략, 사업을 확장하기 위한 계획, 기존 유통 체제를 정비하기 위한 전략을 제시하겠습니다. 오늘 정말 고생 많으셨습니다."

어느덧 시간이 많이 흘렀다. 모두 박수로 회의를 정리했다.

프랜차이즈 전략 수립

나흘 뒤, 사람들이 다시 회의실로 모였다. 한 달 예정으로 출발한 '프랜차이즈 가맹사업 실행계획'이 시작된 지 보름, 어느덧 중간 지점에 와 있었다.

"시간이 정신없이 흘러가는군요."

"프랜차이즈 사업계획을 짜면서부터 어딜 가나 프랜차이즈에 대한 것만 눈에 들어옵니다. 하하하."

"저도 그렇습니다. 프랜차이즈업체 매장을 한 번이라도 더 눈여겨보게 되고, 잘 되는 매장은 왜 잘되는지 궁금해지더라고요."

임원들은 저마다 이야기를 털어놓으며 웃음꽃을 피웠다. 곧 회의 시간이 되었고 서 대표와 허 사장이 들어왔다. 서 대표가 먼저 인사를 했다.

"듣자 하니 이제 다들 프랜차이즈 박사가 되신 것 같습니다. 하하하. 이렇게 관심을 갖고 노력하면 안 될 일이 있을까요? 허 사장님께서도 직원들을 많이 독려해주시기 바랍니다. 자, 그럼 회의를 시작하죠. 오늘은 제가 먼저 맥세스컨설팅에서 작성한 자료를 바탕으로 준비한 프랜차이즈 진입전략과 확장전략을 말씀드리겠습니다."

서 대표는 화면에 자료를 띄웠다.

"먼저 진입전략 중 유형설정부터 말씀드리겠습니다. 자연보감은 건강기능식품 프랜차이즈 전개를 전제조건으로 프랜차이즈 형태별 분석과 기존 프랜차이즈 사업 전개 상황을 고려해볼 때 '비즈니스형 프랜차이즈' 시스템이 가장 적절할 것으로 판단하고 있습니다."

프랜차이즈 진입전략 (1) 유형설정

"비즈니스 프랜차이즈 시스템은 본부에서 가맹점주에게 상표와 표장뿐만 아니라 자체 개발한 비즈니스 패키지를 전수하는 방식으로 '시스템 프랜차이즈'와 동일한 개념입니다. 최근 많은 본부가 이 방식을 택하고 있습니다. 이는 곧 본부와 가맹점, 소비자가 서로 연결되는 시스템입니다. 다음은 가치사슬(Value Chain)별 평가와 주요 이슈를 살펴보겠습니다."

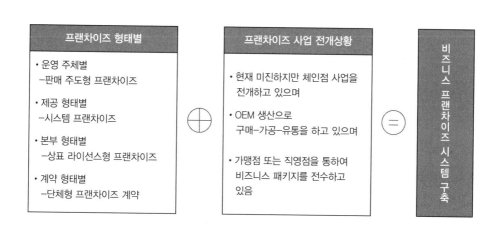

프랜차이즈 진입전략 (2) 가치사슬별 평가와 주요 이슈

• 개발: 상권 입지 분석, 점포 개발, 세일즈 능력

- 시설: SI(Store Identity), 도면설계능력, 공사숙련도(기간 내 마감)
- 개점·운영: MD(Merchandising), 판촉능력, 세일즈 능력
- 마케팅: 마케팅계획 수립, 실행, 실행 후 평가

"자연보감의 건강기능식품 프랜차이즈 사업에서 밸류 체인 항목을 살펴보면 크게 개발과 시설, 개점과 운영, 마케팅으로 나눌 수 있습니다. 그 가운데서 우리가 사업을 하는 데 반드시 고려해야 하는 이슈를 부문별로 살펴보면, 개발 부문에서는 무엇보다 상권 입지 분석이 기초가 되어야 합니다. 자연보감의 가맹점을 열려면 어떤 상권, 입지가 기준이 되는지 전국 어디에서나 적용할 수 있는 일괄 콘셉트를 제시해야 합니다. 우리가 갖춘 상권 입지 분석 능력과 기준은 다른 프랜차이즈업체와 차별성을 주는 경쟁력이 될 수 있다는 것을 기억해야 합니다. 개발을 담당하는 인력은 가맹점을 모집하기 위해 어떤 세일즈 능력을 갖춰야 하는지도 고려해 기준을 마련해야 합니다.

두 번째 시설 부문은 가맹점 시공과 관련된 것입니다. 프랜차이즈 특성상 가맹점은 통일된 매장 인테리어를 갖게 마련이죠. 매장 분위기와 인테리어도 중요한 경쟁력이므로 자연먹은의 특성을 잘 살릴 수 있는 인테리어와 현실적으로 시공이 수월한지, 공사업체의 역량은 어느 정도 되는지 충분히 검토해야 합니다.

또 개점과 운영에서는 상품관리와 판촉이 핵심이 됩니다. 가맹점에서 점주와 직원들이 효과적으로 판촉할 수 있도록 운영 매뉴얼과 판매 지침이 있어야 합니다.

마케팅 부문에서는 본부의 전문 인력을 통한 총체적 마케팅을 기초로 시기별 또는 상품별로 계획을 세우고 실행합니다. 그리고 평가를 거쳐 수정, 보완할 수 있도록 본부 차원의 매뉴얼이 있어야 합니다."

서 대표의 이야기를 듣던 영업 담당 이사가 질문을 던졌다.

프랜차이즈 관련 고려해야 할 이슈

- 개발
  - 상권 입지 분석의 기준은 무엇인가?
  - 점포 개발을 위한 상권 입지의 콘셉트는 무엇인가?
  - 개발담당자에게 필요한 세일즈 능력은 무엇인가?

- 시설
  - 자연보감의 콘셉트를 구현하기 위한 SI는 공사가 수월한가?
  - 공사업체는 도면설계능력이 있는가?
  - 공사업체의 공사숙련도는 어떠한가?

- 개점·운영
  - 머천다이징은 적절한가?
  - 판촉능력은 어떻게 키울 것이며, 어떻게 판촉할 것인가?
  - 자연보감을 운영하기 위하여 어떤 세일즈 능력이 필요한가?

- 마케팅
  - 마케팅계획 수립과 실행능력이 우수한 인력을 보유하고 있는가?
  - 실행 후 평가는 어떤 방법으로 할 것인가?

- 교육훈련
  - 교육훈련 전담 인원이 있는가?
  - 교육훈련 프로그램이 가지런하게 되어 있는가?

"말씀하신 항목이 갖춰져야 수익을 창출할 수 있다는 얘기인데, 현재 상태에서 우리가 어느 정도 성공 가능성이 있는지 객관적으로 아는 방법은 없을까요?"

"있습니다. 현재 가맹사업 표준으로 운영 중인 매장이 없으므로 모델점을 개점한 뒤 이를 기준으로 간략하게나마 평가해보겠습니다."

서 대표는 화면을 넘기며 말을 이었다.

"다음은 상권 입지, 상품, 매장 이미지 통일(Store Identity), 시설 등 세부 항목에 대한 콘셉트를 말씀드리겠습니다. 먼저 상권 입지의 경우 기본적으로 1차와 2차 목표상권을 중심으로 전개하고 향후 매출과 브랜드 인지도가 올라갔을 때 3차 목표상권으로 확대해 사업 기반을 안정적으로 닦아야 할 것으로 보입니다."

프랜차이즈 진입전략 (3) 상권 입지 콘셉트: 기본 콘셉트

구분	1차 목표상권	2차 목표상권	3차 목표상권
타깃	30~60대(주부 중심)	30~60대(주부 중심)	30~60대(주부 중심)
유형	복합상권	역세권	주거상권
넓이	50m²	50m²	50m²
층수	1층	1층	1층
대표 입점지	아파트단지+지하철역	주상복합단지+지하철역	주거 밀집지역
주차	인근 주차장 연계	인근 주차장 연계	인근 주차장 연계
목표매출액	100만~120만 원/일	100만 원/일	100만 원/일

"우선 1차와 2차 목표상권을 중심으로 개점을 진행하게 됩니다. 가장 빠른 시간에 브랜드와 매장을 알리고 매출을 높일 수 있는 곳이며 목표한 매출을 달성하기에 좋은 바탕이 되는 곳입니다. 목표가 주부이다 보니 아무래도 대규모 아파트단지 인근의 복합상권이 가장 유리하며 하루 100만 원 이상 매출을 기대할 수 있을 것으로 보입니다. 다음은 점포 조건을 알아보겠습니다."

프랜차이즈 진입전략 (4) 상권 입지 콘셉트: 점포 조건

구분		조건	비고
상권	유형	복합상권, 역세권, 주거상권	
	상권활성	T/A(Trade Area) 내 점포수 50개 이상	
	경쟁점	경쟁점 3개 미만인 지역-주요 경쟁업체: 홍삼전문점	
입지	시계성	고객의 동선상 도보거리에서 간판과 점포 식별이 쉬운 곳-시계성 판단기준: 50~80m	
	접근성	내점 수단과 관계없이 고객이 점포에 오기 쉬운 정도를 말함-저해요인: 화단녹지, 철책, 전화부스, 계단, 중앙분리대, 육교 등	
	입지성	경쟁점 간 입지의 우열 정도-판단기준: 고객의 주동선상에 위치, 목적지에 가까운 거리 등	
	유동량	주요 타깃인 30~60대 주부, 성인 남녀의 유동이 많은 곳	
	전면도로	왕복 4차선~6차선-일방통로 제외/이면도로일 경우 도로 폭이 최소 8m 이상이면 세부조건 검토 후 결정	1차선의 넓이: 2.5~2.7m
점포	실제면적	50m² 이상	
	층수	1층	
	전면넓이	최소 7m 이상	
	층고	최소 2.8m 이상	허리 기준
	주차장	주변 유료 주차장과 연계	
	투자비	점포비 예상 투자금액 적용(최소 50m² 이상): 보증금과 권리금을 합해서 1.5억~2억 원	

"점포 조건은 상권과 입지, 점포로 나누어볼 수 있습니다. 상권은 주변에 점포 수가 50개 이상으로 활성화된 지역이어야 하며 경쟁점은 3개 미만이어야 합니다. 입지에서 중요한 것은 주 타깃인 주부들이 자주 오가는 곳이어야 한다는 점입니다. 점포는 실제면적 50m²(15평형) 이상으로 건물 1층에 위치하는 것이 가장 유리합니다. 지역별로 차이는 있으나 투자비용은 보증금과 권리금을 더해 1억 5,000만~2억 원 선으로 예상합니다."

허 사장이 화면을 보며 서 대표에게 질문을 던졌다.

"음, 역시 상권이 가장 중요할 것 같군요. 상권과 입지를 개발하는 것도 본부의 매뉴얼이 되어야 합니까?"

"가맹점을 하고 싶다며 상담하러 오는 사람들 가운데 자신들이 봐둔 자리가 있다고 먼저 말하는 경우도 많습니다. 그러나 목이 아무리 좋아도 적절한 입지가 아니라면 승산이 없겠지요. 따라서 본부가 추구하는 사업 방향과 상품 판매에 어울리는 상권, 입지는 반드시 정립해야 합니다. 그럼 이번에는 상품 콘셉트를 함께 살펴보지요."

프랜차이즈 진입전략 (5) 상품 콘셉트: 상품구성

- 건강기능식품(Health Supplement Food): 법적/소위 건기식
- 건강지향식품(Functional Food): 자연원료 + 기능성/일반원료 + 기능성 조절
- 유기농식품(Organic Food): 법적으로 규정된(유기 인증) 식품
- 자연식품(Natural Food): 건기식을 특식이 아니라 일반 식품으로 먹는 것(자연 농법에서 나오는 것들/무공해, 무첨가)

"현재 자연보감이 구성할 수 있는 상품군은 크게 네 가지로 나눌 수 있습니다. 법으로 지정된 건강기능식품과 일반적으로 알려진 건강기능식품이 있고, 자연원료를 사용해 기능을 살린 건강지향식품, 인증받은 유기농식품, 자연식품 등이 있습니다. 세부 제품 구성은 차후 담당 임원들과 함께 해나가겠습니다. 다음으로는 SI(Store Identity), 즉 매장 이미지 통일화 작업입니다."

프랜차이즈 진입전략 (6) SI 콘셉트: SI 정립 방향

- 분위기: 깨끗하고 단정하면서도 따뜻한 분위기, 매장에 들어오는 것만으로도 건강해질 것 같은 느낌 선사
- 전문성: 고객 상담 공간, 건강과 생활문화에 대한 정보를 담은 패널 활용
- 이미지: 접근성과 가시성을 확보하기 위한 간판, 입체형 간판, DP활용 등

"매장의 전반적 분위기는 깨끗하고 단정해야 합니다. 하지만 약국처럼 딱딱한 분위기가 아니라 사람 냄새 나는 따뜻한 분위기를 추구해야 하지요. 매장에 들어서는 순간 건강해지는 것 같은 느낌을 주도록 숲처럼 꾸미고 나무향을 뿌리는 것도 좋을 것 같습니다. 또 전문적이고 차별화된 매장을 만들기 위해서 고객 상담 공간을 따로 마련하고 곳곳에 건강정보와 생활문화 정보를 담은 패널이나 안내 책자를 비치해야겠습니다. 이 모든 인테리어 작업은 경쟁력 있는 업체를 선정해 최선의 비용으로 해야 합니다."

서 대표는 화면을 넘겼다.

"다음은 슈퍼바이저 도입 관련 내용입니다. 슈퍼바이저는 프랜차이즈 사업에서 점포 운영 체제의 모든 과정을 관리하고 감독함으로써 이익을 창조하는 핵심 직원을 뜻합니다. 자신이 맡은 가맹점의 모든 상황을 늘 체크하고 점주를 상담, 지도하는 역할이죠. 점포별 영업 상황을 파악하고 판매촉진을 위한 계획을 짜기도 합니다. 점포 오픈 과정은 물론 설비와 보수, 관리에 대해서도 지도하지요. 운영 프로세스를 정리하면 다음과 같습니다."

프랜차이즈 진입전략 (7) 슈퍼바이저 도입: 슈퍼바이저 운영 프로세스

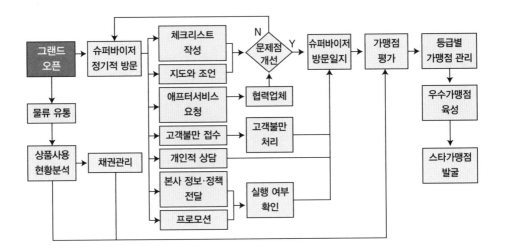

마케팅 담당 이사가 질문을 던졌다.

"슈퍼바이저가 본부 직원과 다른 점은 무엇입니까?"

"가맹점주와 일대일로 만나는 유일한 직원이지요. 본부에서 일하는 것이 아니라 가맹점을 발로 뛰면서 늘 영업 상황과 문제점, 개선점을 파악하는 역할입니다. 아무래도 현장 경험이 풍부한 직원이 유리하겠죠. 본부와 가맹점주를 잇는 다리이므로 슈퍼바이저가 없다면 본부와 가맹점주 사이에는 간극이 커질 수밖에 없습니다."

서 대표는 다시 화면을 가리켰다.

"다음은 교육 시스템입니다. 가맹사업을 전개하고 성장, 발전시킬 수 있도록 가맹점을 대상으로 점포 운영 노하우를 전수하고 본부에 대한 로열티를 강화함으로써 가맹점과 본부가 함께 발전할 수 있도록 교육훈련의 방향을 설정해야 합니다. 화면을 보시죠."

프랜차이즈 진입전략 (8) 교육 시스템: 방향 설정

	가 맹 점
교육훈련 목 표	• 점포경영에 필요한 노하우 제공과 점포 운영능력 향상 • 가맹점주와 본사 간 커뮤니케이션 활성화, 본사 로열티 제고를 통한 프랜차이즈 사업 정착 • 우수 점포 육성
교육훈련 방 침	• 가맹점주 사업 경영 마인드 확립 • 내부고객과 외부고객의 만족도 극대화 • 프랜차이즈 시스템 유지와 강화(Brand Identity) • 다양한 시장환경 변화 대응

"가맹점주를 대상으로 하는 본부의 교육은 그 자체가 매출과 이익으로 이어지는 하나의 과정입니다. 따라서 본부에서는 가맹점주들이 경영 마인드를 갖고 본부의 경영이념을 고객에게 실현하도록 교육해야 합니다. 이 과정에서 본부와 가맹점주 사이에 긴밀한 소통도 이루어지므로 양쪽 모두에게 이로운 결과를 기대할 수 있습니다. 가맹점주들이 매장 오픈 전에 받는 사전교육은 점포 운영 노하우와 프랜차이즈 시스템에 대한 이해, 사업 마인드 확립과 영업력 강화, 매뉴얼 숙지와 중요성 등으로 짜여 있습니다. 한편 본부 직원을 대상으로 하는 교육도 중요한데 외부 강사에게 비정기적으로 위탁해 전문지식을 습득하도록 하는 방법과 슈퍼바이저의 직무교육 등이 있습니다."

영업 담당 이사가 질문을 던졌다.

"가맹점에 대한 교육은 반드시 지속적으로 해야 하는 것입니까?"

"물론입니다. 많은 프랜차이즈업체가 가맹점 오픈 전에만 형식적으로 교육하는 것이 현실입니다. 그러나 그런 업체들의 경우 가맹점주들의 만족도가 낮을뿐더러 본부와 가맹점의 관계가 끈끈하게 맺어지기 어려워 이것이 영업과 매출에도 영향을 주는 것을 자주 봅니다. 지속적인 가맹점주 경영역량강화 교육은 본부에게는 하나의 투자입니다. 작은 것을 아끼려다 큰 것을 잃는 것은 현명한 방법이 아니지요. 다음은 교육계획 수립입니다."

프랜차이즈 진입전략 (9) 교육 시스템: 교육계획 수립

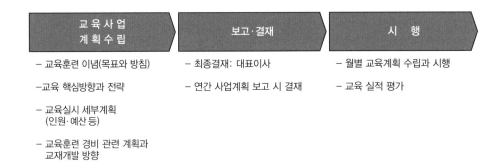

"교육계획은 사업계획 수립 과정부터 보고·결재, 시행과 실적 평가까지의 과정이 규칙적으로 진행되도록 본부가 노력해야 합니다. 세부내용은 프랜차이즈 기업 유닛(UNIT)화 경영 시스템 구축 이후 실행단계에서 세부적으로 진행하겠습니다. 이상 자연보감의 프랜차이즈 진입전략을 말씀드렸습니다. 20분 쉬었다가 프랜차이즈 확장전략을 말씀드리지요."

차를 마시며 휴식하는 임원들을 두고 허 사장과 서 대표는 회의실 밖에서 잠시 담소를 나눴다. 허 사장이 먼저 말을 꺼냈다.

"사업 파트너 관계를 떠나서 저희가 하려는 사업이 정말 승산이 있겠습니까?"

"사업 파트너 관계를 떠나서 말씀드리는데 적절한 시기에 좋은 사업을 구상하신 겁니다. 자연먹은은 이미 좋은 조건을 갖추고 있습니다. 맨땅에 헤딩하는 것이 아니기 때문에 위험부담은 적고 시너지 효과는 클 것이라고 봅니다."

"하하하, 그렇게 말씀해주시니 마음이 놓입니다. 준비를 해갈수록 두려움도 커지는 게 사실이더군요."

"걱정되는 것이 당연하지요. 그건 저도 마찬가집니다. 하지만 다들 적극적으로 노력하니 잘될 겁니다."

"아무튼 끝까지 잘 부탁드리겠습니다."

두 사람은 다시금 굳게 악수를 했다.

회의가 다시 열렸다. 서 대표는 화면에 새로운 자료를 띄우며 설명을 시작했다.

"프랜차이즈 확장전략은 사업에 진입한 이후 어느 정도 기간에 어떻게 가맹점을 확대해나갈지에 대한 전략입니다. 우선 단계별로 방향과 시스템 운영 내용을 보시지요."

프랜차이즈 확장전략 (1): 단계별 사업확장전략

구분	1년차	2년차	3년차
전략방향	• 본부 관리체계 정비 • FC Sys. 구축과 정비 • FC를 위한 실무적용 • 본부, 가맹점 교육훈련 • 유통채널 정비 • POS 시스템 구축	• 분야별 전문성 강화 • 기업 이미지, 홍보활동 강화 • 마케팅 기능 활성화 • 고객관계관리(CRM) 재정비	• 사업의 다각화 • Biz Sys. 확대 • 상품(제품) 매출 극대화
프랜차이즈 시스템 운영구상	• Biz Sys. 구축 • 사업단위별 모델링 • 시스템 구축에 대한 평가와 보정 • 역할과 기능의 체계화	• Biz Sys. 표준화 • 본부 기능 전문화 추구 • 다양한 이벤트 전개 • SV 역량 극대화 • 가맹점주 매출증대 극대화 • 고객만족경영 추진 • 신상품개발 가속화	• 마케팅, 영업의 고도화 • 상품(서비스)과 브랜드 확장 • 전략적 제휴

"우선 사업 첫해에는 본부의 관리체계를 확고히 하는 것을 목표로 합니다. 프랜차이즈 사업 시스템 역시 틀을 만들어가는 단계로 시행착오를 거쳐 경험한 것

을 바탕으로 시스템을 구축해나갑니다. 가맹점 모집을 위한 틀도 마련해야 하고요. 그리고 두 번째 해에는 잘 구축된 사업운영 시스템 위에서 자연먹은 건강기능식품의 이름을 알리고 더 많은 고객을 다양하게 만나는 데 집중해야 합니다. 이에 따라 가맹점의 매출이 크게 성장할 수 있는 시점인 만큼 본부에서도 다양한 마케팅 기법과 고객 서비스를 마련해야 합니다. 첫해에 마련된 가맹점 모집을 위한 틀이 어느 정도 평가받는 시기이기도 합니다. 그리고 세 번째 해에는 자리가 잡힌 사업 틀 위에서 다양한 상품과 새로운 전략으로 사업 범위를 조금씩 넓히게 됩니다. 가맹점 모집의 틀은 두 번째 해에 평가·보완함으로써 더 나은 방향으로 지속 성장을 해야 합니다."

서 대표는 다음 내용을 띄웠다.

"이번에는 가맹점 확장전략입니다. 우선 거점지역을 중심으로 집중 출점하는 '도미넌트(Dominant) 전략'을 제안합니다."

프랜차이즈 확장전략 (2) 가맹점 확장전략: 도미넌트 전략

'도미넌트 전략'은 일정 지역에 다수점을 동시에 출점함으로써 경쟁사의 출점을 억제하는 것을 말한다. 이 전략은 선진 프랜차이즈 기업에서 사용하는 전략 중 하나였으며, 특정지역을 선점하기 위한 방식으로 물류 배송비용 절감, 브랜드 인지도 확산 등의 효과가 크다.

대형 유통업체뿐 아니라 경쟁이 치열한 프랜차이즈 시장에서도 중소 프랜차이즈 기업을 중심으로 '도미넌트 전략'을 통한 출점 경쟁이 가속화되고 있다. 이에 따라 이미 진출한 프랜차이즈 본부의 '아류 브랜드'가 아닌 '전략적 프랜차이즈 기업 시스템방식'으로 시장을 점유하고 선두 브랜드를 따라잡겠다는 전략이다.

P팩토리, C어스 등은 이러한 '도미넌트 전략'을 적극 활용하여 프랜차이즈 시장

에 성공적으로 안착한 브랜드로 꼽힌다. 이들 브랜드는 최소한의 조직과 자본으로 브랜드 인지도를 높이고 있으며, 물류 배송비용 절약과 슈퍼바이저 관리 영역의 활동범위 확대, 가맹점 수익 극대화를 이루었다.

P팩토리는 양천구를 기반으로 목동, 오목교 등에 직가맹점을 출점했다. 도미넌트 지역을 옆 동네인 영등포구(선유도, 문래, 영등포)와 동작구(보라매, 신대방삼거리, 중앙대), 관악구(봉천, 신림, 서울대)로 옮겨 집중적으로 영역을 넓혀나갔다. 현재는 서초구로 도미넌트 지역을 옮겨 우수점 개발에 주력하고 있다.

P팩토리가 도미넌트 전략으로 프랜차이즈 시장을 공략한 이유는 대형 피자업계와의 출점 전략과 차별화하기 위해서다. P팩토리는 '이탈리안 화덕피자의 대중화'를 선언하고 '우리 동네에서 누구나 쉽게 접할 수 있는 동

도미넌트 전략: P팩토리는 양천구를 기반으로 그림대로 영등포구, 동작구, 관악구를 비롯하여 현재는 서초구까지 영역을 넓혀가고 있다.

네피자'를 슬로건으로 내세워 화덕에 구웠지만, 비싸지 않으면서 믿을 수 있는 피자를 그 동네에 가면 어디서든 접하게 하겠다는 것이 이 회사만의 전략이다.

C어스도 성남, 분당 지역을 기반으로 집중적으로 출점하였으며, 도미넌트 지역을 서울, 인천, 대구 등 지방으로 확장한 대표적인 성공 사례로 손꼽힌다.

이러한 전략과 맞물려 용인, 대구 등에 자체 물류센터를 이용한 유통 시스템, 주방인력 교육과 파견을 책임지는 조리아카데미 등 차별화된 경쟁력과 지속적 연구개발로 현재 290여 개 가맹점을 운영 중이다.

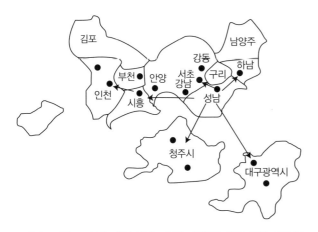

도미넌트 전략: C어스는 성남, 분당 지역을 기반으로 서울, 인천, 대구 등 지방으로 확장했다.

프랜차이즈 기업을 구축하려면 자본력, 조직력이 필요하지만 자본력과 조직력이 낮은 기업이 도미넌트 전략으로 시장 진입에 성공한 사례가 늘고 있다. 소규모 프랜차이즈 기업이 성공하려면 이러한 전략을 바탕으로 경영, 마케팅, 개발 등 프랜차이즈 기업 시스템 구축의 단계적 전략을 철저히 세워야 한다.

"사례를 보면 서울 양천구에서 새롭게 진행하는 P브랜드나 성남시 지역을 거점으로 한 C브랜드는 점차 인근의 서초, 관악구와 송파, 강동구, 수원 지역으로 사업을 확장하는 방식이지요. 거점은 아무래도 초기에는 모델점 인근 2~3개구로 설정하는데 소비가 활발하고 경기에 큰 영향 없이 움직이는 지역에서 시작하는 것이 좋습니다. 다음은 가맹점 확장조건입니다."

서 대표는 화면을 바꾸었다.

프랜차이즈 확장전략 (3) 가맹점 확장전략: 사업확장 조건

"성공적으로 출점하려면 가맹점과 본부가 고객의 욕구 충족에 초점을 맞춰야 합니다. 상권과 입지, 제품에 대한 고객의 니즈(needs)를 반영하여 가맹점에 대한 조건과 본부에 대한 조건을 설정하는 것이지요. 표에서 보는 것처럼 가맹점을 하려는 사람에게는 인성과 자본, 영업에 적극적으로 투자할 여력이 있어야 합니다.

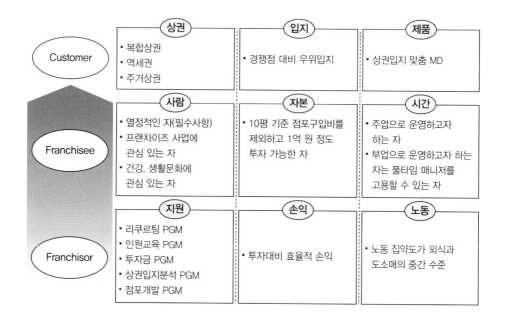

본부에서는 가맹점이 성공하도록 프로그램을 갖추고 이러한 투자 대비 최대한의 효율을 거둘 수 있는 시스템을 마련해야 하지요. 이처럼 사업이 확장되는 것은 본부 혼자 움직이는 것이 아니라 수많은 소비자와 가맹점주, 예비 가맹점주가 끈끈하게 엮일 때 가능하다는 것을 잊지 말아야겠습니다."

임원들과 프로젝트팀원들은 서 대표의 설명을 들으면서 앞에 놓인 문서에 부지런히 중요한 내용을 메모해나갔다. 화면이 바뀌고 설명이 이어졌다.

"그렇다면 자연보감 건강기능식품 가맹점을 확장할 때 몇 개가 적절한지 예상하고 전략을 제시해보겠습니다. 적정 가맹점수 산정은 가맹점의 매출과 자연먹은의 매출 목표가 최대치를 나타내는 교차점을 바탕으로 합니다."

프랜차이즈 확장전략 (4) 가맹점 확장전략: 적정 가맹점수 산정 프로세스

"통계청에서 발표한 자료에 따라 사무직 가구당 월평균 소득을 참고했습니다. 적정 가맹점수는 단계별로 가맹점의 최소 수익 수준 평가, 가맹점 매출액, 목표 매출액을 달성하기 위한 지지 인구수를 산정하여 결정합니다. 소비자 판매 금액을 산출해서 1인당 구입액을 산출하고 가맹점 1개당 지지 인구수는 최소 보장 수익을 위한 매출액과 1인당 구입액으로 산출하는 것이지요. 이렇게 산출한 결과 경쟁점을 고려하여 자연먹은 가맹점이 수익을 창출할 수 있는 개점수는 약 480개로 추정할 수 있습니다. 가맹점수 480개는 지역별로 세분하여 확장전략을 도출하고자 합니다."

서 대표는 화면에서 몸을 돌려 임원들을 보며 발표 내용을 정리했다.

"저희가 구상한 자연보감 건강기능식품 프랜차이즈의 진입과 확장전략은 이렇습니다. 하지만 현재 상황을 예측해 전략을 짰으므로 향후 사업 실행 중 바뀌는 부분이 있을 수도 있습니다. 그러나 이것이 한편으로는 우리 목표가 될 수도 있겠지요. 다음 시간에는 신규 사업 진입전략을 발표하겠습니다. 기존 유통 체제에

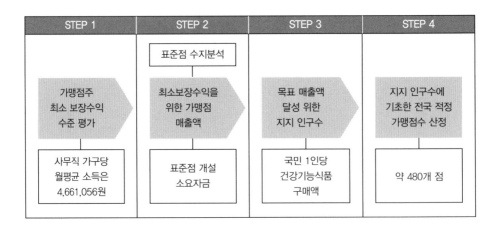

대한 정비전략과 우리만의 새로운 전략을 제시할 것입니다."

허 사장이 말을 덧붙였다.

"오늘도 모두 수고 많으셨습니다. 오늘 서 대표님이 제시한 전략에 대해 각자 숙지하길 부탁드립니다. 다음 회의는 5일 뒤 열겠습니다."

사람들이 모두 일어나 박수로 마무리했다.

프랜차이즈 사업을 준비하는 동안 한편에서는 기존 유통업체를 통해 판매하는 건강기능식품을 조금씩 정비했다. 프랜차이즈 가맹사업이 시작되는 시점에 맞춰 상품 라인을 다시 구성해야 했기 때문이다. 자연먹은 건강기능식품 사업부의 상품기획팀이 가장 바쁘게 움직였다. 가장 인기 있는 상품인 홍삼과 동충하초, 성장 촉진 제품, 미용과 노화방지 제품 등 특성에 따라 라인을 재정비하고 출시 예정인 신제품 생산에도 박차를 가했다. 건강기능식품과 함께 판매할 건강지향식품과 자연식품도 구성을 새롭게 했다. 넓은 공간의 한 부분을 차지하는 자연먹은이 아니라 오직 자연먹은만을 위한 매장을 어떻게 채울지에 대한 고민이 이어졌다.

닷새 뒤, 서 대표는 발표 자료를 챙겨 자연먹은으로 향했다. 지난 시간에 프랜차이즈 진입과 확장전략을 전반적으로 이야기했다면 오늘은 좀 더 구체적이고 핵심적인 전략을 발표할 차례였다. 약속시간보다 일찍 회의실로 들어서자 임원들과 프로젝트팀원들이 벌써 자리에 앉아 담소를 나누고 있었다.

"잘 지내셨습니까? 오늘도 일찍 모이셨네요."

"저희가 매번 긴장하고 있나 봅니다. 하하하."

"허 사장님께서 저 모르게 압박을 주시는 것 아닙니까?"

좌중에 웃음이 번졌다. 긴장감이 조금씩 풀리고 시간이 되자 회의가 시작됐다. 허 사장이 먼저 입을 열었다.

"자, 오늘은 새로운 전략을 제안해주기로 하셨지요. 어떤 내용인지 궁금합니다."

서 대표는 화면에 자료를 띄우며 발표를 시작했다.

"새로운 전략을 말씀드리기에 앞서 기존 유통 체제에 대해 말씀드리는 것이 맞겠지요. 최근 프랜차이즈 업계에서는 가맹비를 받지 않고 가맹점을 내주는 곳도 생겨나고 있습니다. 크고 작은 업체가 많이 생겨나다 보니 치열한 경쟁 속에서 가맹점주를 모집하려는 방법의 하나이기도 하지요. 그러나 우리가 선택한 비즈니스 프랜차이즈 형태에서는 본부가 가맹점주에게 가맹비를 받아 매장 오픈에서 운영과 교육까지 지속적으로 관리합니다. 이것은 가맹점주에게는 부담이 될 수도 있지만 그만큼 본부에서 책임지고 좋은 점포를 추천하고 점포 운영 노하우를 전수하며 지속적인 교육으로 매출을 올리도록 노력하겠다는 약속의 증거이기도 합니다. 그렇다면 가맹점을 열고자 하는 이들에게 설득력 있는 가맹비를 제시하는 것이 중요합니다. 개정된 가맹사업법에 따라 가맹비 환급 등 본부 부담을 최소화하려면 항목을 세분해서 대응하도록 산정기준을 마련할 필요가 있습니다. 화면에서 도소매업인 자연먹은을 항목별로 보시지요."

프랜차이즈 확장전략 (5) 가맹점 확장전략: 가맹비 산정기준

"먼저 월평균 경상이익에 계약기간 36개월을 곱해 이것의 2.5%를 영업표지 사용허가권으로 책정했습니다. 630만 원 정도 됩니다. 그리고 점포 마련을 위한 입지상권 개발비가 있는데 입지상권 조사와 분석은 일반인에게는 어려운 부분의 하나입니다. 따라서 본부의 노하우를 집약해 제공할 필요가 있지요. 여기에 100만 원이 책정되었고요. 점포 운영 노하우, 즉 판촉과 각종 프로모션, 세무나 기타 사항에 대한 지원으로 200만 원, 교육비용으로 100만 원입니다. 따라서 약 1,000만 원을 가맹비로 책정할 수 있습니다."

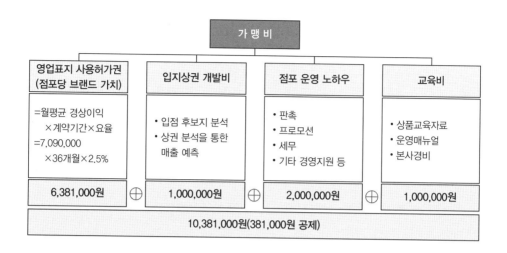

가맹비			
영업표지 사용허가권 (점포당 브랜드 가치)	입지상권 개발비	점포 운영 노하우	교육비
=월평균 경상이익 ×계약기간×요율 =7,090,000 ×36개월×2.5%	• 입점 후보지 분석 • 상권 분석을 통한 매출 예측	• 판촉 • 프로모션 • 세무 • 기타 경영지원 등	• 상품교육자료 • 운영매뉴얼 • 본사경비
6,381,000원 ⊕	1,000,000원 ⊕	2,000,000원 ⊕	1,000,000원
10,381,000원(381,000원 공제)			

설명을 듣던 허 사장이 질문을 던졌다.

"가맹비를 환급해야 하는 상황은 무엇인가요?"

"현재 가맹사업법에 따르면 본부가 가맹 희망자에게 정보공개서를 제공하지 않거나 허위, 과장 정보를 제공하여 계약에 심각한 영향을 주었거나 본부가 정당한 사유 없이 사업을 중단한 경우 등입니다. 하지만 가맹비는 계약 전에 지급되어 상권분석 등 계약 준비 기간에 사용되는 항목도 있으므로 항목이 세분될수록 유리합니다. 본부와 가맹점주의 분쟁은 어떤 형태로든 일어날 수 있다는 것을 기억하셔야 합니다. 참고로 보증금과 가맹비를 산정하는 경우를 외식을 사례로 말씀드리면 다음 표와 같습니다."

"외식의 경우 좀 더 구체적으로 설정하고 있군요. 모두 이렇게 외식처럼 산정하는지 궁금합니다."

프로젝트팀장이 물었다.

서 대표는 웃으면서 내답했다.

"그렇지 않습니다. 이는 일본의 사례입니다. 국내의 경우 도소매업에는 가맹비

좌석수	산정기준	가맹비	보증금
15석 이하		600만 원	가맹비의 1/2
16석 이상~25석 이하	1석당 4만 원	640만~1,000만 원	가맹비의 1/2
26석 이상~35석 이하	1석당 3만 원	750만~1,050만 원	가맹비의 1/2
36석 이상~60석 이하	1석당 2.5만 원	900만~1,500만 원	가맹비의 1/2
61석 이상	1석당 2.5만 원	1,525만 원	가맹비의 1/2

테이블식 좌석 산정기준은 다음과 같이 한다.
　A=800mm(거의 일정) 산정기준에 관계없음
　B=1,300mm 이하의 경우 4좌석으로 함. 1,300mm 초과의 경우 6좌석으로 산정함
　단, 보조의자는 포함하지 않음

규정이 세분되어 있지만 외식에는 월정액과 카드매출 2~3%에 대한 내용으로 규정하고 있습니다. 하지만 가맹점주를 이해시키기에는 많이 부족합니다.”

서 대표는 화면을 넘겨 두 번째 자료를 띄웠다.

“33:33 전략?”

회의실 사람들이 웅성이며 눈을 반짝였다. 서 대표가 미소를 띠며 설명하기 시작했다.

“제가 오랫동안 프랜차이즈업체의 컨설팅을 해오면서 늘 고민한 부분이 ‘어떻게 하면 본부와 가맹점이 함께 성공할 수 있을까’ 하는 것이었습니다. 본부의 수익을 높이려면 아무래도 가맹점 수익이 줄어들고 가맹점을 먼저 생각하다 보면 본부 수익률이 떨어지기 십상이었습니다. 그래서 평균점을 찾기 위한 틀을 마련해야겠다고 생각했고, 허 사장님과 자연먹은 프랜차이즈 사업화에 대해 이야기할 때부터 이 전략을 도입해야겠다고 느꼈지요. 바로 단계별 33:33 전략입니다.”

새로운 사업전략 (1) 단계별 33:33 전략

- 가맹점의 MC(Material Cost, 재료비율) 33%
- 본부의 공급마진율 33%

"사실 신규 사업에 이것을 바로 적용하려면 현실적으로 어려움이 있습니다. 품질과 가격, 양을 만족시키면서 이를 달성하려면 어느 정도 시간이 걸리기 때문에 단계별 전략으로 설정했습니다."

- 가맹점 MC율: 35%(1단계) → 34%(2단계) → 33%(3단계)
- 본부 공급마진율: 27%(1단계) → 30%(2단계) → 33%(3단계)

"현재 예상하는 단계별 흐름은 이렇습니다. 단계별로 핵심을 짚어본다면 1단계는 상품개발 단계입니다. 가맹사업이 본격적으로 시작되기 전 출발점이라고 할 수 있죠. 지금 자연먹은이 유통업체를 통해 건강기능식품을 판매하면 평균마진율이 30% 정도 나온다고 하죠. 그러나 프랜차이즈 시스템으로 바꾸면 마진율도 다시 책정해야 합니다. 현재 내부에서 상품기획과 개발, 생산이 진행되고 있는 것으로 아는데, 본부에서는 우선 상품 공급마진율을 27% 정도로 잡고 시작합니다."

- 1단계: 상품개발(모델점)
- 2단계: 가맹점 확대
- 3단계: 최종 목표

그때 마케팅 담당 이사가 질문을 던졌다.
"모델점이라는 게 뭡니까? 상품개발 단계에서 모델점이 등장하는데요."

"모델점은 쉽게 말하면 본부에서 운영하는 직영점이자 프랜차이즈 가맹사업에 앞서 모든 것을 테스트해보는 일종의 파일럿 매장이라고 보면 됩니다. 모델점의 개념은 다음 단계에서 자세하게 설명해드리지요." (121쪽 참조)

목표와 목표달성 방안

	목표	목표달성 방안
1단계	가맹점 MC율: 35% 본부 마진율: 27% 직영점 MC율: 25.6%	• 직영점 MC율=가맹점 MC율×(1-본부비율) =35%×(1-27%)=25.6% • 현재 직영점의 MC율 25.6%에 본부 MC율 27% 적용 시 가맹점 MC율은 35%
2단계	가맹점 MC율: 34% 본부 마진율: 30% 직영점 MC율: 23.8%	• 가맹점 MC율 34%, 본부 MC율 30% 달성 시 직영점 MC율 목표(상품개발 목표) 23.8%를 달성해야 함 • 직영점 MC율=가맹점 MC율×(1-본부 MC율) =34%×(1-30%)=23.8% • 상품·원료 구매 가격 조정, 가맹점 확대에 따른 대량 생산과 상품 라인 개선으로 절감
3단계	가맹점 MC율: 33% 본부 마진율: 33% 직영점 MC율: 22.1%	• 가맹점 MC율 33%, 본부 마진율 33%를 달성하기 위해서는 직영점 MC율은 22.1%를 달성해야 함 • 원료 구매 가격 조정, 대량 생산과 상품 라인 개선으로 추가 절감

"단계별로 어느 정도 시간이 걸릴지 정확하게 말씀드릴 수는 없지만 현재 우리가 있는 1단계에서 모델점을 통한 운영까지 5개월 정도 걸릴 것으로 보입니다. 앞서 회의에서 말씀드렸던 적정 가맹점수까지 적용해 가맹점이 점차 늘어나면서 2단계를 거치는 동안은 원가 절감 요소가 작동하게 됩니다. 이러한 시스템이 안정적으로 자리 잡는 3단계에 이르면 가맹점과 본부는 각각 적정 수준의 수익을 보장받을 것으로 보입니다."

서 대표는 화면을 넘겨 다음 자료를 띄웠다.

"이번에는 두 번째 전략, 로열티 제도 도입에 대한 내용입니다. 국내 많은 프랜차이즈업체의 원가 구조는 로열티와의 연동이 미비합니다. 즉, 다수의 프랜차이즈 본부가 로열티를 받지 않고 본부 수익 채널로서 가맹점에 공급하는 공급품의 마진을 높이기 때문에 가맹점 원가가 높아지는 실태를 보입니다. 하지만 프랜차이즈 산업의 정의에 대해 초창기 말씀드린 것처럼 프랜차이즈 시스템의 근본은 로열티 제도와 지속적인 슈퍼바이징 경영입니다. 국내 잘 알려진 규모가 큰 프랜차이즈 브랜드, N보쌈, B치킨 등은 로열티 제도를 채택하고 있습니다. 그런데 대부분의 업체들이 로열티를 받지 않다 보니 본부에서 공급가에서 보상받고자 하는 부분이 발생해 가맹점의 원가율이 높아지는 셈이죠."

마케팅 담당 이사가 질문을 던졌다.

"지금 예로 든 업체는 유명하고 규모가 큰 데다 외식업체라는 특성도 있습니다. 우리처럼 새로 사업을 시작하는 본부에서 로열티를 요구하면 가맹점 확대에 오히려 걸림돌이 되는 건 아닌가요?"

"그렇게 생각하는 경우가 많지요. 우리나라는 특히 그런 생각이 일반적이라 선진국에 비해 로열티 제도가 자리 잡지 못한 것 같습니다. 하지만 로열티는 본부가 가맹점에 지속적으로 제공하는 브랜드 사용권과 노하우 제공 등의 혜택에 대한 대가라고 할 수 있습니다. 정당한 거래의 대가라는 말이지요. 본부가 로열티를 받지 않으면 신규 매장 개설에서 나오는 마진, 상품 유통 마진에 의존할 수밖에 없습니다. 그러다 보면 상품의 질이 떨어지거나 상품공급가를 높이게 되는데 이럴 경우 가맹점주들의 불만이 커지기 쉽습니다. 본부는 본부대로, 가맹점은 가맹점대로 불만족스러운 결과가 나오는 것을 현장에서 많이 보게 되는데 악순환이 계속되는 것이죠. 따라서 로열티에 대한 인식을 우리가 먼저 바꿀 필요가 있습니다. 우리는 가맹점주들이 내는 로열티에 맞게 꾸준히 브랜드를 관리하고 경영 노하우를 전수하는 겁니다. 가맹점주들은 로열티가 아깝지 않게 본부에 개선 사항을 요구하도록 항상 소통하는 것이지요."

허 사장은 고개를 끄덕이며 서 대표의 말에 동감했다.

"그 점은 저도 동의합니다. 미국이나 일본의 프랜차이즈업체는 로열티에 대해 매우 철저하다고 알고 있습니다. 로열티를 받는다면 본부 수익구조에 도움이 되는 것은 물론 사업에서 좀 더 책임감을 느낄 것이라 생각합니다."

서 대표가 화면을 가리켰다.

새로운 사업전략 (2) 로열티 제도 도입전략

- 가맹점 MC율 33%/본부 마진율 33%는 가맹점 매출액 대비 상품 공급 본부 이익률 10.9%

  ☞ 가맹점 MC율 30%/본부 마진율 27%+로열티 2.8%(가맹점 매출액 대비)
    가맹점 매출액 대비 상품 공급 본부 이익 = 8.1% + 2.8% = 10.9%로 본부의 수익은 동일한 수준으로 유지되며, 가맹점 MC율은 낮아짐

"이렇게 로열티 개념을 도입할 경우 가맹점의 MC율은 30%까지 하향 조정이 가능합니다. 본부 마진율도 27%로 하향 조정되고요. 이렇게 될 경우 가맹점은 가맹점대로 마진율이 높아지게 되고 만족도도 높아질 수 있습니다. 본부로서는 신뢰도 쌓으면서 안정적인 수익을 확보할 수 있겠지요."

상품개발 담당 이사가 다시 질문을 던졌다.

"그럼 판매 금액에 대해 매월 일정하게 로열티를 납부하게 한다는 겁니까?"

"그 부분은 나중에 정리가 되겠으나 POS를 도입해 매장에서 자연스럽게 매월 자동납부되게 하는 방법도 있습니다. 사실 로열티는 방법의 문제라기보다는 가맹점주들에게 로열티의 필요성과 의미를 제대로 설득하는 것이 더 중요합니다. 이것으로 새로운 전략 발표를 마치겠습니다."

허 사장이 서 대표에게 인사를 건네며 말을 이었다.

"오늘 함께 나눈 내용은 앞으로 사업을 실행하면서 조금씩 보완되어갈 것입니다. 본부와 가맹점을 잇는 진실한 전략과 최선의 수익구조가 우리 목표라는 것을 모두 공감하실 겁니다."

마케팅 담당 이사가 입을 열었다.

"알면 알수록 쉽지 않다는 생각이 듭니다. 그만큼 흥미롭기도 하지만요."

좌중에 웃음이 터졌다. 서 대표는 회의를 마무리했다.

"저도 그렇습니다. 많은 기업을 컨설팅했지만 늘 새롭고 흥미롭지요. 여러분도 궁금하신 점이나 좋은 아이디어가 있으면 언제든 말씀하시기 바랍니다. 그럼 다음 회의는 4일 뒤 다시 열겠습니다."

모두 일어나 인사를 나누며 회의를 정리했다.

프랜차이즈 부문·기능 전략

프랜차이즈 가맹사업 실행계획에 돌입한 지 20일, 서 대표는 막바지 회의 준비에 여념이 없었다. 자연보감 프랜차이즈 사업 전략을 수립한 뒤 기능에 따른 전략을 세워 상의해야 했기 때문이다. 프랜차이즈 사업의 시스템을 지탱하는 기능을 일목요연하게 정리해 회의에서 담당 이사들과 공유하고 모델점을 본격적으로 개발하는 것이 관건이었다. 자연보감 담당자들과 프랜차이즈 개념 정립부터 전략 수립까지 회의를 해오는 동안 맥세스컨설팅의 컨설턴트들은 '프랜차이즈 부문 기능 전략'에 대한 자료를 준비해두고 있었다.

서 대표는 준비된 자료를 검토하며 자연보감의 상황에 맞게 수정·보완·조정하였고 나흘 뒤 다시 열린 회의에서 의견을 나누게 되었다.

예정된 시간에 맞춰 임원들이 모두 회의실에 모였고 서 대표는 자료를 나누어 주며 말문을 열었다.

"자, 이제 사업 실행계획 단계가 마무리되고 있습니다. 오늘은 프랜차이즈 시스템을 운영하기 위한 부문별 기능을 정리하고자 합니다. 프랜차이즈 시스템이 어떤 기능을 갖추어야 하며 각 부문이 어떤 역할을 하는지에 대한 내용인데, 크게 열 가지로 나눌 수 있습니다. 그동안 프랜차이즈에 대해 자료도 많이 보았고 회의도 한 만큼 내용이 어렵지 않을 것입니다. 이 자료는 맥세스컨설팅의 노하우가 축적된 것이기도 합니다. 프랜차이즈 시스템의 ABC라 생각하고 숙지하시면 됩니다."

서 대표는 화면에 자료를 띄우고 차례대로 설명했다.

프랜차이즈 부문·기능 전략 (1) 가맹점 개발 기능

가맹점 개발 프로세스(Process)는 가맹점 모집 활동과 예비 가맹점주 상담을 거쳐 가맹계약을 체결하는 '가맹점주 개발'과 점포 입지 선정을 통한 점포 계약까지의 '점포 개발' 둘로 나눌 수 있다. 가맹본부가 지속 성장을 하려면 우량점주의 개발과 우수입지의 선정이 중요하다. 따라서 본부에서는 가맹점주 발굴 모집 활동부터 점포 계약까지 단계별 절차를 인지하여 업무를 체계적으로 진행·관리하는 프로세스를 구축해야 한다.

프랜차이즈 본부의 가맹점 개발 프로세스는 대부분 똑같이 진행하지만 우량 프랜차이즈 본부의 경우 프로세스를 좀 더 체계적으로 구축해 업무를 진행하며, 최근 개정된 가맹사업법에 맞게 절차를 준수한다.

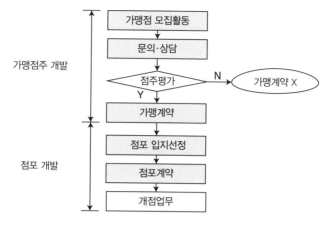

가맹점 개발 프로세스

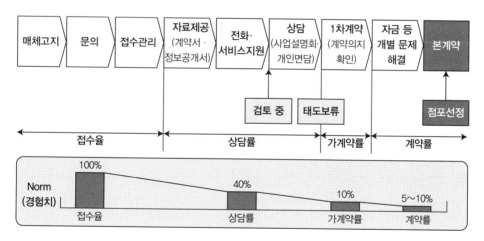

가맹점 모집 프로세스

개발담당자(RFC: Recruit Field Counselor)는?

개발 조직의 주요 업무는 리크루팅, 가맹계약, 상권조사와 입지선정, 임대차계약 대행 등이라 할 수 있다. 따라서 개발담당자는 가맹점주 상담과 동시에 점포를 개발하는 역량을 확보해야 한다. 회사 성장과 발전을 위한 우량 가맹점 개설에 중점을 두고 관리해야 하며, 가맹점을 개설하기 위한 사업설명회, 신문광고, 자체 개발활동, 점주 소개 등 다양한 방법으로 가맹점주를 발굴하려고 노력해야 한다. 또 가맹점수와 가맹점의 성과, 성과를 얻기 위한 활동 등으로 목표를 관리해야 한다.

프랜차이즈 부문·기능 전략 (2) 점포 개점 지원 기능

개점 지원 업무는 점포 개발담당자로부터 점포를 인수받아서 슈퍼바이저에게 인수하기 전까지의 공사, 입고, 인허가 등과 관련된 제반 업무로 지원 업무 체계를 체계적으로 구축해야 한다.

개점 업무는 일정관리와 시장조사를 통해 철저히 계획하고 지원하는 전문가다운 지식을 보유하고 프로정신을 지닌 개점지도담당자(AFC)가 지원 시스템을 구축해야 한다. 또 개점 업무를 통하여 본부 시스템의 조기 안착을 이끌고 점포에 빨리 적응하게 하며 고객에게 첫인상을 좋게 심어줘 궁극적으로는 이익을 창출하게 하는 것이다.

프랜차이즈 창업의 경우 불만의 80%가 개점 단계에서 나온다. 프랜차이즈가 국민 생활에 깊이 자리 잡은 상황에서 예비창업자들이 프랜차이즈 창업이 독립 창업보다 더 믿을 수 있다고 생각하도록 본부에서 개점 지원 시스템을 확고히 하여야 한다.

개점 준비 시 지원 업무

- 가맹점 운영 직원의 채용활동 지원
- 개업 전 교육의 실행 지원(점포 파트타이머, 아르바이트를 위한 교육 포함)
- 개업 시 판촉기획과 실행 준비
- 필요 비품, 서류 등의 준비와 대비 관리
- 상품, 원재료의 준비와 납품, 진열 관리
- 점장의 활동 관리와 의욕 촉구(불안 불식)

개점 시 지원 업무

- 상품 진열, 판촉 툴 등의 상황 확인
- 점포 운영 지원과 개선 지도
- 고객 반응 파악
- 상품, 원재료의 발주 재검토 지도
- 판촉활동의 실행 관리와 활동 재검토 등의 지도
- 점장의 활동 관리와 의욕 촉구(의욕 유지)

프랜차이즈 부문·기능 전략 (3) 오퍼레이션 기능

맥도날드, KFC가 세계적 프랜차이즈 브랜드로 성공한 비결은 무엇일까? 그 비결은 '기본철학'에 철저한 것이다. 프랜차이즈 사업의 고객에 대한 사명은 고객한 사람 한 사람에게 소매점의 경우는 '좋은 상품의 즐거운 쇼핑', 외식 서비스의 경우는 '즐겁고 기분 좋은 서비스'를 제공하는 것이다. 한 점포에서 고객에게 즐거움을 맛보게 해주면 그 고객은 계속해서 그 점포를 애용하게 되므로 그 점포는 고객에게 지지되어 성장하면서 아울러 프랜차이즈 전체가 성장하게 된다. 그러면 고객은 그 프랜차이즈 가맹점은 어디라도 안심하고 이용할 수 있다는 믿음을 갖게 된다. 따라서 프랜차이즈 본부에서는 모든 오퍼레이션 활동의 기본을 '기본

철학'에 두고 이를 궁극적 과제로 삼아 철저하게 '시스템과 노하우' 만들기를 함으로써 그것을 각 점포에서 완벽하게 유지하는 일이 '성공의 최대 열쇠'가 된다.

오퍼레이션의 3대 원칙(3S주의)

프랜차이즈 사업을 전개하는 데 공통된 근본 원리가 '3S주의'의 단순화, 표준화, 전문화이다. 이것들이 하나라도 빠지면 프랜차이즈 시스템이 형성되지 않는다. 특히 필수 요건이 바로 '전문화'로서 이것이 생존경쟁에서 중요한 열쇠가 된다.

단순화(Simplification)　단순화는 '정해진 작업을 유지하기 위해 누구나 편하고 빠르게 익히고 숙련할 수 있는 조건을 만들어내는 것'이다. 점포 작업을 전혀 모르는 사람이 간단한 교육훈련만 받으면 숙련 직원 같은 효과를 내도록 교육훈련 시스템을 개발하기 때문이다. 단순화하지 않으면 해마다 인건비가 늘어나는 상황에서 비용 부담으로 어려움을 겪게 되고 사람들이 피로해진다. 프랜차이즈 사업이 노하우 산업과 시스템 산업을 지향한다면 이 단순화를 최우선으로 해야 한다. 주의할 점은 단순화를 강조한 나머지 작업을 너무 생략해 이른바 날림이 되는 것 같은 일이 발생해서는 안 된다는 것이다.

표준화(Standardization)　표준화는 '당초 설정된 상품을 경제적으로 생산해 판매하기 위한 최고의 상태와 조건을 설정하여 그것을 반복해서 행할 수 있게 하는 경영 시스템'이다. 즉 아무리 품질 좋은 상품규격이 설정되어 있어도 원하는 품질의 상품이 생산되거나 판매된다는 보장은 없다. 따라서 작업공정의 순서, 작업방법, 작업조건 등이 항상 유지되도록 표준화함으로써 작업과 관계된 사람은 이 작업표준에 따라 작업해나가야 하며 고객에게는 처음 설계된 상품을 제공해야 한다. 상품을 표준시간 안에 제공하므로 고객이 기다리지 않아도 되며 제품비용과 판매비용에 거품이 생기지 않는다.

점포 만들기에서도 마찬가지로 내·외부 분위기, 서비스마크를 통일해 고객이 점포를 볼 때 같은 이미지를 갖게 하며, 레이아웃도 상품 진열, 기기의 기능이 동일한 시스템이어서 누가 가도 바로 일할 수 있게 하는 것이다.

프랜차이즈 사업을 전개하기 위해 표준화를 추진함으로써 입지선정의 확실함, 개점 업무의 원활함, 점포 공사 일정의 단축, 점포 손익계획과 투자 회수계획의 오차 감소 등 급속한 가맹점 전개가 가능하게 되고, 이로써 기계와 설비면에서 대량 발주로 비용 절감 효과를 달성할 수 있다. 다시 말해 표준화는 최고 모델을 설정하고 그 오퍼레이션에 종사하는 직원이 단기간 교육훈련을 받으면 누구라도 무리 없이 작업하고 고객에게 같은 품질의 상품과 서비스를 받을 수 있다는 신뢰감을 주는 것이라 할 수 있다.

전문화(Specialization)　　전문화는 '최고가 되게 하기 위해 일이 특별하고 강력한 힘을 발휘하도록 개발함으로써 시스템과 노하우를 만드는 일'이다. 일 중에서 자사의 특징을 만들어낼 수 있다고 생각하는 분야를 찾아 그것을 타사가 흉내 낼 수 없게 하는 것이 '전문화'의 본질이다. 출점경쟁, 가격경쟁, 품질경쟁, 서비스경쟁 등 기업 간의 경쟁은 치열하게 전개되고 있다. 이 치열한 경쟁에서 살아남을 수 있는 조건은 '전문화'를 행하느냐다.

프랜차이즈 부문·기능 전략 (4) 상품(메뉴) 개발 기능

상품개발 프로세스는 다양한 환경, 시장, 고객 등의 시장 요구(Needs)를 바탕으로 기회 파악, 설계, 테스트·도입, 수확의 과정으로 진행된다. 프랜차이즈 본부는 상품의 기능이나 효용 등이 소비자의 욕구를 만족시키고 경쟁사의 경쟁 상품보다 비교우위에 있게 해야 한다. 소비자에게 무엇이 필요한지 찾아내기 위해, 소비자 생활을 창조하기 위해 무엇을 하면 되는지 검토하는 것이 전제가 된다.

상품개발

상품개발 프로세스는 관련 있는 시장과 관련 없는 시장에 대한 시장 기회를 탐색·발견하고, 시장 프로필 분석과 제반 고려 요소를 반영하여 시장에 대한 정의를 내리고, 진입 우선순위를 결정하고, 신상품 아이디어 발상과 평가·선별 단계를 거쳐 선별된 아이디어에 대한 상품 개념을 개발하고, 상품 개념을 구체화하기 위한 상품 기획과 포지셔닝, 마케팅 믹스를 포함한 초기 마케팅 계획서를 작성하는 상품 기획 단계로 진행하며, 이에 근거해 기술적 가능성을 검토한 뒤 상품개발 단계로 진행한다.

개발된 상품에 대하여 광고테스트, 상품테스트, 예비시장시험을 거쳐 상품화한 뒤 시장에 출시한다. 시장 출시 후 시장 반응 분석, 제품 수명 관리를 하면서 수확 단계로 진행한다.

상품 기획

신상품개발의 성공 여부는 상품 기획의 질에 달려 있다. 따라서 시장 분석 자료를 기초로 하여 신제품의 기술적·경제적·시장적 가치를 재검토하고 확인함으로써 시장과 소비자의 요구를 만족시키는 제품의 성능, 기능, 품질, 가격 수준을 설정한다.

시장 실험과 출시

신제품 출시 시점의 마케팅 활동은 마케팅 믹스 전략에 따른 상품화, 가격, 촉진, 유통 전략을 결정하고 테스트 마케팅으로 보완한 뒤 출시 전후 마케팅 활동을 통하여 신제품이 조기 정착해 판매가 활성화되도록 전개해야 한다.

테스트 마케팅(모델점에 적용)

신제품 출시 전 신제품을 출시해도 될지 최종 확인하기 위하여 일정한 지역에 한정해 실제 소비시장 상황에서 시험 판매를 실시한다. 이의 장점으로는 시장반응을 기초로 하므로 정밀하고, 실패를 조기 발견해 교정함으로써 리스크를 줄일 수 있으며, 이익 상승 방법을 도출할 수 있고, 마케팅 믹스 개선이 가능한 정보를 획득할 수 있으며, 생산 설비에 대해 가맹점과 협의가 가능하다는 것이다.

이의 단점으로는 비용과 시간이 많이 소요되고, 조기 출시해서 누릴 수 있는 경쟁우위를 잃을 수 있으며, 경쟁사에 정보가 새어나가거나 경쟁사가 대응 전략을 마련하는 계기를 줄 수 있다는 것이다.

테스트 마케팅 실시 방법은 제품 특성, 지역별 판매망의 강약, 경쟁품의 강약, 커뮤니케이션 전략 등을 감안해 목표 타깃에 맞고 대표성이 있는 지역을 선정하고 광고활동에 따른 실수요 연결 효과로 반복 구매 발생 상황을 알 수 있는 정도의 기간, 즉 3~6개월을 설정한다.

테스트는 실제 판매와 똑같이 하는 것이 중요하다. 조사방법은 가맹점에서 소비자에게 직접 판매, 즉 권유 판매 방법을 적용하고 조사 시기는 신제품 출시 직전과 직후, 테스트 마케팅 기간 중 정기적으로 실시한다.

프랜차이즈 부문·기능 전략 (5) 머천다이징 기능

머천다이징은 상품화 계획으로, 먼저 결정한 상품 정책에 입각해 구체적으로 상품구성(메뉴)을 정해가는 작업이다. 머천다이징은 점포의 생명이다. 점포를 멋지게 디자인하거나 우수한 직원을 채용했어도 점포에서 고객에게 제공하는 것은 상품이며, 점포 디자인이나 접객 서비스 등은 상품을 돋보이게 할 뿐이기 때문이다.

소매업 전문점의 상품구성은 자사가 지향하는 비즈니스에 맞는 기업의 상품구성을 참고한다. 여기서 중요한 것은 자사 정책에 따른 상품구성을 확립해야 하며, 고객 지향 상품구성을 해야 한다는 것이다.

머천다이징의 영역

머천다이징의 목표와 방침이 정해지면 그에 따라 ① 상품을 분류하고 상품구성을 설정하며 상품구성 설정에 따라 매입관리와 상품관리를 한다. ② 매입관리는 개별 상품, 시기, 수량, 매입처, 가격을 결정하는 것이고, ③ 상품관리는 금액관리와 단품관리를 하는 것이다. 이것이 머천다이징의 영역이라 할 수 있다.

SM(Store Merchandising)이란?

'고객의 요구에 부합하는 상품구성을 가장 효과적인 방법으로 고객에게 제시하기 위하여 자본(매장 면적)과 노동의 생산성을 최대화하는 행동'을 의미하는 소매점의 가치공학이다. 즉, 매장 면적당 그리고 근무자 1인당 생산성을 매출액과 이익이라는 관점에서 최대화하는 것이라 할 수 있다. 고객 1인당 구매액, 즉 객단가는 다음과 같은 요소로 결정된다.

- 점내의 어느 부분까지 걸어다니는가?
- 걸어다니는 동안 개개의 진열장소 앞에 몇 번이나 서는가?
- 서 있는 동안 상품을 얼마만큼 많이 보는가?
- 상품을 보는 사이에 얼마만큼 구입하는가?
- 구입할 때 몇 개를 사는가?
- 구매한 상품의 단가수준은 어떠한가?

따라서 위의 요소에 대해 복합적으로 구매를 촉진하기 위한 점포 내의 작업이 필요하다. 즉, SM의 원점은 점내에서 소비자의 행동과 의식을 총체적으로 자극해야 한다는 것이다.

SM의 내용은 다양해서 특정 점포에 적합한 구체적 방법을 일괄적으로 제시할 수 없으므로 여러 가지 POS 데이터 분석과 점포 구조, 실험 등으로 여러 점포의 실상을 검증하는 과정에서 점포에 맞는 SM을 전개해야 한다. 즉, 가격, 증정, 특별 진열 행사 등 다양한 방법 중에서 상권 내 고객의 특성과 상품의 특성에 맞는 SM을 전개해야 한다.

프랜차이즈 부문·기능 전략 (6) 구매·물류 기능
구매 업무

본부 구매 업무 기능에 대한 기준을 정립하고 명확하게 하여 구매 관리를 통한 구매 원가 절감을 실현함으로써 본부와 가맹점의 수익구조를 개선하는 데 기여할 필요가 있다.

프랜차이즈 사업을 시작하면 일반적으로 회사 운영에 따른 설비와 비품 등의 구매와 더불어 가맹점에 판매할 상품, 원재료, 용기, 포장 등 각종 소모품이 필요하다. 또 가맹점 개설에 따라 공사, 기기, 집기, 판촉물 등 많은 물품이 필요하게 된다. 본부에서는 이러한 품목들을 적시적절하게 가맹점에 공급할 의무가 있으며, 낭비하지 않게 해야 한다. 또 대량 구매하여 가맹점에 공급함으로써 가맹점 운영에 따른 수익이 발생하므로 본부에 이익을 가져다주는 수익의 원천이 된다.

프랜차이즈 사업을 전개하기 위한 구매 품목은 당사 제품 실현에 소요되는 품목이라 할 수 있는데, 다음과 같은 것들이 있다.

• 상품 매출을 발생시키는 제품(원·부재료, 포장재료), 판촉물(포스터, 전단지 등),

판촉시설물(간판류, 패널류 등), 주방기기, 집기, 비품 등

- 기계, 비품 등의 유형 고정자산
- 사무용 소모품, 검사·시험용 기자재, 선전용 자재, 인쇄물 등의 자재와 소모품 등

프랜차이즈 구매 업무는 구매, 공급자 관리, 계약과 발주, 구매절충, 검수, 통관과 환급 등의 업무를 총칭하는 것으로, 크게 두 가지 측면으로 요약하면 구매계획의 수립과 구매실행 업무로 구분할 수 있다. 연간 구매계획의 수립과 구매실행 업무에 대한 절차와 기준에 대한 정립이 필요하다.

물류 시스템

고객에게 신속하고 싸고 안전하고 확실하게 서비스하는 것이 물류의 원칙임을

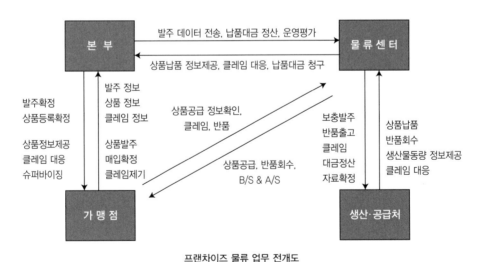

프랜차이즈 물류 업무 전개도

자료: 서민교, 《프랜차이즈 경영론》, 2012, 306쪽

명심해야 한다. 물류 서비스 수준에 대한 비용과 수익은 트레이드 오프(trade-off) 관계에 있으므로 시스템의 구축 시점은 기업의 경영방침과 전략에 따라 결정할 사항이다. 프랜차이즈 본부의 경우 사업 초기부터 강력한 물류 시스템 구축이야 말로 시스템 사업의 가장 중요한 부분으로 고객과의 신뢰문제가 되기 때문에 자사물류부터 시작하라고 권유한다.

프랜차이즈 부문·기능 전략 (7) 프랜차이즈 마케팅 기능

프랜차이즈 사업은 유달리 고객에게 밀착된 사업이고 가맹점주는 대부분 점포가 있는 지역 사람이므로 고객의 신뢰를 얻기 좋은 위치에 있다. 이에 고객의 동향 변화를 좀 더 빠르게 알 수 있다. 이와 동시에 프랜차이즈 체인의 조직은 슈퍼바이저를 통해 가맹점의 운영 상태를 더 빨리 알 수 있어 본부 역시 지역별 동향을 빠르게 알 수 있는 조건을 갖추었다고 할 수 있다.

프랜차이즈 본부는 환경변화에 적응하려면 항상 고객은 누구인가, 고객은 어디에 있는가, 고객은 얼마면 구입할 것인가 등을 탐색하고 고민해야 한다. 그런데 위에서 언급한 바와 같이 프랜차이즈 비즈니스는 고객과 더 밀착된 사업이기 때문에 '마케팅 전략'을 확립하기 위한 최적의 위치에 있다고 하겠다.

동시에 본부는 가맹점에 항상 새로운 마케팅 전략을 제안하고 점포를 개혁(변화)하지 않으면 경쟁상대에게 뒤처질 우려가 있다는 것을 충분히 인식해야 한다. 여기서 점포에 내방하는 고객도 중요하지만 내방하지 않는 고객의 소비동향을 파악하는 것도 매우 중요한 포인트다.

프랜차이즈 부문·기능 전략 (8) 정보화 시스템

중소규모의 프랜차이즈 기업이 정보를 활용해 경쟁우위를 실현하려면 정보 활용과 기업 경영전략의 연계가 무엇보다 중요하다. 정보 시스템은 최고경영자가 정보에 대한 투자가 필요하다고 판단할 때 구축할 수 있다. 즉 필요하지 않다고 여긴다면 도입 의지가 없을 것이며, 이는 경쟁업체에 뒤처지는 결과를 가져올 수밖에 없다. 왜냐하면 정보 시스템으로 고객분석과 시장분석까지도 가능하기 때문이다. 이는 눈을 가리고 퍼즐을 맞추는 것과 같은 상황이라 할 수 있다.

동시에 정보 시스템을 실제 업무에 활용하는 담당자에게도 이 시스템의 필요성을 각인해 활용도를 높여야 한다. 만들어놓고 쓰지 않는다면 아무 의미가 없기 때문이다. 프랜차이즈의 정보화는 생산자동화, 경영관리 전산화, 네트워크화 세 영역으로 나뉘어 있다. 정보화는 단순거래와 처리업무의 자동화를 실현한 이후 데이터베이스를 중심으로 경영정보 시스템을 구축하며 마지막으로 정보를 원활히 공유하기 위한 네트워크화로 추진해야 한다.

정보화 시스템 구축 시 고려 사항

- 경제 측면에서 소요 비용 고려
- 조직 측면에서 고려
- 기술 측면에서 구축방법과 선정기법 고려

POS(Point of Sales) 시스템

유통업 환경은 새로운 업태개발, 기존 매장의 대형화·전문화로 경쟁력이 심화되는 등의 변화를 겪고 있다. 그래서 업체마다 경쟁력을 강화하기 위해 정보화를 적극 추진하고 POS 시스템을 도입하고 있다. 좀 더 쉽게 말하면, 유통환경이 변하고 경쟁이 치열해지면서 소비자의 니즈에 맞는 상품을 개발하고 진열(구색)하기 위해 소비동향이 반영된 판매정보를 시기적절하게 활용하게 되면서 POS 시스템을 도입하고 있다는 것이다.

프랜차이즈 부문·기능 전략 (9) 교육훈련 시스템

'21세기는 인재확보 전쟁의 시대'라는 말은 치열해지는 시장경쟁에서 살아남는데 인적 자원이 얼마나 중요한지 단적으로 보여주는 21세기 인적 자원관리의 화두다.

기업 경영도 체계적인 인적 자원관리 시스템과 교육을 기업 실정에 맞게 얼마나 부단히 연구하고 활용하느냐에 따라 그 성과가 좌우될 수 있으며, 이러한 시스템과 교육으로 인재를 어떻게 확보하고 개발하느냐에 따라 성패가 결정된다고 볼 수 있다.

환경이 바뀌고 시대가 변하면 사람의 의식도 바뀌어야 한다. 프랜차이즈 산업은 그동안 치열한 경쟁구도와 재개편 등 급격한 변화를 겪었으며, 앞으로 지속적으로 성장하고 발전하기 위해서는 인적 자원에 대한 투자와 개발이 선행되어야 한다.

교육훈련의 목적	기업을 리드하는 능력개발	기업을 형성할 사람의 육성
교육훈련의 목표	• 무한경쟁시대의 기업 생존, 성장, 발전을 위한 교육 • 경영전략 추진을 위한 교육(기업전략 · 비전과 인재개발의 통합화 교육) • 혁신과 창조를 위한 리더 육성을 위한 교육 • 변화 창조형 조직원의 미래 만들기를 위한 교육	
교육훈련의 필요성	**본사 측면** –가맹본사 측면에서 프랜차이즈 가치 체계와 팀워크의 강화 기회 부여 –가맹점의 동기유발 등 가맹점 관리기법 개발 –경쟁전략 등 가맹시스템을 개선하기 위한 활동	**가맹점 측면** –가맹점 종업원들에 대한 기본 직무교육 –대부분의 가맹점 사업자들은 사업경험이 전무한 실정으로 사업 노하우에 대한 교육 필요 –사업과 관련된 제반 기술적 이해 필요

교육훈련의 기본 방향 설정

프랜차이즈 부문·기능 전략 (10) 파이낸셜 기능

프랜차이즈 비즈니스의 특성으로는 소자본으로 가능한 사업 등을 들 수 있는데 동일한 설비 투자라도 해마다 경비가 오르므로, 초기 투자비가 상승하는 경향이 있다. 토지나 건물을 소유하지 않은 가맹 희망자의 경우 건물 임대에 보증금이 필요하며, 입지에 따라서는 이러한 비용이 높아지므로 본부가 융자를 알선하거나 설비기기를 리스하는 등의 방법으로 가맹점의 초기 투자비용을 줄여줄 수 있다.

최근에는 토지 소유자와 제휴하여 소유자가 건물을 세워 이를 가맹본부에 임대하는 시스템을 개발하거나 공지나 농지를 재료창고 등으로 활용하는 등 다양한 점포 개발 시스템을 전개하고 있다. 그리고 가맹본부가 점포에서 설비까지 준비하거나 점포 2층에 주거를 마련한 뒤 가맹점주를 모집해 경영을 위탁하는 시스템도 있다. 처음에는 직영점으로 오픈하고 그 점포가 성공하면 가맹 희망자에게 양도하는 시스템의 개발도 진행되고 있다.

프랜차이즈 비즈니스는 통상 본부와 점주 사이에 자본관계가 없다. 이에 개설 준비금은 가맹점이 자기 책임으로 조달하는 것이 원칙이다. 그러나 가맹점이 자금 면에서 불안한 점이 있을 수 있다.

즉, 개업 비용이 부족하거나 개업 후 운영자금이 충분하지 않을 때 등 가맹계약을 성사하기에 자금 면에서 문제가 되는 일은 흔히 있다. 이러한 경우 가맹을 촉진하기 위해서라도 프랜차이즈 본부가 어떠한 형태로든 가맹점의 자금조달을 지원하는 기능이 필요하다. 그러나 가맹점에 본부가 직접 자금을 제공하면 프랜차이즈 시스템상 본부 메리트에 손상을 입을 수 있으므로 금융기관이나 공적 기관을 활용하는 것으로 가맹점의 자금조달을 지원하는 형태가 일반적이다.

표준화를 위한 기초 작업

자금에 대한 정확한 정보를 전달하려면 본부에서는 단위점에 대한 표준단가를 명확히 하고 창업자금 면에서 경쟁력 있는 구조를 만들어야 한다. 이를 위해 필요한 것이 바로 사업계획(표준점이나 모델점)이다. 사업계획에는 영위하고자 하는 사업의 목적, 전략, 동종업계에 대한 시장조사, 손익계획, 투자계획 등이 포함되어야 한다. 즉, 표준점이나 모델점의 정확한 자금계획을 세우고 이를 가맹 희망자에게 전달해야 한다. 현재 운영 중인 모델점이나 표준점이 프랜차이즈 사업을 전개하기에 충분한 수익구조를 가지고 있는지 분석하고 표준화하기 위한 기초 작업을 진행해야 하는 것이다.

표준화를 위한 자료

	필요 자료	표준화 작업	비고
손익분석	• 연간 월별 매출액 • 상품(메뉴별) 판매가/판매원가(메뉴+찬류) • 연간 월평균 판매관리비(계정과목별) • 점포비: 보증금, 권리금, 임대료, 관리비 • 시설비: 인테리어, 익스테리어, 기기류 등 • 기타: 집기비품, 소모품, 유니폼, 판촉물, 인허가비 등 • 금융(이자)비용과 대출금액, 상환조건	• 현 운영체제의 표준 설정 • 타깃과 제공 상품의 표준화 • 경영시뮬레이션 작성	손익분석 BEP 매출액 적정원가율
타깃	• 연령별, 직업별, 성별 고객 분석 • 객단가 또는 테이블 단가	• 타깃과 제공 상품의 표준화 　- 최종 소비자 　- 예비가맹점주	고객과 상품 분석
상품	• 상품 분류, 상품 설명서, 메뉴북 • 상품(메뉴)별 매출액, 판매량, 판매단가, 주단위/시간대별 평균매출액	• 타깃과 제공 상품의 표준화 • 점포 설계의 표준화	원가율 판단 매출예측
입지상권	• 입지상권 조사 자료(점포 현황, 주변 상권 등)	• 입지평가/선정 기준의 작성	매출예측
기타	• BI 패키지 • 상표(서비스표) 사본 • SI 관련(점포사진, 레이아웃, 기기/집기리스트) • 점포 운영 자료(현황, 사업 추진 배경, 콘셉트 등) • 판매촉진 계획과 결과	• 영업표지와 Visual Identity • 점포 설계의 표준화 • 업종/운영 노하우 정립 • 판매촉진 노하우 정비	

프랜차이즈 시스템
매뉴얼 구축

각 부문 기능 전략에 대해 서 대표에게 설명을 들은 임원들은 앞으로 사업을 펼쳐가는 데 이를 적극 참고하고 활용하기로 했다. 특히 분야별로 직접 연관되는 내용은 사업 전략을 짜고 실행하는 데 큰 도움이 될 터였다.

그리고 다시 3일 뒤, 프랜차이즈 가맹사업 실행계획의 마지막 단계인 프랜차이즈 시스템 매뉴얼을 구축하기 위해 회의가 열렸다. 임원들은 담소를 나누며 회의를 준비했다.

"한 달이 금세 지나갔군요. 공부할 것이 여전히 많은데 시간이 너무 빠르네요."

"그러게 말입니다. 그래도 서 대표님 덕분에 한 달 동안 압축적으로 준비할 수 있었으니 다행이지요."

곧 서 대표가 자료를 들고 회의실로 들어왔다.

"자, 이제 마지막 단계인 매뉴얼 구축입니다. 지금쯤 프랜차이즈 사업의 개념과 특징을 다 파악하셨겠지요. 프랜차이즈 사업을 하려면 표준화된 경영 시스템이 필수입니다. 그것은 바로 매뉴얼 구축에서 비롯하지요. 즉, 매뉴얼은 일을 하기 위한 기본과 순서, 절차, 방법 등을 구체적·실제적으로 기재한 것으로 본부 담당자와 가맹점주, 가맹점 직원이 실제 활용하여 업무를 매끄럽게 처리할 수 있도록 만든 지침서라고 할 수 있습니다."

임원들은 모두 고개를 끄덕였다. 서 대표는 임원들을 바라보며 질문을 던졌다.

"그렇다면 왜 매뉴얼이 필요할까요?"

잠시 침묵이 흐르고 회계 담당 이사가 답변했다.

"프랜차이즈 매장은 전국 어딜 가나 같은 분위기와 통일된 서비스, 통일된 상품을 제공해야 하기 때문 아닐까요? 프랜차이즈 매장을 방문한 고객이 브랜드에 대한 동일한 이미지를 각인하고 브랜드를 신뢰할 수 있어야 하니까요."

"바로 그겁니다. 프랜차이즈 기업에게 브랜드 파워는 생명이죠. 통일된 이미지를 지속적으로 유지하고 발전시키지 않으면 그 사업은 끝입니다. 따라서 시스템의 규격화, 규율화, 표준화가 밑바탕에 깔려 있어야 하는데 이를 문서로 만든 것이 바로 매뉴얼입니다."

서 대표는 자료를 화면에 띄우고 설명을 계속했다.

"매뉴얼은 크게 본부용과 가맹점용 두 가지로 나눌 수 있습니다."

프랜차이즈 본부용 매뉴얼의 구성: 예시

① 개발 매뉴얼: 개발전략, 입지 조사, 경쟁점 조사, 매출계획, 이익계획, 설비투자계획, 개점비용, 가맹점 모집방법, 선정방법 등

② 개점 지원 매뉴얼: 개점 준비계획, 개점지도 방법, 초도물품, 각종 인허가 등

③ 운영 매뉴얼: 점포오퍼레이션, 매뉴얼 개발, 경쟁점 조사, 정보 시스템 전략, POS 사용과 활용방법 등

④ 교육훈련 매뉴얼: 교육훈련 방법, 교육자료 등

⑤ 구매·물류 매뉴얼: 구입관리, 생산관리, 품질관리, 유통관리 등

⑥ 계약 매뉴얼: 가맹계약서, 정보공개서, 분쟁처리 등

⑦ 마케팅 매뉴얼: 마케팅 전략, 마케팅 리서치, MD, 판매, 프로모션 등

⑧ 슈퍼바이저 경영지도 매뉴얼: 슈퍼바이저 책임, 개점 후 지도, 판매촉진, 계수관리 등

⑨ 성과지향적 목표관리: 조직, 인사, 전사 목표관리

프랜차이즈 가맹점용 매뉴얼의 구성: 예시

① 매니지먼트 매뉴얼: 경영이념, 비전, 회사 방침, 서비스, CI/BI의 의미, 회사의 연사, 회사의 조직

② 인사관리 매뉴얼: 점포의 조직, 점주의 역할, 점주의 근무내용, 아르바이트 관리

③ 머천다이징 매뉴얼: 상품구성, 제공방법, 재고관리, 발주관리, 입고관리, 품질관리, 검품·검수관리

④ 접객 서비스 매뉴얼: 고객이란, 접객 서비스란, 접객 서비스의 기본, 접객 서비스의 응용, 업무처리 방법, 팀워크 만드는 법

⑤ 판매촉진 매뉴얼: 판매촉진이란, 판촉물의 취급법, 지역행사 참가, 판촉 성공사례

⑥ 교육훈련 매뉴얼: 직원모집, 채용, 교육훈련, 취업규칙, 급여, 상여, 수당, 복리후생, 작업배당, 동기부여

⑦ POS 시스템 매뉴얼: POS 시스템의 이해, 취급방법, 데이터 활용방법

⑧ 점포 유지관리 매뉴얼: 설비, 기계취급방법, 유지관리방법, 고장 시 조치

⑨ 청결 매뉴얼: 청결이란, 청결스케줄, 청결방법, 용구와 세제 사용방법

⑩ 사무관리 매뉴얼: 보고서 작성방법, 금전관리, 회계처리, 경비 지급방법, 세금

⑪ 긴급처리 매뉴얼: 화재발생 시 처리방법, 도난·강도발생 시 대처, 고객사고 처리 대응방법

⑫ 창고관리 매뉴얼: 구입원칙, 반입반출원칙, 온도관리, 청소방법, 정리정돈 방법

⑬ 결산관리 매뉴얼: 결산처리방법, 손익계산서와 대차대조표의 작성과 이해,

세무고지 방법

⑭ 조리 매뉴얼(외식의 경우): 기계·기구 사용법, 작업준비, 조리방법, 온도관리, 품질관리, 위생관리

⑮ 기계 장비 사용 매뉴얼: 기계사용법, 세척방법, 집기·비품 관리

"자, 이렇게 다양한 내용으로 구성된 매뉴얼은 실제 운영에서 적용, 실행되지 않으면 아무 의미가 없습니다. 기업의 노하우가 집약된 매뉴얼을 효율적으로 활용하려면 어떻게 해야 할까요?"

서 대표는 이렇게 질문을 던지고 화면을 바꿨다.

매뉴얼을 모델점에서 우선 적용해보라

"회사에서 만든 매뉴얼은 그 체인 비즈니스에 관련된 모든 사람에게 지침서나 법률과 같다고 할 수 있죠. 그렇다면 이러한 매뉴얼을 실시하기 이전에 시범사업 형식의 예습이 필요할 것입니다. 즉, 모델점을 선정하여 우선 적용·운영해보는 것이 옳다고 할 수 있습니다."

영업 담당 이사가 질문을 던졌다.

"지난번에도 모델점을 잠깐 언급했죠. 본부에서 직영하는 일종의 테스트 매장이라고 했는데 사업 매뉴얼을 이 직영점에서 먼저 시험해보라는 말씀인가요?"

서 대표가 빙그레 웃으며 대답했다.

"그렇습니다. 모델점은 직영점을 개점하여 운영하는 것이 원칙이지만 본부에 우호적인 가맹점을 선정하여 진행할 수도 있습니다. 그러나 우리는 신규 사업을 시작하므로 모델점을 설정해야 합니다. 프랜차이즈는 성공한 사업모델(장사, 사업)을 타인에게 판매하는 방식이므로, 모델점에는 사내의 역량 있는 점장과 직원

을 배치해 모든 업무의 시작부터 끝까지 매뉴얼을 적용·진행해야 합니다. 이렇게 구성된 인력은 단순히 매뉴얼을 따라 움직여서는 안 되며, 매뉴얼 내용 중 불필요한 사항이나 개선사항이 있는지를 체크해야 하지요."

허 사장도 궁금한 듯 물었다.

"만약 모델점이 성공하면, 직영점이나 가맹점 위탁경영 형식의 매장을 확장해 신입과 기존 직원교육과 가맹점 개점 실습 매장으로 활용할 수도 있을 것 같네요. 그럼 매뉴얼 활용도를 극대화할 수도 있을 것이고요."

"맞습니다. 이때 점장은 직원교육과 가맹점교육의 표본을 이루는 사람으로, 그 자신이 매뉴얼에 익숙하지 않으면 안 되겠지요. 이론만 숙지하는 것으로는 부족하고 매뉴얼을 습관처럼 몸에 배게 만들려면 반복 실습이 필요합니다. 모델점은 향후 전개하게 될 가맹점의 표본이 되는 매장으로, 성공 점포로서 입지를 단단히 다져야 하므로 본부에서는 최대한 지원을 아끼지 않아야겠죠."

임원들은 이제야 모델점의 의미를 깨달은 듯 고개를 끄덕였다.

"향후 가맹점에 매뉴얼을 적용하려면 모델점의 매뉴얼 도입 과정을 면밀히 기록하고 잘못된 부분은 개선하여 좀 더 효율적인 도입방법까지 모색해야 합니다. 모델점이 단순히 직영점이 아닌 이유를 아시겠지요?"

서 대표는 회의를 정리하며 다음 단계를 간단히 설명했다.

"자, 이제 우리가 도출한 다양한 전략을 가맹사업 시장에 내놓기 전에 테스트하는 단계, 모델점 설정과 개발을 시작할 차례입니다. 모델점의 콘셉트를 정하고 실제로 개발하기까지는 약 3개월이 걸릴 것입니다. 그전에 모델점에 대한 개념 정리가 필요할 것 같은데요. 그 부분은 제가 자료를 정리해서 보내드리죠. 지난 한 달 동안 원활한 소통과 협조에 감사드립니다."

허 사장과 서 대표, 임원들, 팀원들은 모두 박수를 치며 회의를 마무리했다.

Chapter 3

모델점 설정과 개발
(3개월)

안정된 프랜차이즈 사업을 위한 도움닫기, 모델점으로 시작하라

자연보감이 프랜차이즈 가맹사업 실행에 본격적으로 돌입한 지 한 달이 지나고 두 달째에 접어들었다. 그동안 어떤 방식으로 시장에 진입할지 전략이 도출됐고, 동시에 회사 내부 사람들은 상품 라인 개발과 생산 시스템 점검 등 자체적으로 준비를 해나갔다. 또 자료수집과 함께 다른 프랜차이즈 업체 매장을 방문해 현장을 살펴보는 등 외부 활동도 병행했다.

서 대표는 본격적인 모델점 설정에 앞서 '모델점'의 개념부터 정리하기로 했다. 지난번 회의 때 임원들이 모델점에 대해 정확히 모르던 모습이 떠올랐기 때문이다.

'모델점이라는 개념이 아직 우리나라에서는 생소한 게 사실이다. 하지만 우리의 프랜차이즈 사업이 성공하려면 꼭 필요한 단계인 만큼 정확히 알고 넘어가야 할 것이다.'

서 대표는 모델점에 대한 내용을 정리해 자연보감 식구들에게 메일로 전송해주기로 마음 먹고 노트북을 펼쳤다.

모델점이란?

구분	주요 개념
안테나숍 (Antenna Shop = Flag Shop)	• 전개될 프랜차이즈 사업에 대한 홍보에 중점을 두는 점포. 손익과 무관하게 개점하므로 사업성 검증에 어려움이 있음 • 고객의 동향과 트렌드를 파악하기 위한 점포
모델점 (Model Shop)	• 프랜차이즈 사업의 모범으로 가맹점의 롤모델 제시 → 특히 운영부분(Operation) • 이익이 나는 손익구조를 제시할 수 있는 점포 • 가맹점주가 영업하게 될 표준상권, 입지의 모델을 제시할 수 있는 점포 • 신상품 판매, 새로운 영업방법에 대한 실험장소로 활용할 수 있는 점포 • QSC(품질, 서비스, 청결)뿐만 아니라 점포 영업을 교육하는 점포

모델점은 본부 직영의 안테나숍[플래그숍(Flag Shop)]과 비슷한 것 같지만 실제 운영 목적과 방향은 전혀 다른 개념이다. 우선 안테나숍은 어떤 기업이 프랜차이즈 사업을 전개하면서 브랜드를 알리고 고객의 동향을 알아보기 위해 운영하는 점포다. 수익구조보다는 홍보가 더 큰 목적이기 때문에 안테나숍(플래그숍)은 시내 중심, 번화가나 쇼핑지역의 A급 상권에 있어야 한다. 실제로 명동에는 수많은 프랜차이즈 기업들의 안테나숍이 몰려 있다. 점포 임대료 부담이 만만치 않지만 새로 생긴 브랜드를 사람들에게 빠른 시간에 알리고 사람들의 소비 성향과 최신 유행을 파악하는 데 명동보다 좋은 곳이 어디 있겠는가?

따라서 기업들은 금전적 손해를 감수하고라도 브랜드 홍보에서 이익을 얻기 위해 최고급 상권에서 안테나숍(플래그숍)을 운영한다. 그리고 안테나숍은 어느 정도 인지도가 생기고 고객이 확보되면 본부에서 철수하는 일도 잦다. 이런 경우 다른 지역에 가맹점을 내려는 예비 가맹점주들에게는 이렇다 할 운영 노하우나 검증된 손익구조를 제시하기 어려운 것이 사실이다. 그렇다면 좀 더 건강하고 안정된 프랜차이즈 가맹사업 구조를 갖추려면 어떻게 해야 할까?

왜 모델점인가?

우리가 나아가고자 하는 방향은 안테나숍(플래그숍)이 아니라 모델점이어야 한다. 모델점도 안테나숍처럼 본부가 직접 운영하는 직영점 개념이지만 동시에 수많은 가맹점의 역할 모델이 되는 매장이다. 본부 홍보 목적이 아니라는 것이다. 본부에서는 모델점을 통해 전략을 시행해보고 수정과 보완을 거쳐 영업 노하우를 쌓는다. 가맹점을 모집하기에 앞서 모델점을 운영해봄으로써 좀 더 안정적인 사업 노하우를 가맹점주들에게 제시할 수 있다. 모델점은 점포 입지 설정부터 가맹점주 입장에서 하게 된다. 본부가 업체의 성격과 특성에 맞는 표준 상권과 입지의 모델을 가지고 있어야 하기 때문이다. 전략에 따른 영업을 해서 손익구조를 세우고 개선하는 것도 중요하다. 새로운 상품을 판매하고 다양한 마케팅을 실험해 볼 수 있는 곳도 모델점이다. 점포 운영에 필요한 점주 교육도 직원을 상대로 하기 때문에 한마디로 가맹점을 출점하기 전 모든 것을 테스트해보는 곳이라 할 수 있다.

모델점의 역할

상권과 입지조건의 표준 역할

모델점을 운영하려면 먼저 어느 지역, 어떤 곳에 점포를 낼지 결정해야 한다. 상권 입지는 어떤 상품을 파는지, 어떤 서비스를 제공하는지에 따라 달라지는데, 자연보감의 경우 건강기능식품이라는 특성상 어느 정도 소비력 있는 지역의 아파트단지나 쇼핑상가 등을 우선적으로 꼽을 수 있다. 우리가 전략수립 단계에서 표준으로 제시한 상권 입지 콘셉트에 따라 점포를 지정하면 된다고 보면 된다. 또 유동인구와 교통여건 등을 고려하게 되는데 예상 후보 지역의 몇 군데 점포를 정하고 사전 조사를 한 뒤 모델점을 결정한다.

입지조건의 유형은 여러 종류일 수 있으나 모델점은 1~5개점을 개점해보면 사업성을 검증하고 입지와 상권의 유형을 알 수 있다. 가맹 희망자가 알고 싶은 것은 어떤 상권의 어떤 입지(1층~10층 또는 지하)에서 운영하면 매출이익이 얼마이고 자기부담 투자금이 얼마이냐. 가맹 희망자에게 유사한 입지를 설명하고 견학을 하도록 해서 불안감을 없애주어야 한다.

영업방식

모델점을 운영하는 주체는 본부다. 본부가 프랜차이즈 가맹사업의 전략과 방향을 모두 정한 상태에서 직접 운영하는 첫 번째 가맹점이라고 할 수 있다. 어떤 상품을 얼마나 배치하고, 어떤 서비스를 제공할지 사업 초기의 전략이 모델점 영업에 적용된다. 자연보감의 경우 건강기능식품 전문점이라는 타이틀 아래 좀 더 차별화되고 전문적인 제품 판매와 상담이 어우러지는 것으로 전략을 짰다. 일정한 교육을 받은 직원이 가맹점에 배치되어 직접 손님을 맞고, 고객들이 원하는 것이 무엇인지 확인하면서 우리에게 꼭 맞는 영업방식을 찾아가는 것이다. 우리가 전략을 짤 때와는 또 다른 일이 현장에서 얼마든지 일어날 수 있기 때문이다.

매장 인테리어 공사업체나 제품 생산 협력업체 등 가맹사업을 하는 데 함께 발맞춰 나가야 하는 협력업체와의 관계도 모델점을 통해 검증한다. 수익과 품질을 최선으로 맞출 협력업체를 개발하는 것도 가맹점을 늘리기에 앞서 갖춰야 할 중요한 사안이기 때문이다.

성공실적으로 인정받을 수 있는 안정된 손익구조 구축

모델점은 처음으로 고객을 만나는 점포이므로 큰 수익을 기대할 수 없을 거라고 생각할 수도 있다. 그러나 모델점을 통해 본부는 가맹점주에게 매장을 운영할 때 대략 어떤 손익구조가 발생하는지 알려줄 수 있어야 한다.

물론 처음이라서 시행착오는 얼마든지 있을 수 있다. 그러나 일정 기간 운영하고 노력하는 데도 모델점이 손실만 낸다면 사업 자체를 다시 생각해보아야 한다. 그런 경우 사업의 콘셉트나 방향을 처음부터 다시 잡거나 가맹사업 자체를 보류해야 할 수도 있다. 사업 취지와 목표가 아무리 좋아도 수익을 낼 수 없다면 사업이 될 수 없다. 상품과 서비스, 마케팅과 영업 등 모든 면에서 최고 수익을 내는 방법을 찾아가는 것이 모델점의 역할이라는 점을 잊지 말아야 한다.

가맹사업의 틀이 되다

이렇게 일정 기간 모델점을 운영하면서 본부의 모든 전략을 적용해보고 시행착오를 거쳐 수정·보완된 전략이 도출되면 가맹사업을 본격적으로 시작한다. 프랜차이즈 본부는 이름과 브랜드 가치만 파는 것이 아니다. 가맹점주가 사업을 잘 이끌도록 길을 안내하는 것이 더 중요하다. 매장을 선정하는 입지상권의 표준부터 영업방식, 서비스, 직원교육과 마케팅 등 가맹점에 일괄적으로 적용할 틀이 마련되고 손익구조가 자리 잡으면 가맹점은 자연스럽게 확대된다.

가맹점이 늘어나도 본부에서는 모델점을 유지하고 상권 유형에 따라 추가로 2~3개점을 개점하는 것이 바람직하다. 새로운 상품을 끊임없이 개발해서 팔고,

메이저 이슈	키 아이템
모델점을 통하여 어떤 노하우를 얻고자 하는가?	-점 개발 기준을 어떻게 선정할 것인가? -점 표준 SI개발을 어떻게 할 것인가? -점별 개점 노하우를 어떻게 정립할 것인가? -점 운영에 대한 표준화 방법을 어떻게 설정하고자 하는가?
효율적인 모델점 운영을 위해 모델점에 지원해야 할 사항은 무엇인가?	-모델점의 상품구색을 어떻게 매치할 것인가? -운영, MD, 지원사항을 어떻게 할 것인가?
모델점이 가져야 할 기능은 무엇인가?	-FC팀이 전문점 견본으로 어떻게 만들어나갈 것인가? -성공 실적이 있는 숍 오피스로 어떻게 만들 것인가? -트레이닝 스토어로서 자리매김을 어떻게 할 것인가? -숍 오피스 입지조건 모델로서 자리매김을 어떻게 할 것인가? -상품과 서비스 판매의 실험장소로 접목을 어떻게 할 것인가?
모델점 검증을 통한 가맹점 전개 방향은 무엇인가?	-모델점을 통한 다점포 전개시스템(프랜차이즈) 구축이 가능한가? -대규모 홍보 효과를 위한 플래그숍으로 전개할 수 있는가?

서비스를 실험하고, 고객들의 반응에 가장 빨리 반응하도록 직영모델점을 지속적으로 유지·운영하면서 많은 가맹점에 새 길을 안내해야 하기 때문이다.

교육훈련 점포의 역할

교육훈련장이 준비되어 있다 하더라도 이곳에서는 이론교육으로 끝나는 경우가 많다. 즉, 고객이 없는 곳에서 교육하는 것이므로 탁상공론에 지나지 않는다. 따라서 모델점은 교육훈련장으로서 개념을 잡고 QSC를 포함한 점포 운영 실제를 배우는 곳이 되어야 한다. 그렇게 하려면 모델점 동종업계 대비 최고 수준을 유지해야 하고 자연보감에서 최고 직원을 배치해야 한다.

모델점 스토어 콘셉트 설정

서 대표에게서 모델점에 대한 자료를 받은 자연보감 담당자들은 모델점을 열기 위해 준비했다. 직영점 또는 안테나숍으로 생각했던 1호점을 '모델점'으로 시작해야 한다는 데 모두 공감하고 있었다. 프랜차이즈 사업 실행의 전략이 도출되었고 이것이 먼저 모델점에 적용되어 일정 기간 '테스트'를 거쳐야 한다는 점이 새롭기도 했다. 회의장으로 향하는 서 대표도 여느 때와 달리 한 번 더 마음을 다잡았다. 이제 본격적으로 시작할 모델점 개점에서 시행착오를 최소화하기 위해 긴장감을 늦출 수 없었기 때문이다.

며칠 만에 다시 찾은 회의실에는 이미 임원들이 자리하고 있었다. 모델점 스토어 콘셉트에 대해 서 대표가 자료 조사와 의견 정리를 부탁해놓은 터였다. 허 사장이 인사로 회의를 열었다.

"자, 이제 우리가 가야 할 프랜차이즈 가맹사업의 전략과 큰 틀은 나왔습니다. 지난번 서 대표님이 보내준 모델점 자료를 다들 읽어보셨으리라 생각합니다. 사실 사업 추진 초기부터 서 대표님이 저에게 모델점을 제안하셨습니다. 처음에는 저도 생소했지만 우리가 프랜차이즈 사업을 하는 데 이보다 더 확실한 발판은 없을 것 같다는 생각이 들어 여러분을 설득하고 일을 진행하게 되었습니다. 어떻습니까?"

허 사장의 말이 끝나자 임원들이 대답했다.

"저도 보내주신 자료를 읽고 해외 사례도 검색해봤습니다. 본부로서는 초기 부담이 커질 수도 있겠으나 멀리 보면 바람직한 과정이라고 생각합니다."

"직영점에 대한 일반적 개념과 달리 우리의 사업 노하우를 압축하는 과정이라고 봐야겠지요. 모델점이 잘 운영된다면 앞으로 만나게 될 가맹점주들에게도 더 당당해질 수 있을 겁니다."

서 대표가 말을 이었다.

"여러분이 이렇게 뜻을 이해해주시니 감사할 따름입니다. 그래서 이제 구체적으로 모델점을 구상해보려고 합니다."

서 대표가 화면에 제목을 띄웠다.

모델점 스토어 콘셉트 설정

Concept = Target, Merchandising, Operation, Service, Value, Store Identity

"모델점의 매장 콘셉트를 설정하는 데는 항목을 여섯 가지 정도로 나눌 수 있습니다. 그동안 우리가 프랜차이즈 진입전략 (4) 상권 입지 콘셉트와 같이 제안한 기본 콘셉트 전략이 프랜차이즈 사업 전반에 대한 것이었다면 이것은 모델점, 즉 매장에 직접 적용할 콘셉트입니다. 이것이 도출되면 모델점을 개발하는 데 적극 반영할 것입니다. 현재 예상할 수 있는 상황에서 고객과 상품, 오퍼레이션, 서비스, 가치성, 인테리어, 콘셉트를 세부적으로 설정해보지요. 먼저 고객 부문에 대해 의견을 나눠볼까요?"

마케팅 담당 이사가 먼저 발언했다.

"나이나 성별을 떠나서 자연보감 건강기능식품 매장을 찾을 고객들의 공통분모를 먼저 생각해보면 어떨까요? 고객들은 건강은 물론 삶의 질을 중요시하고 생활문화의 유행에도 민감합니다. 가격보다는 품질에 신경 쓰고 검증된 안전한 제품을 선호하지요."

회계 담당 이사도 거들었다.

"좀 더 범위를 넓혀볼 수도 있을 것 같군요. 취미 생활이나 여가에도 관심이 많고 시간을 할애할 줄 아는 사람들이 있을 테고요. 외모를 가꾸는 데 관심이 많은 사람일 것 같습니다."

서 대표가 질문을 던졌다.

"좋습니다. 그럼 성별, 연령대별, 직업별로 고객을 분류해보지요."

영업 담당 이사가 말을 꺼냈다.

"사전조사 자료에 따르면 고객의 남녀 비율은 2:8 정도로 예상됩니다. 건강기능식품이 주요 품목이지만 다양한 건강식품과 자연식품을 함께 파는 매장이다 보니 여성들이 절대적으로 많습니다. 연령대는 30~50대가 60% 이상, 60대 이상이 30%, 20대가 10% 정도 될 것으로 예상합니다. 직업별로는 주부가 60%, 사무·전문직 직장인이 25%, 은퇴자가 15% 정도 될 것으로 봅니다."

서 대표는 발언을 정리해 화면에 띄웠다.

자연보감 건강기능식품 모델점의 고객 콘셉트

타깃	특성(속성)
어린이	• 잠재 소비층 • 부모의 소비 패턴에 영향

13~18세	• 최근 주목 대상(예, 이동통신의 요금제, 1318 화장품 등)
	• '또래문화'의 지배력 강함
	• 마켓 특징
	  – 꺼지지 않는 구매력(Rainbow Pocket): 가처분 소득 100% 소비
	  – 구매결정자: 새로운 것, 혁신적인 것, 우리만의 것 추구 → 군중심리, 유행 패션
	  – 단점: 사이클이 짧음

학생, 사회초년생	• 소비력 가장 왕성 • 자기계발에 많은 투자
직장여성(80%)	• 소비 트렌드에 민감하고 충성도 높음
직장남성(20%)	• 소비력의 편차 심함 • 구매 패턴 변화 적음
주부	• 소비 기회 가장 많음, 가격에 민감 • 직업: 주부 60%, 사무·전문직 25%, 은퇴자 15%
실버계층	• 향후 소비잠재력 가장 높음(실버타운) • 건강·생활문화에 관심이 많고, 안전한 제품 선호 • 여가생활에 투자하고, 외모를 가꾸는 데 관심이 많음

허 사장이 화면을 보고 말했다.

"음, 저런 고객을 우리 모델점에서 만나게 될 것이다 이 말씀이죠? 제가 예상했던 것과 크게 다르지 않은 것을 보니 다들 생각이 비슷한 것 같습니다. 그럼 고객 콘셉트에 맞는 상품 콘셉트가 자연스럽게 도출될 것 같은데요?"

"하하하. 허 사장님, 이제 컨설팅하셔도 되겠습니다. 모델점의 상품 콘셉트로 넘어가죠. 고객 콘셉트에 맞는 상품구성은 어떻게 해야 하는지 의견을 내주시기 바랍니다."

허 사장의 말에 서 대표가 계속해서 회의를 진행했다. 이번에는 회계 담당 이사가 먼저 말을 꺼냈다.

"프랜차이즈 진입전략 수립 단계에서 상품은 건강기능식품과 건강지향식품, 유기농식품, 자연식품 등으로 구성했습니다. 고객 콘셉트를 보면 연령대와 직업을 넘어 여성고객이 가장 중심이 되므로 여성들을 끌어들일 수 있는 상품이어야 하겠지요. 그동안 자연먹은이 쌓아온 이미지대로 깨끗하고 안전한 상품, 비싸더라도 믿을 수 있는 상품이라는 점을 부각하는 게 핵심일 것 같습니다. 유행에 민감하고 외모를 가꾸는 데 관심이 많은 고객이라면 더더욱 그럴 테니까요."

상품개발 담당 이사가 말을 이었다.

"상품의 질이 기본이 되는 것은 두말할 나위가 없습니다. 하지만 우리 모델점을 찾게 될 고객들의 성향을 보면 생활문화의 유행에 민감합니다. 따라서 가장 화제가 되는 건강, 생활문화의 이슈에 따라 상품을 배치해야겠지요. 외모를 가꾸는 데 관심이 많다는 것은 건강한 몸에서 비롯되는 외향적 아름다움을 추구한다는 뜻이므로 미용, 다이어트 상품도 구비해야 하겠고요."

마케팅 담당 이사가 생각난 듯 입을 열었다.

"하지만 고객을 끌어들이기 위해 기본 상품이 깔려 있어야 합니다. 특히 주부들을 끌어모아 지갑을 열게 하려면 로스리더도 필요하죠. 대형 할인점이나 슈퍼마켓처럼 단순히 미끼 역할을 하는 값싼 상품이 아니라 차별화된 로스리더를 설정하는 것도 좋을 것 같습니다. 함께 판매할 자연식품이나 유기농식품이 이런 역할을 한다면 좋지 않을까요?"

고개를 끄덕이는 허 사장을 바라보며 서 대표가 내용을 정리했다.

"여러분의 말씀대로 모델점에서는 자연먹은의 기존 이미지를 최대한 살려 우리의 새로운 사업 영역을 고객들에게 확실히 각인해야 합니다. 주 고객인 여성, 전문직 직장인, 노년층 등 다양한 고객의 까다로운 입맛을 맞추기 위해 건강기능식품을 구비해야겠고요. 독립된 소매점인 만큼 집객효과를 노릴 수 있는 로스리더

내추럴성	자연 · 환경 친화적, 자연주의 원료, 인공화학물 무첨가 제품
건강지향성	건강 추구를 목적으로 하는 제품
소용량성	대용량, 덕용제품 이외의 소단위 제품, 개인 수용성 제품
비상온성	각 보관방법에 따른 구분 보관(상온, 냉장, 냉동) 제품, 최소 유통기한(7일 이상) 준수 제품
비가공성	매장 내 가공 · 소분 포장이 필요한 제품 이외의 규격 · 포장 제품

자연보감 모델점의 상품 콘셉트

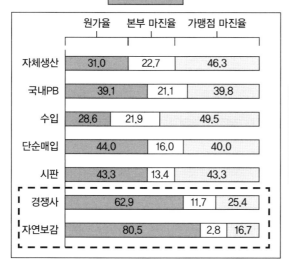

- 경쟁사, 기존 취급상품을 제외한 상품의 평균원가율 37.2%, 본부 마진율 19.2%, 가맹점 마진율 43.9%

- 경쟁사, 기존 취급상품의 평균원가율 73.9%, 평균 본부 마진율 7.3%, 가맹점 평균마진율 21%

- 수익구조가 우수한 제품은 자체 생산

- 수입 품목으로 직접생산, 직수입에서 오는 원가절감 효과

상품 콘셉트에 따른 마진율

확보도 좋은 제안입니다. 자연보감은 미끼상품도 남다르다는 평가가 나오도록 다양한 유기농, 자연식품을 가지고 고객에게 적정 가격대를 제시하고 그에 따라 상품마진 구조를 확보한 모델점은 더 많은 고객을 빠른 시간에 모을 수 있을 거라 생각합니다."

허 사장이 한마디 거들었다.

"이제 손발이 척척 맞는군요. 제품의 종류와 가격대 등 선택의 폭이 넓은 매장이 탄생되었으면 하는 게 제 바람이기도 합니다."

서 대표가 계속해서 회의를 이어갔다.

"자, 그럼 다음은 점포 오퍼레이션 콘셉트 설정을 보겠습니다. 고민해야 할 사항은 '자연보감이 고객에게 어떻게 다가갈 것인가'와 '고객을 어떻게 매장으로 끌어들일 것인가'입니다. 영업시간과 운영인원이 효율적이어야 하며, 고객 관점에서 자연먹은을 어떻게 평가하고 고객을 맞이할 것인지와 서비스 관리를 통한 소문 만들기가 오퍼레이션 콘셉트라 할 수 있습니다.

점포 오퍼레이션 콘셉트 설정

항목	내용	비고
영업시간	10:00~22:00(12시간)	영업일수: 365일
운영인원	18M/H, 2명	근무 Rotation표(#1) Shift Duty(#2)
CRS(Customer Readiness Survey)	고객을 맞을 준비가 되어 있는가?	CRS 평가 시트 활용
RM (Risk Management)	위생·사고(미끄러짐, 싸움, 충돌, 화재 등)	R/M 매뉴얼(법제)
서비스 관리	오감관리 MKT, 놀이방, 주차 서비스, 후식 Delivery, 테이크아웃, 포장용기, 방법, 시간	오감관리 체크리스트 활용
소문 만들기	online, offline	

마지막으로 인테리어 콘셉트에 대해 의견을 나눠보겠습니다. 상품이 진열되어 있고 다양한 고객들이 찾아올 모델점의 인테리어는 아주 중요합니다. 사실 물건을 보기 전 매장 밖에서부터 인지하는 것이 바로 매장 인테리어죠. 전반적인 분위기와 인테리어 방향은 어떻게 하는 것이 좋을지 콘셉트를 잡아보겠습니다."

인테리어 담당 현 팀장이 말을 꺼냈다.

"프랜차이즈 진입전략 단계에서 도출한 SI(Store Identity), 즉 매장 이미지 통일화 콘셉트에서는 깨끗함, 단정함, 따뜻함, 전문성 등을 강조했습니다. 모델점의 인테리어는 그것을 바탕으로 숲이나 나무, 흙 같은 것들을 활용하면 어떨까요? 예를 들어 매장의 전체 색감을 녹색과 흰색, 황토색으로 해서 원목 소재를 활용하는 것도 좋고요."

"색감은 자연 느낌을 살리는 게 좋겠습니다. 하지만 다양한 상품을 진열하려면 인테리어가 복잡하거나 소품이 지나치게 많은 것은 배제해야 할 것 같습니다."

"같은 생각입니다. 디테일한 소품보다는 깔끔한 것이 좋겠네요. 원목 소재를 활용한다면 바닥을 나무로 하거나 출입구 정도를 나무 느낌을 살리고, 건강기능식품 진열장은 되도록 단순하면서도 고급스럽게 해야겠죠."

이사들의 말에 서 대표도 제안을 했다.

"우리가 취급할 상품에 유기농, 자연식품까지 포함되므로 냉장고나 쇼케이스 같은 설비도 적지 않을 겁니다. 인테리어는 최대한 간결하고 깨끗하게 하고, 전체적인 색감이나 외부 디자인은 자연이나 숲 느낌을 살리면 어떨까요?"

"밖에서 봤을 때는 '매장이 깨끗하고 고급스럽다'는 느낌이 들도록 하고, 안에서는 '다양한 상품이 잘 정리되어 있다'는 생각이 들도록 하면 되겠군요."

"건강기능식품 상담 공간을 마련하는 것도 중요할 것 같습니다. 이건 우리가 차별화하려고 선택한 사항이니까 먼저 확보하는 게 어떨까요?"

서 대표가 내용을 정리해나갔다.

"좋습니다. 여러분의 의견을 정리해보면 인테리어 콘셉트는 이 정도가 되겠군요."

자연보감 건강기능식품 모델점의 인테리어 콘셉트

- 녹색, 흰색, 황토색 등 자연의 느낌을 살린 색과 소재 활용
- 디테일을 강조하기보다는 전체적으로 깨끗한 분위기 연출
- 상품관리에 꼭 필요한 설비와 장비를 방해하지 않는 인테리어
- 고객 상담 공간 확보

"자연보감 건강기능식품 모델점은 전체적으로 자연 느낌을 살린 색조를 사용하고 외부와 내부 모두에서 깨끗하고 건강한 느낌이 나도록 연출합니다. 다양한 상품을 진열하고 관리하기 위해 복잡한 디자인이나 소품 활용은 배제하고 깨끗하고 정돈된 느낌을 살립니다. 또 건강기능식품 고객을 위한 상담 공간을 확보해 전문성을 살립니다. 이상이 모델점의 인테리어 콘셉트입니다. 제가 보기에는 상품과 인테리어를 따로 가지 말고 함께 조절하면서 진행해야 할 것 같은데, 지금 도출된 콘셉트 정도면 크게 무리가 없을 것 같습니다. 어떻습니까, 허 사장님?"

"동감합니다. 다만, 너무 단순함을 추구하다 분위기가 자칫 차가워지지 않도록 색감이나 소재를 잘 활용해야겠다는 생각이 드는군요."

"좋습니다. 이렇게 해서 모델점의 기본 콘셉트가 도출됐습니다. 우리 목표가 더욱 뚜렷하게 보이는군요. 이제 이 콘셉트를 기본으로 모델점 개발에 착수하겠습니다. 모델점 개발은 매장 입지 선택부터 개점까지 모든 과정을 포함합니다. 이제 각자 분야별로 움직이되 전체 진행과정은 항상 숙지해야 합니다. 3개월에 걸쳐서 모델점을 개발하는 동안 지속적인 의사소통과 아이디어 교환을 기대하겠습니다."

서 대표의 말이 끝나자 허 사장이 회의를 마무리했다.

"모두 수고하셨습니다. 곧 프랜차이즈 모델점 개발팀을 꾸려서 파트별로 준비에 박차를 가하겠습니다. 그동안 준비해온 대로 이제는 모델점이 점차 모습을 갖춰나가게 되겠군요. 이제는 회의실에서보다 현장에서 더 자주 만나기를 바랍니다."

회의실에 박수소리가 울려 퍼지고 임원들은 서로 인사를 나누며 회의를 정리했다. 그리고 곧 허 사장은 임원들과 함께 팀원을 선정, '프랜차이즈 모델점 개발팀(이하 FC팀)'을 꾸려 본격적인 준비에 착수했다.

모델점 개점

드디어 프랜차이즈·비즈니스를 전개하기 위하여, 모델점을 확립하기 위하여, 1호점의 실험을 시작하기 전에 먼저, '점포의 콘셉트'를 확립하고, 그것에 입각해 계획을 세우지 않으면 안 된다. 그 첫 단계로 이미 수립한 점포 콘셉트에 따라 '개점계획서'를 될 수 있는 한 구체적으로 만들 필요가 있다.

개점은 그동안 준비한 프랜차이즈 본부의 시스템 기초를 검증하는 기회이므로 일정에 따라 한 치의 오차도 없이 진행해야 한다. 가맹점이라면 개점일자를 받아두고 개점이 1~2주 늦어진다면 그동안 임대료와 매출 손실은 말할 것도 없고 심적 고통이 얼마나 크겠는가.

따라서 가맹점을 개점한다는 마음으로 먼저 점포 개발담당이 작성한 입지·상권조사 분석 자료를 받아서 운영팀 개점담당이 철저하게 분석한 뒤 점포 운영이나 마케팅에 접목해야 한다. 또 이 자료를 가지고 D-35일에 점포 개점계획서를 작성해 점장에게 이 점포를 어떻게 운영하면 되는지 세부 지침을 주어야 한다. 그

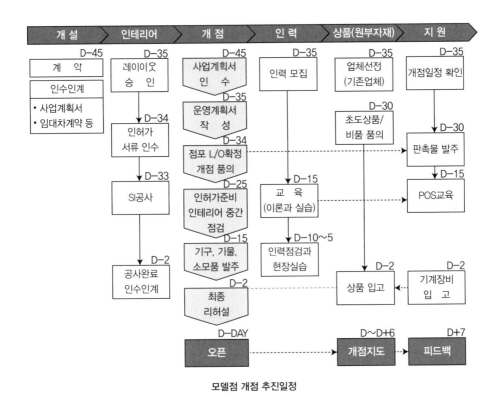

개 설	인테리어	개 점	인 력	상품(원부자재)	지 원

D-45
계 약
인수인계
• 사업계획서
• 임대차계약 등

D-35
레이아웃
승 인

D-34
인허가
서류 인수

D-33
SI공사

D-2
공사완료
인수인계

D-45
사업계획서
인 수

D-35
운영계획서
작 성

D-34
점포 L/O확정
개점 품의

D-25
인허가준비
인테리어 중간
점검

D-15
기구, 기물,
소모품 발주

D-2
최종
리허설

D-35
인력 모집

D-15
교 육
(이론과 실습)

D-10~5
인력점검과
현장실습

D-35
업체선정
(기존업체)

D-30
초도상품/
비품 품의

D-2
상품 입고

D-35
개점일정 확인

D-30
판촉물 발주

D-15
POS교육

D-2
기계장비
입 고

D-DAY
오픈

D~D+6
개점지도

D+7
피드백

모델점 개점 추진일정

리고 D-34일에는 운영팀장과 점장, 인테리어 담당이 매장 레이아웃에 대해 협의하는데, 세 사람은 반드시 합의 도출과 동시에 사인을 해서 개점 이후 매출 저조 시 그 원인이 매장 동선과 인테리어 때문이 아니라는 것을 확실히 해두어야 한다.

또 중요한 것은 모델점에 현금과 같은 물건이 들어올 때 서로 확인해야 한다는 것이다. 먼저 인테리어와 기계장비, 집기, 탁자 등이 설치되었을 경우 반드시 셋이서 검수해야 한다. 하자가 있거나 입고되지 않은 것이 있는지 확인하여 사후 일어날 수도 있는 문제를 예방해야 하며, 상품 입고 시에는 전표가 돈이므로 점장이 반드시 전수 검수를 해야 한다. 가맹점 사업을 할 경우 가맹점과 본부의 분쟁발생

사유 1위가 바로 개점부분이기 때문이다.

가맹계약, 임대차, 권리계약, 인테리어, 기계장비계약에 현금이 들어갔으므로 점주의 불안이 최고조에 달해 있고 잘 모르는 상태이므로 본부가 어느 하나 소홀하게 하면 불만이 지속된다. 이 점을 명심하고 일정별로 철저히 준비하여 직영모델점을 열어야 한다.

입지·상권의 조건

입지 대안 탐색

모델점을 열기 위한 첫 번째 단계는 매장의 입지를 정하는 일이다. 서 대표는 그동안 논의되었던 상권 입지 콘셉트를 중심으로 구체적인 지역을 몇 군데 골라 자연보감 FC팀 담당자인 김 대리와 의견을 나누기로 했다.

서 대표가 맥세스컨설팅 모델점 선정기준을 가지고 내부의 상권 전문가 이 팀장과 함께 보름에 걸쳐 1차로 고른 지역은 서울 서초동, 대치동, 동부이촌동, 목동 네 군데였다. 모두 대규모 아파트단지가 있고 사무실이나 오피스텔 같은 오피스가도 어느 정도 갖춘 데다 역세권이라는 이점도 누릴 수 있는 입지가 많기 때문이다. 이 지역 소비자들의 소비력이나 소득 수준, 소비 성향도 건강기능식품과 잘 맞아떨어졌다.

서 대표는 서초동의 제일아파트 앞 주상복합건물, 대치동 그린아파트 상가, 동부이촌동 강변빌라 상가, 목동의 주상복합아파트 타워맨션 단지의 매물을 중심으로 자료를 수집했다. 부동산 시세는 다음과 같았다.

모델점 후보지 부동산 시세

- 시초동 제일아파트 앞 주상복합건물 1층: 실제넓이 46m², 권리금 1억 원, 보증금 4,500만 원, 월세 300만 원
- 대치동 그린아파트 3단지 상가 1층: 실제넓이 50m², 권리금 1억 2,000만 원, 보증금 4,000만 원, 월세 260만 원
- 동부이촌동 강변빌라 상가 1층: 실제넓이 50m², 권리금 1억 원, 보증금 5,000만 원, 월세 270만 원
- 목동 타워맨션 입구 상가 1층: 실제넓이 60m², 권리금 1억 5,000만 원, 보증금 4,000만 원, 월세 280만 원

모두 목이 좋은 곳인 만큼 부동산 시세도 만만치 않았다. 매물도 쉽게 나오지 않는 지역이라 시간도 넉넉하지는 않았다. 이 팀장은 김 대리와 함께 현장으로 나가보기로 했다.

"어서 오세요, 김 대리님. 먼저 서초동과 대치동을 둘러보고 동부이촌동으로 갔다가 목동으로 이동하면 좋겠네요."

"네, 오늘은 전적으로 매장 탐색에 시간을 보내야 할 것 같습니다. 본부에서도 그렇고 서 대표님 의견도 최대한 빨리 모델점을 선정하라는 것이니까요. 일정에 차질이 없도록 맥세스컨설팅 모델점 선정기준에 맞춰서 이번 주 안에 매장을 결정하라는 게 본부의 지시입니다."

"그래야지요. 첫 단추부터 밀리면 예정대로 오픈하기 어려울 겁니다. 김 대리님의 어깨가 무겁네요. 하하하."

두 사람은 사무실을 나와 먼저 서초동 후보지로 향했다.

서초동 제일아파트는 지하철역과 버스정류장이 가까운 곳에 있는 오래된 아파

트단지였다. 주변에 초·중·고등학교가 모여 있고 대형 할인점과 백화점도 멀지 않은 곳에 있었다. 무엇보다 6,000세대에 가까운 규모 덕분에 유동인구가 많고 주부들이 많아 시장 가능성이 풍부해 보였다. 이 아파트단지 입구 바로 맞은편에 위치한 대형 주상복합건물은 최근 지어진 새 건물로 1층과 2층에는 다양한 업종의 매장이 들어서 있었다. 이 팀장과 김 대리는 매물로 나왔다는 1층 매장을 찾았다. 사진으로 본 것처럼 매장은 밖에서 보아도 아주 깨끗했다.

"흠, 주변 환경은 좋은데 매장 입지가 좋지 않군요."

"입지가 안 좋다고요? 여긴 목이 좋은 상가 아닌가요?"

김 대리가 의아해하며 물었다.

"보다시피 상가 맨 귀퉁이라 밖에서 잘 보이지 않습니다. 상가 1층이라고 다 좋은 것은 아니지요. 특히 제일아파트단지 쪽에서 나오는 사람들에게는 전혀 보이지 않습니다."

"듣고 보니 그렇군요. 아파트 쪽에서 건너올 때는 이 매장이 보이지 않았거든요."

"지금 여기 들어와 있는 매장이 등산용품 전문점인데 매물로 나왔다는 점을 눈여겨볼 필요가 있습니다. 요즘 등산이나 레저 스포츠에 관심이 많은 사람들이 늘어 호황을 누리는 업종이 바로 등산용품이죠. 지나가다 들르는 사람도 있겠지만 일부러 찾아오는 손님도 얼마든지 있을 수 있는 업종입니다. 그런데 지금도 매장 안에 손님이 거의 없고 밖에 나와 있는 매대에는 유행 지난 이월상품이 세일 품목으로 잔뜩 쌓여 있네요. 이 정도면 기본적인 매장 유지비에 인건비까지 월세 300만 원 맞추기도 어려워 보입니다."

"흠, 권리금이 좀 낮은 편이라고 생각했는데 다 이유가 있었네요."

김 대리는 고개를 끄덕이며 매장 안으로 들어가 봤다. 매장 내부도 깨끗했지만 한낮에도 햇빛이 많이 들지 않아 조명을 많이 사용한 게 눈에 띄었다. 매장을 둘러보고 나온 김 대리는 밖에 있던 이 팀장과 함께 발걸음을 옮겼다. 상가 앞쪽 매장은 오고 가는 사람들과 물건을 사는 손님들로 가득했다.

"같은 상가 1층인데도 바깥쪽과는 천지차이군요. 불과 몇십 미터 차이인데 손님들의 눈길을 받고 못 받고의 차이가 이렇게 크네요."

"그래서 현장에 나와봐야 하지요. 일정 시간 유동인구를 체크하는 것도 중요하고요. 저희 쪽에서 후보지마다 평일과 주말에 각각 하루씩 유동인구를 체크한 자료가 있습니다. 이곳은 전체적으로 평일과 주말 모두 유동인구는 확보된 편입니다. 그러나 상가 앞쪽과 모퉁이, 뒤편은 고객수가 차이가 크더군요."

"그렇군요. 그럼 두 번째 후보지로 이동할까요?"

두 사람은 차에 올라 대치동 그린아파트단지로 향했다.

대치동 그린아파트는 학원가로 유명한 곳이었다. 그만큼 초·중·고등학생 자녀를 둔 가정이 많고 주민들의 소비력도 검증된 곳이라 할 수 있었다. 이 팀장과 김 대리는 그린아파트 앞에 내렸다. 그린아파트는 4단지까지 있고 8,000세대에 육박하는 대규모 단지였다. 게다가 아파트단지 주변으로는 은행, 보험사, 증권사 등 다양한 금융 계통의 사무실이 밀집해 작은 오피스가를 이루고 있었다. 단지 안을 둘러보던 김 대리가 말을 꺼냈다.

"아이들이 정말 많네요. 학원 차가 끊임없이 오가는 것을 보니 소문대로군요."

"이 지역 주부들은 아이들 교육도 교육이지만 전반적인 소비에도 무척 까다롭고 눈이 높기로 유명합니다. 몸에 좋은 것, 검증된 상품이라면 지갑을 여는 데 주저하지 않거든요. 유기농재료만 사용하는 고급 제과점, 유기농 청과상점이 인근에서 크게 성공했던 전력이 있습니다."

"그렇다면 우리 자연보감이 승부를 걸 만한 곳이 되겠네요. 매장으로 가보죠."

3단지는 외부도로와 가장 인접하고 지하철역과도 가까웠다. 3단지 상가는 단지 전체의 중앙상가라고 해도 될 정도로 규모도 있고 다양한 업종의 매장이 들어와 있었는데 매물로 나온 1층 매장은 선식 전문점이었다. 이 팀장이 매장에 들어가기 전에 김 대리에게 슬쩍 말을 꺼냈다.

"이곳은 매장 주인이 선식 전문점을 오랫동안 운영했습니다. 매출이 점점 떨어져서 가게를 내놓고 월세를 받고자 하더군요."

매장에 들어서 이 팀장이 이름을 밝히자 초로의 주인이 인사를 하며 아는 체를 했다.

"부동산에서 얘기 들었습니다. 자연보감에서 매장을 내고 싶어한다고요?"

"그렇습니다. 사장님께서 가게를 그만둘 예정이라고 하던데요."

"네, 이제 몸도 힘들고 해서요. 보다시피 여기 목은 아주 좋습니다. 이 정도 월세면 처음 하는 가게여도 큰 부담이 없으실 겁니다. 단, 법인에서 세금 신고를 하지 않는 것이 제 조건입니다."

김 대리는 의아한 듯 이 팀장을 바라보더니 물었다.

"네? 세금 신고를 하지 말아야 한다고요?"

"예. 그건 부동산에도 미리 얘기를 해뒀습니다. 권리금 계약에 대해 영수증 처리는 가능하지만 계약서는 쓰지 않고, 세금 신고를 하지 않으면 어떨까 합니다. 아시겠지만 이래저래 세금으로 나가는 부분이 너무 많아서 말이죠."

"하지만 나중에 불미스러운 일이 일어날 수도 있지 않겠습니까?"

이 팀장이 물었다.

"장사 하루 이틀 하나요. 제가 이 가게 인수해서 운영한 지도 20년이 다 돼갑니다. 염려 안 해도 되니 서로 좋게좋게 계약했으면 합니다."

매장 안은 식품을 다루는 곳답게 잘 정리되어 있었다. 상가 전면이라 시계성도 높고 채광도 좋은 편이었다. 김 대리는 매장 주인의 말이 좀 걸리긴 했지만 관행이려니 생각한다면 나쁘지 않은 조건이라 생각했다.

이 팀장과 김 대리는 매장을 구석구석 살펴본 뒤 밖으로 나왔다. 상가 전면에 위치한 매장들은 밖에 매대를 설치해 행사상품을 늘어놓았고 장을 보러 나온 주부들의 숫자가 꽤 많았다. 김 대리가 이 팀장에게 물었다.

"어떻습니까? 위치는 아까 서초동보다는 훨씬 좋은데요. 주인 말이 좀 걸리긴 합니다만."

"걸리는 게 아니라 안 되는 일이지요. 거래 상식에 어긋나는 계약은 처음부터 하지 않는 게 상책입니다."

"아예 포기해야 한다는 말씀이신가요?"

"우리 사업의 첫 매장입니다. 자연보감 건강기능식품의 얼굴이 될 텐데 기본적인 법도 지키지 않는 매장에서 장사할 수는 없지요. 아무리 목이 좋아도 분명히 나중에 크고 작은 문제가 생길 소지가 큽니다. 그럼 동부이촌동으로 가볼까요?"

김 대리는 이 팀장의 뒤를 쫓아 차에 올라탔다.

세 번째 후보지 동부이촌동 강변빌라는 앞서 본 두 곳과는 좀 다른 분위기였다. 대규모 아파트단지가 아니라 소규모 아파트가 여러 곳에 나뉘어 밀집해 있었는데 강변빌라가 중심부에 있었다. 강변빌라의 세대수는 약 4,000세대였고 매물은 빌라 입구 상가에 있었다. 1층 매장들은 대로변을 향해 있어 시계성은 좋아보였다. 김 대리가 밖에서 매장을 둘러보더니 말을 꺼냈다.

"서초동이나 대치동보다는 규모가 좀 작다는 느낌이 드는데요?"

"그렇죠. 하지만 이쪽도 주민들의 소득 수준이나 소비력이 좋은 편입니다. 특히 단지에서 가까운 백화점이 없다 보니 고급 식품을 일상적으로 구매하기가 어렵기도 하고요. 그 점이 우리한테는 기회가 될 수 있습니다. 매장으로 들어가보죠."

매장에서는 독립 제과점이 운영되고 있었다. 상가가 좀 오래되긴 했어도 매장 안은 깨끗했고 냉장설비나 쇼윈도 등을 활용하기에는 유리해보였다. 매장을 둘러보고 나온 이 팀장은 건너편 아파트단지를 가리켰다.

"강변빌라 맞은편 아파트단지에는 노년층 부부가 많이 거주합니다. 실버타운이라고 지정된 것은 아니지만 은퇴 실버를 공략해서 지어졌기 때문에 경제력을 갖춘 노부부들이 많죠. 그리고 상가 옆 건물에는 대형 피트니스클럽과 피부관리실이 있습니다. 건강운동화 전문점, 자전거대리점도 있는데 매출이 꽤 높다고 하더군요. 그리고 왼쪽에 있는 단지는 새로 지어진 곳이라 젊은 부부들이 많은 것으로 알려져 있습니다. 주변 초등학교와 중·고등학교 배치도 강남보다 수적으로는 적지만 이곳이 학군의 중심이기도 하고요. 어떻습니까?"

이 팀장의 설명대로 주변을 둘러보던 김 대리는 뭔가 생각난 듯 말했다.

"그렇군요. 말씀을 듣고 보니 주변에 우리가 생각하는 잠재고객이 많네요! 건강에 관심이 있는 사람, 주부, 노년층까지. 다른 조건만 잘 맞는다면 모델점으로 좋겠는데요?"

이 팀장은 상가 앞에서 사람들을 유심히 살펴봤다. 상가 지하에 큰 슈퍼마켓이 있어 장을 보는 주민들이 끊임없이 오갔으며, 아이부터 노인까지 다양한 소비자들이 눈에 띄었다.

"어쨌든 후보지 한 곳이 더 있으니 목동으로 가볼까요?"

이 팀장과 김 대리는 마지막 후보지인 목동으로 향했다.

목동 타워맨션은 초고층 주상복합아파트로, 오래된 아파트단지 옆으로 새로 개발된 주상복합단지의 하나였다. 지하철역이 가깝고 주변에 백화점과 대형 할인점도 성업 중이었다. 오피스텔에는 크고 작은 사무실도 많이 입주해 있었다. 대치동만큼 학원가가 발달해 자녀교육 때문에 이사 온 경우도 많아 초·중·고등학생들과 주부들의 유동은 눈에 띌 정도로 많았다. 매물이 나온 곳은 타워맨션 입구의 1층짜리 작은 상가로, 제과점과 꽃집, 편의점 등이 들어서 있었다. 김 대리는 주변을 살펴보며 말했다.

"상가는 규모가 작네요. 매장 위치는 눈에 잘 띄어서 좋은데 백화점과 대형 할인점이 너무 가까이 있는 것이 아닌가 싶군요."

이 팀장도 주변을 둘러보면서 메모했다.

"이곳 주민들의 소비력이라면 자연보감에 잘 맞을 것 같은데…. 저 역시 백화점과 대형 할인점이 좀 걸리는군요. 백화점 안에는 이미 건강기능식품 매장이 들어와 있으니까요. 백화점에서 파는 건강기능식품보다 경쟁력을 갖추려면 품질이나 가격 둘 중 하나인데요."

두 사람은 매장이 바로 보이는 커피전문점에 들어가 차를 주문하고 창가에 앉았다. 아이를 데리고 가는 주부, 직장인, 대학생 등 다양한 연령층의 사람들이 지나다니고 있었다. 김 대리는 자료를 보며 물었다.

"그리고 이곳은 시세가 좀 높은 것 아닙니까? 권리금 1억 5,000만 원에 보증금 4,000만 원이면 1억 9,000만 원이니 거의 2억 원에 육박하는 액수가 걸리네요."

"지금 후보 매물 가운데 여기가 가장 비싼 게 사실입니다. 저 아파트 뒤로 공사 현장 보이시죠? 앞으로 3년 안에 이 근처에 수백 세대의 주상복합아파트가 또 들어설 예정입니다. 그래서 이 지역 상가들이 요즘 권리금을 꽤 높게 부르고 있습니다. 시장이 점점 커지고 있긴 하지만 그만큼 업종들끼리 경쟁도 치열해질 것이라는 예상도 해볼 수 있겠지요."

두 사람은 현장을 둘러본 결과를 정리해나갔다.

모델점 후보지별 특성

입지	특성
서초동 제일아파트 앞 주상복합건물 1층	• 6,000세대 규모 아파트 • 초·중·고등학교 밀집 지역 • 상가 귀퉁이 매장 • 채광 상태 좋지 않음
대치동 그린아파트 3단지 상가 1층	• 8,000세대 규모 아파트 • 금융업 중심의 오피스가 인접 • 세금 신고를 하지 않아야 한다는 요구 있음
동부이촌동 강변빌라 중앙상가 1층	• 4,000세대 규모 빌라 • 대로변을 향해 있는 매장 • 경제력 있는 노년층 거주, 지역 학군 중심
목동 타워맨션 입구 상가 1층	• 학원가, 신축 아파트, 오피스가 복합상권 • 백화점과 대형 할인점 매우 인접 • 인근에 신축 아파트 시공 중

어느덧 해가 뉘엿뉘엿 지고 있었다. 이 팀장과 김 대리는 현장을 돌아보며 확인한 사항을 정리한 뒤 각자 사무실로 들어왔다. 곧 맥세스컨설팅과 자연보감 쪽의 합의로 매장 입지가 결정되면 모델점이 선정될 터였다.

입지 선정

일주일 뒤, 서 대표는 자연보감 본부를 찾았다. FC TF팀과 맥세스컨설팅은 파트별로 바쁘게 움직였다. FC팀의 박 팀장과 함께 현장 답사를 나갔던 김 대리가 다시 모였다. 박 팀장은 그동안 김 대리의 자료를 토대로 다시 입지를 검토하고 현장에 다녀온 뒤였다. 박 팀장이 먼저 서 대표에게 말을 건넸다.

"맥세스컨설팅에서 모델점 후보지를 보고한 뒤 저도 현장에 나가봤습니다. 네 후보지는 모두 장단점이 있더군요. 우선 지역적으로는 네 곳 모두 우리 콘셉트와 잘 맞는다고 생각합니다. 하지만 부동산 시세와 현실적인 조건을 고려했을 때는 아무래도 동부이촌동 쪽이 가장 적합하지 않을까 합니다. 대표님은 어떠신지요?"

"말씀하신 대로 모두 장단점이 있어서 어느 곳이든 가능성과 위험부담이 있습니다. 그러나 저도 최선의 선택이라면 동부이촌동 쪽이 낫다고 결론 내었습니다."

"그럼 더 고민할 것도 없이 동부이촌동 매장으로 결정하는 것이 좋겠습니다. 늦기 전에 계약하고 매장 인테리어 준비에 들어가면 어떨지요?"

"좋습니다. 예정된 기간에 개점 준비를 끝내려면 더 지체할 이유가 없습니다."

"그럼 동부이촌동으로 결정하는 것으로 하고 결재 올리겠습니다."

결재되면 김 대리는 계약을 하고 기존 매장을 정리한 뒤 본격적으로 매장 인테리어 콘셉트 설정에 들어가기로 했다. 예상 기간은 약 일주일, 입지탐색부터 입지선정, 점포 계약까지 걸린 기간은 1개월 정도였다.

지역구	40~50대 여성 총인구	지역구 전체 여성인구 대비 구성 비율		
		30대	40대	50대
송파구	112,865	18.1%	16.5%	15.1%
노원구	102,012	16.4%	18.5%	14.2%
강서구	92,818	18.2%	16.5%	15.4%
양천구	86,203	15.8%	19.9%	14.5%
강동구	83,030	17.1%	17.6%	16.3%
중랑구	70,349	16.5%	17.3%	15.7%

우선 출점 지역 선정

1. 선정기준
-3,000세대 이상의 아파트 밀집지역
-아파트 시세(30평형) 4억~7억 원대
-40~50대 여성인구 비중이 높은 지역구

2. 출점 대상지역 선정
-1순위: 노원구
-2순위: 송파구
-3순위: 양천구

※ 자료: 통계청 5세별 주민등록인구(2010), 맥세스 가공

맥세스 모델점 입지선정 기준

매장 디자인 콘셉트 설정

서 대표와 이 팀장, 김 대리의 현장실사가 한 차례 더 진행된 뒤 동부이촌동 강

변빌라 중앙상가 1층 점포의 임대 계약이 끝났다. 제과점은 곧 정리하고 철수할 예정이었다. 일주일 뒤 점포가 양도됐다. 기존 설비와 장비가 철거되던 날, 서 대표와 이 팀장, 김 대리는 다시 매장을 찾았다.

"서 대표님, 자세히 살펴보니 활용 공간이 생각보다 많은 것 같은데요?"

"기존의 제과점과 비교해보면 공간 활용도가 비슷할 수도 있습니다. 전력 사용량도 그렇고 쇼케이스, 냉장고, 테이블 같은 것들이 우리가 사용할 장비와 흡사하거든요."

서 대표는 내부 공간을 꼼꼼하게 살피며 앞으로 진행될 매장 디자인 콘셉트에 대해 이미 수립된 전략서 스케치 내용을 다시 생각했다. 앞으로 가맹사업을 하려면 매장 인테리어에 대한 콘셉트가 명확하게 나와야 하므로 모델점이 어떤 기준을 세워 어떻게 시공할지는 무척 중요한 일이었다. 세 사람은 점포를 둘러본 뒤 자연보감 본부로 향했다. 인테리어 협력사와 미팅이 예정되어 있었기 때문이다.

회의실에 자연보감 FC TF팀의 박 팀장과 인테리어업체 대표가 와 있었다. 인테리어 디자인업체는 자연보감의 기존 협력업체를 통해 이미 선정된 터였다. 모델점의 스토어 콘셉트가 도출된 뒤 내용이 전달돼 업체에서는 몇 가지 시안을 준비했다.

"안녕하십니까? 현앤디자인의 김철웅 대표입니다."

"반갑습니다. 저는 맥세스컨설팅의 서민교 대표입니다. 오랫동안 자연보감의 디자인 관련 일을 하셨다고 들었습니다. 이번에 새롭게 시작할 건강기능식품 가맹사업을 위해 모델점을 열어야 하는데 우리 사업의 모든 것이 시험되는 곳이니 특별히 잘 부탁드립니다."

"제가 드리고 싶은 말씀입니다. 야심차게 준비한 일이니 저도 최선을 다하겠습니다. 앞으로 가맹사업이 잘된다면 저희도 보람이 클 테니까요."

"좋습니다. 그럼 현앤디자인의 PT를 보지요."

김 대표는 가지고 온 자료를 화면에 띄우고 설명하기 시작했다.

자연보감 건강기능식품 매장 디자인 콘셉트

Hard Lay-Out: 점포의 기능과 상권에 알맞은 인테리어인가?

- 출구와 전면: 우드 질감 소재 활용, 통유리창, 자동문, 화분
- 바닥재 색깔과 질감: 아이보리 계통, 대리석
- 마감재: 가공되지 않은 질감의 벽지, 황색 톤 조명
- 중앙집기: 냉장고, 쇼케이스, 진열장, 카운터, 카탈로그 진열대
- 상담존: 흰색 소형 테이블 세트
- 외부 간판: 흰색과 녹색이 섞인 파나플렉스 간판

Soft Lay-Out(Facing): 고객의 동선과 상권에 맞는 공간구성, 상품구성인가?

- 상품구성의 차별화: 도소매－패키지, 판매방법/외식－맛, 양, 세트메뉴, 조리 등

"전체적으로 자연적인 느낌을 담아야 하므로 기본 색상은 흰색과 녹색, 짙은 갈색입니다. 녹색은 진한 초록색보다는 올리브색에 가까운 톤입니다. 올리브색과 짙은 갈색이 숲과 같은 느낌을 줍니다. 명도와 채도가 지나치게 높은 것보다는 약간 어두운 쪽이 고급스러운 느낌을 살리는 데 효과적이기 때문이죠. 외부에서 봤을 때 매장 마감재는 나무 질감을 살린 특수 벽돌을 사용하면 좋을 것 같습니다. 통유리창과 자동문을 설치, 출입에 최대한 불편을 줄이고, 매장 밖 아래쪽에는 낮은 화단을 설치하는 것도 좋을 것 같습니다. 실내 바닥재는 어둡지 않은 아이보리 계열의 대리석을 깔아 전체적으로 나무 느낌과 자연스럽게 조화되도록 합니다.

마감재로는 한지처럼 가공되지 않은 질감의 벽지를 사용하거나 비슷한 효과를 내는 페인트를 사용할 수 있습니다. 전체적인 실내조명은 은은한 황색 톤의 백열등을 사용하는 것이 어울릴 것으로 보입니다. 그 밖에 중앙집기는 기본적으로 냉장고와 쇼케이스, 상품 진열장, 카운터, 카탈로그 진열대가 있겠고 건강기능식품 상담을 위한 상담존은 한쪽에 의자 세 개를 놓은 흰색 소형 테이블 세트가 적합할 것 같습니다. 외부 간판은 흰색 바탕에 '자연보감 건강기능식품' 로고를 새겨 깔끔하고 눈에 확 들어오는 느낌을 살립니다. 파나플렉스 간판으로 시계성을 높이면 효과적일 것으로 보입니다."

설명을 듣고 난 박 팀장이 고개를 끄덕이면서 말했다.

"큰 콘셉트에서 벗어난 점은 없는 것 같습니다. 우선 오픈 일정에 맞추도록 설계라도 먼저 했으면 합니다."

서 대표가 질문했다.

"그럼 시공업체는 언제 선정합니까?"

김 대표가 대답했다.

"저희가 시공업체를 추천해드리겠습니다. 일정에 맞추기 위해 저희가 설계를 진행하고 시공업체는 우선 할 수 있는 단계부터 진행하면 될 것으로 보입니다."

"알겠습니다. 그럼 빠른 시일 안에 진행하지요."

김 대표가 자리를 뜨고 난 뒤 서 대표는 박 팀장과 따로 이야기를 나눴다. 인테리어 시공업체에 대해 다시 한 번 강조할 필요가 있었기 때문이다.

"박 팀장님, 노파심에서 말씀드리는 건데 인테리어 시공업체는 정말 잘 골라야 합니다. 가맹사업하는 기업들을 보면 점주들의 불만사항 가운데 인테리어가 차지하는 부분이 상당히 큽니다. 점주와 협의되지 않은 사항에서는 나중에라도 반드시 문제가 생긴다고 보면 되지요. 경쟁력 있는 인테리어 비용은 가맹사업의 관건이라 해도 지나친 말이 아닙니다. 현재 프랜차이즈 업계의 가장 우수한 인테리어도 전기를 포함해 제곱미터당 150만 원선이라는 것을 명심하십시오. 그리고 지금은 가맹사업특별법에 따라 점주가 자의적으로 인테리어를 하기 원할 경우 본부에서 막을 수 없게 되어 있습니다. 그동안 많은 업체가 인테리어에서 이익을 남겼기 때문에 생겨난 법이라고 할 수 있지요. 업체 후보가 선정되면 저마다 견적을 가지고 PT를 하겠지만 그전에 미리 제곱미터당 상한선을 반드시 고지하시기 바랍니다. 그 이상 나오면 수용할 수 없다는 뜻도 밝히시고요. 도면과 함께 점포 이미지 3D도 준비해주길 부탁드립니다. 3D가 없으면 시공 전 콘셉트가 잘 반영되었는지 알 수 없으니까요."

"그렇군요. 잘 알겠습니다."

박 팀장은 서 대표를 향해 고개를 끄덕였다.

열흘 뒤, 자연보감 본부 회의실에서 인테리어 시공업체 두 곳의 PT가 열렸다. 업체가 준비해온 3D 이미지를 보면서 도면을 예상해볼 수 있었다.

A업체가 제시한 총비용은 2,150만 원, B업체는 2,250만 원이었다. A업체는 대리석과 페인트 등 협력업체가 있어 바닥재와 마감재를 저렴하게 맞출 수 있다는 것이 장점이었으나 전기공사와 전기제품의 단가가 좀 높은 편이었다. B업체는 총금액이 A업체보다 높았으나 시공 이후 감리 기간이 2년으로 명확하게 규정되어 있다는 점이 눈에 띄었다.

A업체는 총금액이 저렴한 것을 강조하면서 다른 부분에서는 조율이 어렵다는 뜻을 밝혔다. B업체는 그동안 다른 프랜차이즈업체의 인테리어 시공 경험을 강조하면서 앞으로 가맹사업이 이루어질 경우에 단가를 낮춰가도록 유도하겠다는 의향을 밝혔다.

PT가 끝난 뒤 서 대표와 FC팀원들은 각 업체가 제시한 평면도와 외부간판 예시 모델을 살펴보면서 최종 결정을 내리기로 했다. 박 팀장이 먼저 물었다.

"두 업체 모두 가격은 적절해 보입니다. 가맹사업이 커질 경우 A업체가 납품하는 바닥재나 마감재는 경쟁력이 될 수 있을 것입니다. B업체는 프랜차이즈업체 시공 경험이 있어서 끌리는군요. 서 대표님은 어떠십니까?"

"네, 다행히 상한선을 맞춰왔군요. 제 생각에는 멀리 봤을 때 B업체가 좀 더 나을 것 같습니다. 감리기간 보증은 나중에 생길 수 있는 잡음을 줄이는 데 큰 역할을 하지요. 가격 차이가 100만 원 정도라면 저는 B업체를 선택하는 편이 낫다고 봅니다."

김 대리도 거들었다.

"저도 동감입니다. 총금액은 100만 원 차이 나지만 세부 단가는 사실 별 차이가 없습니다. 프랜차이즈업체 시공 경험이 장점이 될 수도 있겠고요."

"좋습니다. 그럼 일단 B업체로 정하고 결재 올리겠습니다. 확정되는 대로 점포 시공은 하루빨리 해야 하니까 모두 빠르게 움직여주시기 바랍니다."

며칠 뒤, 점포 시공담당은 B업체로 결정되고 동부이촌동 점포는 본격적으로 '자연보감'이 되기 위한 준비에 들어갔다. 서 대표는 컨설턴트 입장에서 다시 한 번 인테리어 콘셉트에 대한 의견을 정리해서 FC팀에 메일로 보냈다.

인테리어 콘셉트에 대한 보충 의견

- 출입구 전면과 전두, 천장에 '자연보감' 콘셉트와 이미지 구현 필요
- 벽면장, 금고, 쇼핑백걸이 등 카운터 내용 점검
- 냉동, 냉장 쇼케이스 크기에 따른 레이아웃 조정 필요
- 카운터 출입구(Under door) 개선 필요: 고객 응대를 신속히 하도록
- 세면대, 청소도구함, 보관장 레이아웃 반영 필요
- 진열 높이 통일 요망
- 조명으로 상품 손상이 우려되므로 개선 필요
- 간판은 본부에서 25% 지원하는 비율 적용
- 창고는 전체 면적의 2% 정도(10m^2) 필요할 것으로 보임

모델점 인테리어업체 선정 기준 사례

구분		인테리어업체			
		A	B	C	D
실적 평가	자본금(10점)				
	실적금액(20점)				
	기획브랜드(20점)				
	공사실적(20점)				
	조직구성(10점)				
	소계(80점)				
PT 평가	콘셉트 이해도(30점)				
	업체 신뢰도(10점)				
	PT 준비성(20점)				
	시간준수(10점)				
	견적평가(30점)				
	개인평가(20점)				
	소계(120점)				
	종합평가(200점)				

1. 자본금=1점/1억 원
2. 실적금액=1점/1억 원
3. 기획브랜드=10점/1개 브랜드
4. 공사실적=한식*3점+외식*2점(20점 만점)
5. 조직구성=공사인원*1점+설계인원*2점

6. 콘셉트 이해도=평가자 개별평가(30점 만점)
7. 업체 신뢰도=PT 담당자 본부 직원 여부
8. PT 준비성=3D, 도면, 설명서 등 준비자료(개별평가)
9. 시간준수=지각 1분당 −1점
10. 견적평가=수준대비 가격의 적절성
11. 개인평가=개인평가 결과 반영

인테리어

시공업체가 선정되고 상품의 세부 진열공간인 냉장·냉동 쇼케이스, 진열 가구의 세부사항을 포함한 최종 시방서가 나왔다. 콘셉트에 맞는 컬러와 질감을 살린 친환경소재를 주로 이용해 자연보감의 큰 이념과도 벗어나지 않도록 했다. 철거공사를 시작으로 전기공사, 금속공사와 목공사가 벌어졌고 급·배수관 등의 설비공사도 했다. 인테리어 공사에 할당된 시간은 약 20일, 현장 상황이나 날씨에 따라 2~3일 가감이 가능한 정도로 여유를 두었다.

자연보감 FC팀에서는 개점 담당자로 최 과장이 선정돼 모든 공사 진행을 관리하기로 했다. 개점 담당자는 가맹점주와 같아서 공사에서 감리기능을 수행하고 문제가 발생할 경우 즉각 대응하도록 했다.

상품

상품 벤치마킹

프랜차이즈 가맹사업에 대한 실행계획이 시작되고 구체적인 진입·확장 전략이 도출된 뒤 상품개발팀은 'FC 상품팀'을 일찌감치 구성해 상품개발과 생산에 돌입했다. 기존에 생산되던 제품을 어떻게 정리하고 어떤 새로운 상품을 추가할지 생산업체, 협력업체와 합의가 필요했기 때문이다.

상품개발 담당 이사의 지휘로 가장 먼저 진행한 사항은 상품 벤치마킹이었다. 사업 실행계획 단계에서 경쟁업체로 선정된 각기 다른 세 업체의 상품을 위주로 벤치마킹을 시작했다. 팀원들은 우선 현장에 나가 유행하는 상품과 고객들이 많이 찾는 주력상품의 흐름을 알아보기로 했다.

유기농식품 전문업체 '유기농마을'

팀워 가운데 1조는 서울 강남, 강북 지역의 백화점과 대형 할인점, 직영 점포 등 네 곳의 유기농마을 매장을 찾았다. 100% 유기농식품만 생산하는 업체라 상품 종류도 다양하고 가격도 비교적 합리적이었다. 구매하는 손님들을 보니 다양한 쌈 채소와 나물류, 토마토 등 최근 건강식으로 인기가 높아진 채소를 많이 선택했다.

"역시 웰빙 열풍이 여전하군요. 생으로 먹을 수 있는 채소를 많이 사가네요. 일명 컬러푸드라고 해서 매스컴에 나오면서 유명해진 토마토, 파프리카, 적색 양배추나 양파 같은 채소도 인기가 많고요."

"많이 팔리는 만큼 대량생산이 가능하고 유통이나 관리도 용이하겠지요? 사실 이 정도 가격이면 일반 채소와 크게 차이를 못 느낄 수도 있을 것 같아요. 유기농이라고 비싸기만 한 시절은 지난 것 같군요."

팀원들은 메모해가면서 현장 상황을 체크했다. 채소류뿐 아니라 각종 곡식과 달걀, 유제품도 유기농제품의 인기가 높았다. 소량 포장된 잡곡은 가격은 비싸도 손님들이 꾸준히 찾았고 달걀과 유제품은 아이들이 많이 먹다 보니 젊은 주부들이 많이 찾았다. 유기농마을의 제품에는 모두 원산지와 생산자가 표시되어 있었고 유기농인증 기준과 인증 마크가 붙어 있었다.

"유기농인증 기준도 확실하군요. 고객들은 '유기농마을'의 제품이라면 이런 인증 마크를 확인하지 않고도 그냥 살 정도고요. 그동안 신뢰로 쌓아온 이미지도 중요한 것 같아요."

"지금껏 크고 작은 식품 관련 사건·사고가 있었지만 유기농마을은 불미스러운 일에 거의 연루되지 않았어요. 시장에서의 성공이 품질관리에 있다는 것을 보여주는 셈이죠."

팀원들은 유기농마을의 대표 제품과 인기 제품 라인을 꼼꼼히 체크하고 몇 가지 상품을 구입했다.

수입 건강기능식품 전문업체 '헬스타운'

2조는 수입 건강기능식품 전문업체인 '헬스타운'을 방문했다. 헬스타운은 미국, 캐나다, 유럽, 일본 등 해외 브랜드의 각종 건강기능식품을 직접 수입해서 판매하는 일종의 편집매장 같은 곳이었다. 최근에는 인터넷 쇼핑몰을 함께 운영하면서 인터넷 판매량이 부쩍 늘었지만, 서울과 수도권의 웬만한 백화점에는 모두 입점했다. 팀원들은 서울 시내 백화점과 대형 할인점 등 입점 매장 세 곳을 찾았다. 스테디셀러라고 할 만큼 유명한 제품이 먼저 눈에 띄었는데 미국 브랜드의 종합비타민과 영양제, 각종 미네랄 제품이었다.

"정말 종류가 다양하네요. 우리나라 제약회사에서 나오는 영양제는 기껏해야 10종류 안팎일 텐데 미국 브랜드는 영양소별로 소량 포장을 해서 파니 고객들이 선택하기가 훨씬 좋겠어요."

"그렇죠. 예를 들어 아연이 부족한 사람이라면 아연만 사서 복용할 수 있으니 더 효과적이고 경제적이거든요. 헬스타운과 관련해서 블로그나 주부들이 많이 찾는 사이트를 검색해보니까 그런 면에서 고객들의 만족도가 높더라고요."

또 여성, 남성, 중년, 노년, 성장기 어린이, 청소년 등 섭취 대상의 특성에 따라 상품 라인이 나뉜 것도 고객들이 상품을 찾고 선택하는 데 좋은 효과를 주는 것 같았다. 매장을 찾은 고객들은 직원과 상담하면서 적절한 제품을 골랐는데, 상담에 흡족해하는 표정이었다. 직원들은 디자인이 깔끔한 흰색 가운을 유니폼으로 입어 약사 같은 느낌을 주었다.

"헬스타운은 직원교육을 철저히 하는 것으로도 유명하죠. 제품들이 저마다 특성도 다르고 수입품이다 보니 정확한 정보를 요구하는 손님들이 많거든요."

"아무래도 고객 상담 비중이 클 것 같아요. 약은 아니지만 선물용으로 구입하는 경우도 많고 건강을 위해 따로 챙겨먹는 것이니까 복용하는 사람의 상태나 특징을 파악하는 것이 우선이죠."

최근 신상품으로는 북유럽의 장수촌에서 섭취해 화제가 되었다는 연어유 캡슐이나 여성들의 피부미용에 도움이 된다는 감마리놀렌산, 다이어트에 도움이 되는 효소 제품들이 인기 있었다. 고객층도 주부들뿐 아니라 남성들도 적지 않았는데 그만큼 건강관리에 신경 쓰는 사람이 많다는 뜻일 터였다. '선진국의 건강 생활문화의 흐름을 가장 먼저 만날 수 있는 곳'이라는 업체 슬로건이 무색하지 않게 세계 각국의 다양한 생활문화 정보를 담은 안내책자와 팸플릿을 비치한 것도 눈에 띄었다. 직원들은 지나가는 손님들에게 팸플릿과 함께 샘플용 비타민제를 나누어주며 홍보하기도 했다. 자연먹은의 팀원들은 헬스타운 매장에서 보고 느낀 대로 메모를 해가며 벤치마킹 자료를 만들었다.

홍삼 전문업체 '홍삼마당'

마지막으로 찾아간 곳은 홍삼 전문업체인 '홍삼마당'이었다. 프랜차이즈 가맹 사업을 하는 업체라 시내 곳곳에 매장이 있었는데 최근 한두 달 사이에도 신규 매장 다섯 곳이 문을 여는 등 가맹사업이 활발했다. 홍삼은 변종 바이러스 때문에 호재를 누린 대표적 아이템이다. 어른 아이 할 것 없이 집집마다 홍삼을 먹는 가정이 크게 늘었다. 3조는 우선 서울과 경기 지역의 홍삼마당 매장 네 곳을 방문했다. 어떤 제품이 가장 인기가 있는지, 상품구성과 가격대는 어느 정도인지 파악하기로 했다. 서울 강북의 한 아파트단지 매장에 들어서자 다양한 행사 상품과 함께 홍삼에 대한 안내책자가 눈에 띄었다. 점주는 팀원들에게 다가와 먼저 물었다.

"어서 오세요. 어느 분이 드실 걸 고르시나요?"

"네, 저희 식구들이 홍삼을 한 번도 안 먹어봐서요. 면역력 때문에 좀 먹어볼까 하고요."

"그럼 성인용으로 나온 이 홍삼액으로 시작해보셔도 좋겠네요. 체질에 관계없이 가장 무난하게 누구에게나 잘 맞아 홍삼마당 스테디셀러죠. 손님과 남편분이 하루에 두 번 복용하시면 환절기 건강관리나 체력보강, 피로해소에 큰 도움이 될 겁니다. 지금 반짝세일을 하니까 좀 더 저렴하게 구입할 수도 있고요. 이 제품에 익숙해지면 남성분들은 좀 더 진한 엑기스 형태로 드시면 원기회복에 효과가 더 좋습니다."

"그럼 초등학생은요?"

"어린이용으로 나온 제품 중에 가장 반응이 좋은 게 이겁니다. 쓴맛을 최소화했지만 효과는 떨어지지 않아요. 젤리 형태라 먹기도 좋고요, 감기 잘 걸리고 편식하는 어린이들한테 특히 좋죠. 꾸준히 먹이면서 효과 봤다는 주부님들이 많으세요."

상품은 모두 홍삼으로 만들었지만 남성용, 여성용, 어린이용, 중·장년용 등 대상별로 세분되어 있었고 액상, 젤리, 엑기스, 환 등 형태도 다양해 소비자의 선택 폭이 넓었다. 매장 한쪽에는 홍삼추출기를 설치해 고객이 주문하면 바로 제품을 추출해 포장하는 시스템도 운영하고 있었다. 상품을 좀 더 상세하게 살펴보고 주문하겠다는 말에 점주는 안내책자와 함께 샘플용 제품을 쇼핑백에 담아주었다.

다른 지역의 매장에서도 주로 주부들이 방문해 어린이용 제품이나 중년층을 위한 제품을 구입해가는 모습을 볼 수 있었다. 팀원들은 제품 구성을 꼼꼼히 살펴보고 구입한 제품을 직접 시음하면서 맛이나 향을 점검했다.

"다른 곳에서도 홍삼 제품이 나오는데, 우리 것과 비교하면 맛은 확실히 더 대중적입니다. 그만큼 맛을 순화하는 다른 재료가 많이 들어간다는 점을 지적할 수 있을 것 같네요. 하지만 홍삼 함유량이나 품질 면에서는 우리 것이 떨어지지 않으니 이를 부각하는 것도 좋겠습니다."

팀원들은 저마다 방문한 업체의 상황과 상품구성, 특징을 일목요연하게 정리, 자연보감이 도전장을 던질 프랜차이즈 가맹사업의 상품구성에 참고하도록 했다.

모델점 상품 벤치마킹

	유기농마을	헬스타운	홍삼마당
특징	• 다양한 1차식품 구비 • 가격경쟁력 큼 • 소비자 신뢰도 높음 • 품질관리 엄격	• 해외 유명 브랜드상품 직수입 판매 • 세분화된 상품 라인 • 선진국의 유행 도입 • 철저한 직원교육	• 프랜차이즈 가맹사업으로 많은 매장 확보 • 세분화된 상품 라인 • 소비자 인지도 선두
자연보감의 강점	• 대형 마트나 백화점을 찾지 않아도 집 근처에서 구입할 수 있는 유기농 1차식품 • 1차식품을 원료로 한 유기농 가공식품	• 안전한 국내산 상품 • 한국인에게 특히 잘 맞는 상품개발 • 고품질의 홍삼제품 개발	• 가격경쟁력 • 홍삼을 이용한 미용제품 개발

상품종류 선정

벤치마킹을 끝낸 뒤 경쟁업체의 특징을 참고해 자연보감의 강점을 살리는 방향으로 아이템을 선정하기로 했다. 먼저 기존 유통업체에 납품하던 유기농제품 가운데 가맹점에서도 판매할 상품을 추려보았다. 당일 배송·판매해야 하는 신선채소와 과일, 유통기한이 비교적 긴 곡류와 콩, 말린 나물 등이 우선 논의되었다. 팀원들은 가맹사업을 가장 효율적으로 할 수 있는 방법을 선택하는 데 집중했다.

"오이나 상추 같은 채소류를 가맹사업에 포함하는 것이 효과적일까요? 최종적으로는 건강기능식품 전문점을 지향해야 하는데 판매 비중에 비해 관리와 보관이 어려운 상품은 과감하게 제외해야 할 것 같습니다."

"하지만 유기농 신선제품을 로스리더로 하여 고객들을 끌어모으는 효과도 있을 것입니다. '자연보감 매장에 가면 우리 식탁에 꼭 필요한 유기농제품부터 건강을 위해 따로 챙겨야 하는 건강기능식품과 영양제도 모두 있다'는 인식을 심어줘야 하지 않을까요?"

"저도 동감입니다. 벤치마킹 단계에서도 나왔듯이 이제는 '우리 집에서 가까운 자연보감 매장에 가면 하나부터 열까지 우리 가족을 위한 건강식품을 구입할 수 있다'는 생각을 소비자들이 할 수 있게끔 해야 할 것 같습니다. 나중에 사업이 안 정되면 점차 건강기능식품의 비율을 늘려가고요."

그리하여 자연보감 유기농식품의 대표주자라 할 수 있는 콩류, 곡류와 신선채 소가 상품구성 목록에 올랐다. 유기농원료를 이용한 가공식품, 즉 레토르트 포장 반찬과 국, 어린이용 과자와 시리얼 등도 포함시켰다. 한편 유기농 베이커리에 대 한 의견도 나왔다.

"우리밀과 유기농 유지류 등 기존에 우리가 갖고 있는 원료 생산라인을 활용해 유기농 베이커리도 시작해보면 어떨까요? 강남 고급 아파트단지에 있는 몇몇 유 기농 제과점이 최근 크게 성공한 것을 보면 좋은 재료로 만든 제과 제품이 인기를 끌 것으로 보입니다. 빵이나 과자류는 좋은 로스리더가 될 수 있기도 하고요."

"새로운 생산라인을 만드는 것보다 유기농원료 제과업체를 선정해서 납품받는 것이 어떨까요?"

"가격경쟁력이 있다면 그것도 좋은 방법일 것 같네요. 요즘은 건강빵이 대세이 니 호밀빵, 독일식 발효빵, 통밀식빵 같은 제품으로 통일해도 좋겠고요."

"그럼 적극적으로 알아보죠. 우리밀 공급업체 가운데 베이커리 생산도 겸하는 곳을 알고 있습니다. 가격과 생산일정 등을 협의해서 보고하겠습니다."

건강기능식품군에서는 기존 자연보감 브랜드를 달고 판매하는 건강기능식품이 대부분 물망에 올랐다.

"유통업체를 통해 판매한 상품 가운데 베스트셀러인 동충하초와 어린이 성장제품, 홍삼제품 등을 바탕으로 응용상품과 직수입상품 등이 필요할 것으로 보입니다. 이제는 상품구성을 명확히 해야 할 것 같은데요. 동충하초와 어린이 성장제품은 기능 인증을 받지 않은 원료이니 건강지향식품 쪽으로 분류하게 됩니다."

그동안 자연보감 건강기능식품의 이름을 알렸던 어린이 성장 칼슘젤리, 노년층을 위한 실버 라인 등은 품목을 좀 더 세분하기로 했다. 국내산 비타민, 미네랄 영양제와 클로렐라, 글루코사민 등은 협력업체와 다시 조율해 생산과 포장을 개선하기로 하였으며, 프로폴리스와 DHA, EPA 등은 협력업체를 새로 선정해 상품 라인에 추가하기로 했다.

홍삼은 기존에 생산되는 상품을 복용하는 대상별로 세분하는 것이 좋겠다는 결론이 났다.

"요즘 대세는 홍삼인데 남녀노소 누구나 먹는 것이라면 우리도 좀 더 세분해야 할 것입니다. 지금 생산되는 홍삼액과 절편 정도로는 승산을 보기 어렵죠. 어린이용, 남성 전용, 여성 전용, 실버용 정도로 구분해서 어린이용에는 성장을 위한 다양한 영양 성분을 첨가하고, 여성용에는 미용을 위한 한약재를 보충하거나 남성용에는 자양강장 성분 등을 첨가하면 어떨까요?"

"홍삼 패밀리를 만들자는 말씀이군요. 아빠는 자양강장 홍삼, 엄마는 미용 홍삼, 아이는 성장 홍삼. 나쁘지 않은데요?"

"그럼 기존의 원료 공급업체와 생산업체와의 합의가 중요하겠네요. 우리는 홍삼 성분이 다른 제품보다 높다는 것이 장점이라는 걸 잊지 말고 본질에 충실해야 합니다. 가격경쟁력이 있다는 것도 시장에서 인지도를 높이는 데 한몫했기 때문에 갑자기 가격을 올리기는 어렵습니다. 그 점도 참고하시고요."

이렇게 해서 홍삼 제품은 가족을 타깃으로 하여 복용 대상을 세분하기로 했다. 한편 건강지향식품 부문도 다시금 라인을 짜야 할 터였다. 동충하초와 어린이 성장 제품이 포함되고 기존 제품으로는 유기농원료를 이용한 선식과 생식이 있었다.

　"현재 생산라인이 완성단계에 이른 효소제품과 다이어트·미용 라인 제품은 여성 소비자 공략을 위한 제품으로 홍보할 예정이니까 모델점 개점에 맞출 수 있을 것 같습니다. 아무래도 주부들에게는 피부미용, 다이어트, 노화방지 같은 것이 늘 관심사이지요. 설문조사 결과 자연보감에서 이런 제품을 판매할 경우 신뢰를 갖고 구매할 의사가 있다는 고객이 많았습니다."

　"좋습니다. 그럼 건강지향식품에서는 기존의 선식, 생식과 함께 다이어트·미용 라인 제품을 구축해서 앞세웁시다."

　"다이어트, 미용처럼 카테고리를 규정할 수 있는 라인은 이름을 새로 지어 각인하는 것도 좋을 것 같아요. 예를 들어 Slim을 뜻하는 '자연보감 S'에는 다이어트를 위한 보조식품을 배치하고 Beautiful을 뜻하는 '자연보감 B'에는 미용 식품을 넣는 거죠. 자연보감에 가면 'S,' 'B' 제품이 있어 구매할 수 있다는 매장 특징을 만드는 데 절대적인 조건이 될 수도 있고요."

　"괜찮은 아이디어네요. 앞으로 상품군이 더욱 다양해질 테니 내부적으로도 카테고리를 정해서 브랜드처럼 관리하는 것도 좋을 것 같군요. 좋은 생각이 있으면 언제든지 의견을 나눕시다."

　이렇게 해서 상품개발팀 팀원들은 모델점에서 팔리게 될 상품을 선정하고 기존의 생산라인을 정비함과 동시에 새로운 협력업체를 찾아 상품개발에 박차를 가했다. 모델점 개점까지 남은 시간은 한 달 남짓. 상품이 확정되면 프라이스 카드를 제작, 입력하는 과정과 콘텐츠 작성에두 시간이 필요할 터였기에 팀원들은 더욱 바짝 신발 끈을 조였다.

모델점 상품 분류

	유기농식품	건강기능식품	건강지향식품
제품	• 유기농 재배 채소 • 유기농 재배 곡식 • 유기농원료로 만든 가공식품 • 유기농원료로 만든 베이커리 제품	• 홍삼 제품 • 비타민, 미네랄 • 종합영양제 • 클로렐라 • 글루코사민 • 프로폴리스 • DHA, EPA	• 동중하초 • 어린이 성장 제품 • 선식, 생식 • 효소, 효모 • 다이어트, 미용 제품 (자연보감 S, B 라인)

가격정책

경쟁사 상품조사를 하면서 가격조사도 병행하였을 것이다. 단순히 선발업체와 동일한 가격체계로 진입한다면 실패할 수도 있다. 경쟁사는 이미 몇 년간 브랜드 이미지를 만들어왔기 때문에 경쟁사 뒤만 쫓아가는 게 된다. 같은 가격이라면 고품질이고 같은 품질이라면 싸다고 하는 것은 척도가 애매하므로 획기적이지 않는 한 고객이 알아주지 않는다. 후발업체를 선발업체와 비교하는 것은 당연하지만 가격은 고객이 지불하는 상징이므로 자연보감 점포 운영비용이 구체적으로 얼마나 되는지 토털 조직으로 비용 산출을 검토하는 것이 중요하며 그 결과 경쟁사와 비슷한 가격이 된다는 생각으로 가격을 결정해야 한다.

많이 보는 사례이지만 우수한 입지에 효능이 뛰어난 상품을 구비하고 실력 있는 운영자가 개점하였지만 처음에는 고객이 반짝 모여들다가 시간이 지나면 줄어드는 경우가 있다. 고객을 위한 상품구성, 가격정책을 하지 않았기 때문이다.

서비스

고객 서비스

자연보감 TF팀원 중 맥세스컨설팅 점포운영 컨설턴트와 자연보감 매장관리 담당은 모델점에서 고객들에게 어떤 서비스를 어떻게 제공할지 고민했다. 유통업체를 통해 상품을 제공하는 것과 달리, 자연보감 제품만 찾아오는 고객이라면 좀더 특별한 서비스가 필요했기 때문이다. 팀원들은 프랜차이즈 사업 실행 과정에서 도출된 콘셉트와 목표를 염두에 두고 세부적인 서비스 항목을 설정하기로 했다.

"우리 매장의 특징을 먼저 생각해보죠. 상품이 다양하지만 건강기능식품 전문점이라는 최종 목표가 있으니까 우리 콘셉트에 맞는 전문성이 드러나야 할 것 같아요. 그래서 가장 먼저 나온 대안이 고객 상담 서비스인데 어떻게 운영하면 좋을지 의견을 나눠봅시다."

"고객 상담은 우리가 출시하는 건강기능식품과 건강지향식품의 정확한 정보 제공으로 시작할 수 있습니다. 고객이 자신의 몸 상태나 특징에 따라 기능식품, 지향식품을 선택하고자 한다면 우리 제품이 어떤 원료로 만들어져 어떤 효과가 있으며 어떤 사람들에게 잘 맞는지 정확히 알고 있어야죠. 예를 들어 30대 여성이 항상 피곤하고 소화가 잘되지 않는다고 말하면서 도움이 되는 제품을 찾는다고 합시다. 원기를 회복해줄 여성용 홍삼 제품도 추천할 수 있지만 소화불량이 심해 체중이 늘고 변비가 생겼다는 내용까지 상담 중에 나온다면 식이섬유나 효소 제품을 권할 수 있겠죠. 피부도 손상될 우려가 있으니 피부미용 제품도 권할 수 있을 테고요."

"상담 공간은 어차피 매장에서 작은 부분이 될 겁니다. 하드웨어보다는 소프트웨어, 즉 모델점 점장(향후 점주의 기능이 됨)이 제품 정보를 얼마나 정확히 숙지하고 고객에게 잘 전달하는지가 관건이겠네요."

"상담을 위한 문진표를 만드는 것은 어떨까요? 나이, 성별, 식습관, 체중, 알레르기 여부, 건강상 문제점이나 병력 등을 일단 적게 한 뒤 차트화한다면 지속적인 고객관리에 좋을 것 같은데요."

"점주를 선정할 때 영양사를 우대하거나 반드시 고용해야만 경쟁사와 차별화할 수 있을 것 같아요."

"좋은 생각이네요. 고객이 느끼기에도 신뢰감이 더 들 것 같아요."

팀원들은 저마다 의견을 내면서 고객 상담 서비스의 최선책을 찾아갔다.

"차트를 이용하면 입력된 연락처를 활용해 시즌별로 공략할 수 있는 제품을 홍보하기도 좋을 것 같아요. 환절기에는 면역력을 높이는 제품을 섭취하면 좋다, 이런 내용으로 문자 메시지를 보낸다면 꾸준히 건강기능식품을 구매하도록 자연스럽게 유도할 수 있겠죠?"

"그렇군요. 그럼 상담 존에는 기본적으로 모든 제품의 정보가 담긴 카탈로그와 시즌별 행사 상품에 대한 팸플릿이 비치되도록 해야겠어요."

"자, 그럼 상담 존에는 카탈로그와 팸플릿 그리고 고객 상담 차트를 항시 구비해놓도록 합니다. 차트는 문서로 보관하는 것은 물론 전산화해서 정리하면 일정에 맞는 홍보 문구나 기념일 축하 메시지 등도 수월하게 보낼 수 있을 것입니다. 모델점에서는 지정된 점주와 상근 직원에 대한 상담교육을 개점 전에 마치도록 하겠고요."

점주가 고객을 직접 응대하며 상담하고 제품을 안내·선택하도록 하는 시스템은 건강기능식품 전문점이라는 타이틀에 꼭 필요한 서비스였기에 모두 열의를 갖고 의견을 냈다. 다음은 샘플 제공과 관련해 의견을 나누었다.

"샘플 제공에 대한 의견이 나왔는데 그동안 전혀 진행해본 적이 없으니 어떻게 하면 좋을지 이야기해보죠."

"사실 건강기능식품은 샘플을 한두 번 먹어본다고 해서 바로 효과가 나타나지는 않습니다. 다만 나에게 생소한 건강기능식품이거나 한 번도 먹어보지 않은 제품일 경우 냄새나 질감 등의 작은 요소가 구매 여부를 결정할 수 있을 것입니다. 따라서 샘플 제공이 가능한 홍삼류, 선식이나 생식, 비타민, 효소 같은 제품은 포장 디자인도 특별히 신경 써서 매장에서 구매한 고객, 상담받은 고객 위주로 제공하면 어떨까 합니다."

"아예 개점 행사를 할 때 샘플을 함께 증정해도 좋을 것 같은데요?"

"그렇군요. 좋습니다. 상품팀과 협조해서 샘플 제작이 쉬운 것들부터 샘플을 만들어 개점일에 맞추도록 하죠."

그동안 자연보감은 고객 제공용 샘플을 따로 제작하거나 배포하지 않았으나 가맹사업을 일으키기 위한 모델점 운영 기간에는 적극적으로 추진하기로 했다. 새로 출시되는 상품들이 많아서 샘플 제공 효과도 기대할 만했다.

"다음은 건강 문화 정보 매거진 제작입니다. 우리의 새로운 사업 목표에 따라 건강 생활문화를 이끌고 더 많은 사람에게 유용한 생활 정보를 제공함으로써 기업 이미지를 새로이 하고자 매거진을 제작하는 것이 어떻습니까?"

"생활 정보 매거진이라면 정기적으로 취재하고 매월 또는 시즌별로 인쇄·배포해야 하는데 모델점 운영 기간에 효과를 거둘 수 있을까요?"

"유명 화장품기업이나 식품회사에서는 자사 제품을 홍보하는 기사들을 토대로 매거진을 제작하기도 하지요. 가맹사업이 확대된다면 충분히 좋은 반응을 얻을 것 같은데, 지적하신 대로 모델점 운영 기간을 위해 매거진을 발행하는 것은 투자 대비 무리가 있을 것 같습니다. 그 대신 홈페이지를 통한 웹진을 발행하면 어떨까요?"

"그것도 좋은 생각이네요. 웹진을 받고 싶어하는 고객들에게 이메일로 발송하고 홈페이지에는 따로 섹션을 만들어 정기적으로 업데이트하면 효과가 더 클 수도 있습니다. 어차피 홈페이지는 만들어야 하잖아요? 웹진을 한 번만 제작해서 올리면 주요 포털사이트 자연보감 블로그에서도 공유할 수 있으니 더 빠르게 확산될 것입니다."

쏟아지는 건강 생활 정보 가운데 꼭 필요한 것만 걸러내 제품 홍보를 뒷받침하도록 활용하는 것도 좋은 방법이다. 그러나 팀원들의 의견은 온라인 웹진 운영으로 모아졌다. 시간이나 인력을 투자하는 것에 비해 효과가 훨씬 크다는 것이 대부분의 의견이었다. 실제로 기존 자연보감 제품들에 대한 리뷰나 소비자 평가는 많은 블로그와 인터넷 카페를 통해 빠르게 입소문이 나기도 했다.

"그럼 홈페이지 관리팀 담당자가 웹진을 정기적으로 제작해 업데이트하고 각종 사이트에 퍼뜨릴 수 있도록 매뉴얼을 만들겠습니다. 국내 소식은 물론 해외의 인상적인 건강 생활문화 기사를 빠르게 전달하는 것도 놓치지 말아야 하겠고요. 신제품 정보를 입력할 때 관련 기사, 방송 내용을 갈무리해서 함께 전달하도록 하죠."

매장 운영담당과 TF팀은 며칠 동안 머리를 맞댄 끝에 모델점 운영에 필요한 고객 서비스 부문을 정리했다. 무엇보다 자연보감 건강기능식품 전문점의 취지와 특징을 가장 잘 표현하는 것이 중요했으며, 구매 고객에게는 만족을 주고, 수많은 잠재고객은 매장으로 이끌도록 유도하는 것이 목적이었다.

모델점 고객 서비스

	고객 상담	샘플 제공	웹진 발행
내용	• 점주와 직원은 상품에 대한 이해와 숙지 • 늘 상담 존 운영 • 상담 문진표 작성 • 상품 카탈로그와 팸플릿 항시 비치	• 브랜드 홍보에 효과적인 디자인으로 샘플 제작 • 개점 행사 때 제공 • 상담고객, 구매고객을 위주로 제공 • 신상품 위주로 제공	• 주 1회 홈페이지에 기본 업데이트(필요할 경우 수시로) • 전담자를 배치하여 적극적으로 업데이트 • 국내외 소식, 제품과 관련한 방송, 신문기사 갈무리 • 파워블로그 등 방문자수가 높은 곳에 동시 게시

직원교육

자연보감은 프랜차이즈 사업을 펼치기 위해서 '교육'이라는 새로운 영역이 필요하게 되었다. 지금은 가맹점주 대신 모델점에 투입될 본부 직원들을 대상으로 교육하지만 앞으로 사업이 확장되면 전국의 가맹점주들에게 정기적으로 교육해야 하기 때문이다. 프랜차이즈 사업의 유지와 발전을 위해 본부 담당 직원들에 대한 전문교육도 빼놓을 수 없었다. 자연보감 TF팀원들 중 맥세스 점포운영 담당 컨설턴트와 자연보감 교육 담당은 모델점 개점을 한 달 반 정도 앞둔 시점에서 교육 프로그램을 논의하기 시작했다.

논의에 앞서 교육계획 콘셉트를 만들기 위해 교육훈련의 목적을 명확히 해두지 않으면 안 된다며 맥세스컨설팅 김 팀장이 이야기를 시작했다. 중요한 것은 교육 내용보다 자연보감 비즈니스의 중요성을 얼마나 이해하고 그것을 고객에게 어떻게 구현하느냐에 달려 있다. 예를 들어 가맹점주가 입이 아프도록 청결을 강조해도 거기에는 목표가 없기 때문에 소 귀에 경 읽기가 된다. 즉 자연보감의 경영이념, 비전, 철학을 얼마나 이해하느냐에 따라 자연먹은의 사업이 얼마나 번영할지 결정된다고 해도 지나친 말이 아니다.

"우선 교육 프로그램을 어떻게 수립할지 의견을 모아봅시다. 자연보감 건강기능식품 전문점을 운영하고자 하는 점주와 매장에서 일할 직원들에게 어떤 것이 필요할까요?"

"무엇보다 상품에 대한 이론교육이 확실히 바탕이 되어야 합니다. 상품 카테고리도 여러 가지고 종류도 수십 가지이기 때문에 상품 이론교육과 상품과 관련한 건강 상식, 예를 들어 일반인이 보기에 이해하기 쉬운 연구 자료나 책자를 활용하면 좋겠죠. 이런 자료를 교육용 책자로 만들어서 배포하는 거죠."

"요즘 고객들은 상품이 어떻게 만들어지는지에 대해서도 궁금해합니다. 이에 대해 점주는 알고 있어야 할 것 같은데, 그런 차원에서 공장 견학을 하루 정도 실습에 포함시키는 것은 어떨까요? 대표 상품군을 위주로 해서 현장 체험을 하게 하는 것이죠."

판매하는 사람도 상품이 어떤 재료로 어떻게 만들어지는지 정확히 알고 있어야 손님들의 다양한 요구에 응대할 수 있을 것이라는 뜻에서 나온 의견이었다.

"상품 판매에 대한 지식 습득도 중요하지만 우리 매장의 특징은 고객 상담 아니겠습니까? 상담 실습도 따로 해야 할 것입니다. 상황에 따른 고객 응대 방법이나 효율적인 상담 기술은 책을 본다고 알 수 있는 게 아니겠죠. 직접 해보는 것이 열 번 듣는 것보다 나을 겁니다."

"상담 실습은 어떻게 하면 좋을까요? 가상으로 상황을 주고 직접 해보자는 말씀인가요?"

"그렇습니다. 실습교육 시간에 교육 담당자와 역할극을 하는 거죠. 어떤 상황을 줄지는 본부 차원에서 프로그램을 해야 하고요. 그리고 이를 비디오로 촬영하여 본인이 자기 모습을 확인하고 어떤 점이 잘됐는지, 어떤 점을 개선해야 하는지 확인하는 겁니다."

팀원들은 저마다 의견을 냈다. 모델점에 투입될 직원도 그렇지만 일반인인 예비 가맹점주가 매장을 운영하려면 작은 것부터 꼼꼼히 교육해야 한다는 것이 중론이었다.

"그럼 가맹점주 교육은 크게 상품교육과 상담교육으로 나누면 될까요?"

"매장 운영교육도 필요할 것 같습니다. 본부의 가맹점 계약부터 운영 시스템은 물론 주문과 발주, 재고관리, 매출관리 등 운영 면에서도 일괄 시스템이 갖춰질 테니 가맹점주는 이를 숙지해야 하고요."

"그런 내용은 이론교육과 함께 모델점에서 일정 기간 실습하면 어떨까요? 물론 모델점에 투입될 직원들은 해당사항이 없겠지만 모델점을 점주와 직원교육의 실습현장 차원에서 활용하면 좋을 것 같습니다. 예비 가맹점주들에게도 더 큰 신뢰를 줄 수도 있을 거고요."

팀원들은 이렇게 의견을 모아 교육 프로그램을 정리해보았다.

교육 프로그램 전략

	상품이론	고객 상담	매장 운영
내용	• 상품 카테고리 분류 • 상품별 원료, 특징, 효과 숙지 • 상품에 대한 점주용 교육책자 제작·활용	• 이론교육 • 실습(Role Play) • 비디오 촬영을 통한 실습 리뷰와 평가	• 운영 매뉴얼 • 가맹계약 • 모델점에서 실습

가맹점주들의 교육을 담당할 직원은 모든 부문에 대해 자료를 준비하고 프로그램을 운영할 예정이었다. 본부 직원교육은 경영, 마케팅, 서비스, 관련 법률 등 분야별로 외부 전문강사를 영입해 정기적으로 실시하기로 했다. 본부 직원들 역시 프랜차이즈 시장의 흐름과 유행, 가맹사업법 등 사업 운영에 필수적인 사항을 놓치지 말아야 하기 때문이다. 모델점 개점 전, 직원교육은 서 대표와 맥세스컨설팅의 컨설턴트가 담당하기로 했다. 그동안 프랜차이즈 기업을 컨설팅하면서 사업 전에 반드시 숙지해야 할 사항을 일목요연하게 정리하여 3일간 진행할 예정이었다. 그리고 가맹점 관리를 직접 맡을 슈퍼바이저 교육은 좀 더 철저한 준비가 필요했다. 서 대표는 슈퍼바이저 교육에 대해 따로 강사를 영입하는 의견을 제시했고 경험이 풍부한 강사를 섭외해 외부 실습과 함께 전문교육을 받게 하기로 했다.

한편 점주 교육 프로그램 전략에 따라 구체적인 실행안이 곧 도출되었다. 비디오, 책자 등 다양한 자료를 활용하고 교육을 통해 모든 과정을 직접 해보는 것이 원칙이었다. 또 OJT(직장 내 실무교육)를 통해 '셀프 리더십'을 육성하는 것을 목표로 삼았다. 이는 점주들이 오너로서 자부심을 가지고 수익을 창출하는 힘을 기르게 하기 위한 것이었다. 팀원들은 이런 취지 아래 교육 효과를 극대화하고 본부와 가맹점주가 원활하게 소통할 수 있는 방향으로 실행안을 만들었다.

"가맹점주 교육에 대한 실행안은 다음과 같습니다. 팀원들의 의견을 골고루 반영해 현실적인 것만 추렸습니다. 앞으로 점주 교육을 담당할 직원은 과장입니다. 한 과장은 모델점 개점에 앞서 모델점에 투입될 점주와 직원에게 우선적으로 교육 프로그램을 적용해 그 결과를 팀장에게 보고해주기 바랍니다."

교육 프로그램 실행안

구분	내용
가맹점주 교육 프로그램 목표	가맹점주는 본부의 경영이념과 사업 목표를 이해하고 가맹점을 운영하면서 수익 창출과 고객만족을 실현한다. • 세부교육 프로그램 별첨
가맹점주 교육방법	• 비주얼 교육 활용(예: 생로병사의 비밀 등) • 필독도서(과자의 유혹, 인체생리) 읽고 독후감 제출 • 역할극을 통한 상담 능력 배양 • 이론교육(4일), OJT(7일), 전문지식 교육(3일) • 사내강사 육성 프로그램 준비 • 과제물 부여, 평가를 통한 학습 효과 증대 • 계약서, 운영 매뉴얼에 기초한 교육 시스템
교육장 준비	• 강의장: 자연보감 본부 내 교육장 • OJT: 유통업체에 입점한 매장 활용
행정사항	교육비용, 준비물 소요 예산 산정
교육평가	• 평가 기준 확립: 근태, 학습태도 등 • 평가불량자 재교육(추가 비용) 계약
OJT	• OJT 교육일정 수립 • OJT 평가 툴 준비
고객관리	분쟁 사례집 준비(관련업계, 기존 자연보감 운영)

개점을 20일 앞두고 팀장 지시에 따라 모델직영점에 투입할 점장과 직원들 교육을 할 예정이었다. 팀원들은 각종 교육자료를 꼼꼼히 숙지하고 상담 실습을 병행했으며 OJT에도 참여했다. 교육평가는 모델점의 평가와 함께 할 예정이었다.

개점 판매촉진 준비

운영팀의 마지막 과제는 개점 이벤트였다. 팀원들은 개점을 한 달 남짓 앞두고 본격적으로 아이디어 모으기에 돌입했다. 그동안 유통업체를 통해 신상품을 출시할 때나 이벤트를 준비했기 때문에 '개점 이벤트'는 팀원들에게도 조금 낯선 부분이었다.

"점포를 신규로 개점하니 먼저 상권 안에 고지하고, 내점 고객에게 자연보감 점포의 특징을 인지시키며, 내점한 고객을 다시 오게 하는 것인데 주변에서 본 것 가운데 인상적이었던 개점 이벤트에는 어떤 것들이 있었는지 이야기해보면 어떨까요? 저는 도우미를 두고 스피커, 확성기를 이용해 시끄럽게 주의를 끄는 것은 배제하고 싶습니다. 우리 매장은 비교적 차분하고 고급스러운 이미지잖아요."

"저도 동감입니다. 아무래도 건강식품을 판매하는 곳이니까 시식은 빠지면 안 될 것 같아요. 저희 동네에 청과물가게가 문을 열었을 때 행운의 글귀와 함께 전화번호를 새긴 사과를 한 알씩 포장해서 나누어주던 게 생각나네요. 고객이 한 번이라도 더 상호와 전화번호를 인식할 수 있는 방법을 이벤트에 녹였으면 합니다."

팀원들은 맥세스컨설팅에서 제안한 개점 이벤트안을 참고해 자유롭게 의견을 주고받으면서 내용을 정리해나갔다.

"개점 때 어떤 고객층이 가장 많이 올지 생각해보죠. 모델점의 위치를 감안했을 때 주변 아파트에 거주하는 주부들, 엄마 손을 잡고 따라온 아이들을 예상할 수 있죠. 아이들에게는 상호와 전화번호가 새겨진 풍선에 어린이용 비타민 젤리를 사탕처럼 묶어 매달아주면 어떨까요? 풍선 색은 우리 매장의 기본 콘셉트인 흰색, 녹색, 황토색으로 하고요. 참, 풍선 아치를 만들어 매장 앞에 세우는 것도 눈에 잘 띌 것 같네요."

"좋은 생각이군요. 그런데 주부들이 주 고객인 만큼 확실한 증정품이 필요합니다. 가장 일반적인 것이 장바구니, 밀폐용기, 주방용 바구니 같은 것들인데, 자연보감 매장의 취지와 이미지를 가장 잘 살릴 수 있는 게 뭘까요?"

"아무래도 친환경의 뜻을 살리면 좋을 것 같아요. 그런 의미에서 장바구니는 적절하겠고요. 나무로 만든 다용도 그릇이나 재활용 종이로 만든 전화번호 수첩 같은 것은 어떨까요?"

증정품은 고객 서비스 차원에서 제공할 뿐만 아니라 소비자로 하여금 매장을 지속적으로 인식하게 하는 효과가 있어야 했다. 또 생활에 유용해야 자주 사용하므로 단순히 모양이나 색만 예뻐서는 안 되었는데, 여성 팀원들의 의견을 적극 반영한 결과 장바구니로 의견이 모였다.

"역시 장바구니가 낫겠어요. 그릇은 깨지거나 쓰지 않으면 처박혀 있기 일쑤지만 장바구니는 집에 몇 개씩 두고 크기에 맞게 사용하니까요."

"요즘 폐현수막을 이용해 만드는 장바구니가 있더군요. 자원절약, 환경보호 차원에서 아주 좋은 일이라고 생각하는데 그걸 활용하면 어떨까요? 폐현수막을 세척해 색깔을 녹색 톤으로 입혀서 상호와 전화번호를 새기면 좋을 것 같습니다."

"찬성입니다. 전단지에도 '폐현수막을 재활용한 에코 장바구니'라고 넣어서 홍보하면 좋겠어요."

이렇게 해서 방문고객에 대한 증정품은 폐현수막을 재활용한 장바구니로 결정됐다. 우선 1,000개를 제작해 개점일부터 소진될 때까지 증정하기로 했다. 다음은 시음·시식용 상품에 대한 지원 내용이었다. 샘플 제공과 별도로 가장 활발하게 프로모션 중인 상품 두세 가지를 개점 행사 기간에 매장 밖에서 제공하는 행사였다.

"시음·시식 상품으로는 어떤 것이 좋을까요? 아무래도 요즘 가장 인기 있는 홍삼액이 들어가야 하겠죠. 참, 유기농 베이커리가 추가되니까 빵 시식을 하면 좋겠네요. 빵은 시식에서 판매로 이어지는 확률이 높은 상품이잖아요."

"어차피 우리가 파는 빵은 즉석에서 굽는 것이 아니라 완성품을 가져다 판매만 하는 것이니까 더 적극적으로 홍보할 필요가 있을 것 같아요. 유기농 빵을 잘라서 시식대를 마련하되 시간대는 오후에서 저녁 무렵이 좋겠어요. 저녁시간에서 퇴근 무렵에 빵을 가장 많이 사거든요."

"그럼 오전에서 낮 동안은 홍삼액을 종이컵에 담아 나눠주는 시음대를 운영하고 오후에는 빵 시식대를 만들자는 거군요. 다른 상품은 없을까요?"

"상품팀에서 적극적으로 밀고 있는 것 가운데 하나가 다이어트·미용 건강지향 식품입니다. 다이어트용 과립 상품, 미용 감식초는 샘플을 예쁘게 만들어서 여성들에게 적극적으로 배포하면 좋을 것 같습니다. 매장 앞뿐 아니라 인근의 피트니스클럽과 피부미용실 근처에서 일정 시간 배포하는 것도 방법이 되지 않을까요?"

"그럼 일정 기간 협력해서 피트니스클럽, 피부미용실 안에 홍보 전단지와 샘플을 비치해두면 어때요?"

"그것도 좋겠군요. 우선 피트니스클럽과 피부미용실, 가장 가까운 문화센터와 노인복지관에도 비치할 수 있는지 알아보세요."

증정품과 관련한 이벤트 외에도 개점 기념 할인행사도 진행하는 것이 고객들을 확실히 끌어모을 수 있는 방법이었다. 할인행사는 로스리더를 중심으로 선정해 물량에 따라 상품팀과 함께 추진하기로 했다. 또 개점일이 정해지면 홍보 전단지가 제작되어 주변 아파트와 상가마다 배포될 예정이었다. 홍보 전단지에는 개점일과 매장 위치, 할인행사, 증정품, 시식행사 내역 등이 모두 들어가고 간격을 두어 두 차례 배포하는 것으로 결정했다. 증정품 제작과 시식행사 품목이 결정된 뒤 개점 당일 행사 진행 내용도 정해졌다. 개점식 사회자는 박 팀장, 테이프 커팅은 허 사장, 사진 촬영은 김 대리 등이었다. 개점 이틀 전에는 모든 인원이 모델점을 방문해 예행연습을 하기로 했다.

개점 이벤트 계획

	증정품	시식 · 시음	기타
내용	• 폐현수막으로 만든 '에코 장바구니'(장바구니의 특성을 반드시 홍보하여 사업의 취지를 살릴 것) • 1차 제작량: 1,000개(소비자 반응에 따라 추후 계획 설정)	• 오전~낮 시간대: 홍삼액 • 오후~저녁 시간대: 유기농 베이커리 • 다이어트, 미용 상품 샘플 배포 • 1차 계획대로 진행하고 소비자 반응에 따라 시식·시음 품목 변경 가능	• 어린이용 풍선과 칼슘젤리 증정 • 피트니스클럽, 피부미용실, 문화센터에 전단지와 샘플 비치 • 아파트, 상가에 전단지 배포(2회) • 가격 할인행사: 유기농식품과 홍삼액, 유기농 베이커리 상품

시스템

매장관리 시스템

'효과적인 매장관리라. 지금은 모델점 한 곳이니까 문제가 생겨도 금방 처리할 수 있겠지만 가맹사업을 한다고 하면 전국 각지에 수십, 수백 개 매장이 될 수 있다. 그럼 본부에서 많은 가맹점을 일괄해서 관리할 시스템이 필요할 텐데 어떤 것이 효율적일까?'

FC팀이 출범한 뒤 바쁘게 움직이기 시작한 또 한 사람은 시스템을 담당하게 된 정 과장이다. 그는 매장관리 시스템을 어떻게 도입할지 고민이 많았다. 그러던 중 서 대표가 직원들에게 보내주었다는 자료 메일이 떠올랐는데 우수 프랜차이즈 기업의 성공 요인 가운데 'POS(판매시점관리) 시스템 도입'이 머릿속을 스쳤기 때문이다. 정 대리는 곧 POS 시스템을 비롯한 매장관리 시스템에 대해 더 많은 자료를 찾아보기로 했다. 검색해보니 이미 많은 프랜차이즈 기업들이 이런 시스템을 구축, 매장관리의 효율성을 높이고 있었다.

규모가 큰 기업은 자체적으로 예산을 들여 시스템을 구축하기도 하지만 그렇지 않을 경우 전문 시스템 기업에 의뢰해 시스템을 대여하는 형식으로 사용할 수도 있었다. 정 대리는 서 대표와 만나 매장관리 시스템을 어떻게 구축할지 의견을 나누기로 했다.

3일 뒤, 정 과장은 자연먹은 TF팀에 2개월간 합류하였다. 그동안 지원부서로서 지원만 했는데 이제는 팀원이다 보니 각오가 남달랐다. TF팀 주간회의에 참석한 날 서 대표가 정 과장에게 말했다.

"지금은 각자 역할 분담을 해서 일을 진행 중이라 서로 얼굴 볼 시간도 많지 않네요. 그래도 시스템 부문에 대하여 TF팀과 적극적으로 상의해주셨으면 합니다."

"그렇지 않아도 협력업체를 물색 중이었습니다. 어차피 지금 우리는 모델점을 통해 먼저 테스트하려는 것이니 전사적 자원관리 프로그램(ERP)을 자체적으로 구축하기에는 시간도 부족하고 예산도 한정돼 무리가 있습니다. 아무래도 모델점과 초기 가맹점 운용을 위한 시스템을 전문기업에 의뢰, 임대하는 방식(ASP)으로 시범 운영을 먼저 하는 것이 순서일 것 같군요. 나중에 사업이 안정되면 자체적으로 시스템을 개발한다거나 ERP를 구축하면 될 것이고요."

"그럼 먼저 모델점 매장관리용으로 사용할 시스템을 제공해줄 업체를 찾아야겠네요. 정 과장이 아무래도 유능한 업체를 잘 알고 계실 것 같은데요."

"POS 시스템이라면 개발·운영 업체들이 아주 많습니다. 그 가운데서 주로 프랜차이즈 기업의 POS 시스템을 개발하고 관리해주는 업체 몇 곳과 접촉해보지요. 최소 투자로 최대 효과를 누리는 것이 목표이기도 하니까 업체 몇 군데를 알아보고 최선의 조건에서 계약합시다."

정 과장은 자연먹은 모델점을 이해하고 효율적인 POS 시스템을 제공해줄 업체를 찾아보았다. 모델점 운영 기간에 시스템을 빌려주고 문제가 생길 경우 즉각 관리해야 하므로 능력이 검증된 업체여야 했다. 그렇게 해서 1차로 선정된 업체는 중소형 프랜차이즈 기업을 주로 담당하는 A업체와 우리나라 POS 시스템의 선두주자인 B업체였다. 서 대표와 정 과장은 곧 두 업체 담당자와 만나 업체별로 어떤 장단점이 있는지 따져보기로 했다.

닷새 뒤, A업체와 B업체는 자신들의 시스템 내용을 가지고 자연먹은 담당자들과 프레젠테이션을 했다. 두 업체 모두 서로 운영체계가 비슷했지만 그 안에서도 좀 더 효율적인 것을 선택하는 게 서 대표와 정 과장의 임무였다.

매장관리 시스템 후보 업체 비교

A업체	B업체
• 전사적 프랜차이즈 경영관리 시스템 구축:그룹웨어, 계약관리, 개점관리, 가맹점관리, 물류관리, 캠페인관리, 슈퍼바이저지도관리 • 프랜차이즈 본부와 가맹점을 잇는 인터넷 기반 통합정보 시스템 연결구축과 운영 • 고객 정보 기반의 구매 패턴 분석 • 입출금과 카드 결제 관리 • 물류, 수·발주, 재고 관리 • 애프터서비스 전담인원, 콜센터 운영	• 프랜차이즈 본부와 가맹점을 잇는 통합정보 시스템 '와우포스' 구축과 운영 • 물류, 수·발주, 재고 관리 • 단골 고객 분석 프로그램 운영 • 전자 카탈로그 제공 • 프랜차이즈 사업확장 시 자체 ERP 개발 협력 • 애프터서비스 전담인원, 콜센터 운영

B업체는 규모가 있는 만큼 A업체보다는 규모가 좀 더 큰 사업을 위주로 했다. 그렇다 보니 아무래도 세세한 부분의 서비스는 A업체보다는 적은 편이었다. 그

러나 자연먹은이 현재 모델점을 준비하고 운영하는 과정이 끝난 이후 ERP를 자체적으로 구축할 경우 우선 협력하겠다는 뜻을 밝혔다.

A업체는 전국적으로 다양한 업종의 프랜차이즈 가맹점에 시스템을 대여해주는 곳인 만큼 매장에서 부담하는 사용료가 비교적 적은 편이었다. 또 입출금은 물론 카드 결제와 수·발주, 재고 관리까지 세세한 부분의 서비스를 제공해 유용할 듯싶었다.

"서 대표님은 어떠십니까? 저는 아무래도 A업체가 끌리는데요. 다른 프랜차이즈업체를 검색해보니까 A업체의 통합정보 시스템을 많이 사용하더라고요. 실제로 가맹점주들의 만족도도 높은 편이고요."

"박 팀장님께서 그렇게까지 알아보셨다니 마음이 놓이네요. 제가 보기에도 본부경영관리 측면에서도 그렇고 세부 서비스도 그렇고 A업체 쪽이 가맹점주가 활용할 만한 편리한 기능이 많은 것 같습니다. 정 과장님은 어떠신가요?"

"A업체가 가져온 단말기 샘플을 봤는데 부피도 크지 않으면서 사용하기 쉽게 되어 있더군요. B업체는 아무래도 기업 ERP 구축을 주로 하다 보니 현재의 자연먹은과는 잘 맞지 않는 것 같습니다. 가격 부담도 무시할 수 없고요."

"그럼 A업체로 선정하지요. 팀장님께서 허 사장님에게 결재 받아주시면 바로 계약하겠습니다. 상품 리스트가 확정되고 가격이 책정되는 대로 마스터 입력을 해야 하니 상품팀과 긴밀하게 협조하시기 바랍니다. 우리가 POS 시스템을 도입하는 이상 앞으로 자연먹은의 모델점과 모든 가맹점의 점주들은 어떤 예외도 없이 상품의 입출고와 판매에 대해 POS 등록을 의무화하는 것이라고 생각하면 됩니다. POS를 선택적으로 한다면 가맹점의 제품 사입이나 세금 신고 누락 등 불미스러운 일이 있을 수 있기 때문이죠. 이를 누락할 경우 페널티를 준다는 것을 명시해야겠습니다. POS 시스템이 본부와 가맹점 모두에게 이로우려면 본부의 노력

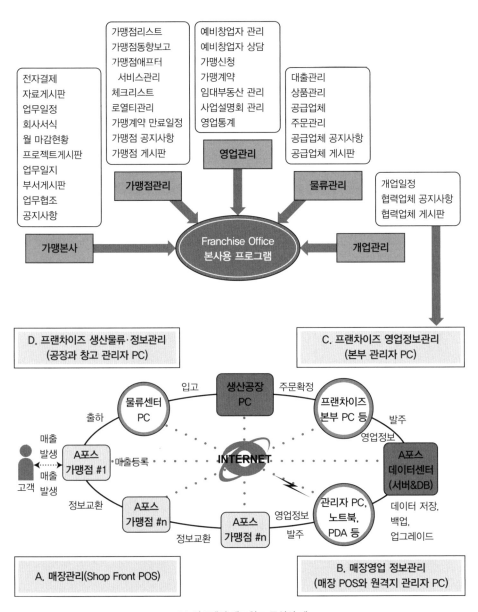

전자결제
자료게시판
업무일정
회사서식
월 마감현황
프로젝트게시판
업무일지
부서게시판
업무협조
공지사항

가맹점리스트
가맹점동향보고
가맹점애프터
 서비스관리
체크리스트
로열티관리
가맹계약 만료일정
가맹점 공지사항
가맹점 게시판

예비창업자 관리
예비창업자 상담
가맹신청
가맹계약
임대부동산 관리
사업설명회 관리
영업통계

대출관리
상품관리
공급업체
주문관리
공급업체 공지사항
공급업체 게시판

개업일정
협력업체 공지사항
협력업체 게시판

영업관리

가맹점관리

물류관리

가맹본사

Franchise Office
본사용 프로그램

개업관리

D. 프랜차이즈 생산물류·정보관리
(공장과 창고 관리자 PC)

C. 프랜차이즈 영업정보관리
(본부 관리자 PC)

물류센터
PC

생산공장
PC

프랜차이즈
본부 PC 등

입고

주문확정

출하

발주

영업정보

매출
발생

매출
발생

A포스
가맹점 #1

매출등록

INTERNET

A포스
데이터센터
(서버&DB)

고객

정보교환

A포스
가맹점 #n

A포스
가맹점 #n

관리자 PC,
노트북,
PDA 등

영업정보

데이터 저장,
백업,
업그레이드

정보교환

발주

A. 매장관리(Shop Front POS)

B. 매장영업 정보관리
(매장 POS와 원격지 관리자 PC)

POS 시스템의 네트워크 구성의 예

이 먼저 뒷받침되어야 한다는 것도 기억하시기 바랍니다."

박 팀장과 정 과장은 서 대표의 말에 고개를 끄덕였다. 이렇게 하여 자연보감 건강기능식품 모델점에서는 A업체의 통합정보 시스템인 '프랜차이즈오피스'를 이용, 웹을 통해 본부와 공장, 물류창고, 매장을 연결하는 길을 마련하게 되었다. 비록 작은 단말기지만 어떤 물건이 얼마나 입고되어 매장에서 언제, 어떤 물건이 어떤 고객에게 판매되었는지 정보가 차곡차곡 쌓여 실시간으로 업데이트됨으로써 본부에서 물량을 조절하고 행사를 기획하는 데 도움을 받을 터였다. 또 매장에서는 입출금 계산과 현금영수증 처리, 신용카드 매출관리 등을 신속하고 정확하게 할 뿐 아니라 수·발주, 재고 관리도 편리하게 할 수 있으며, 초기부터 프랜차이즈경영관리로 프랜차이즈 기업을 구축하는 데 많은 도움이 될 것이다.

한 달 뒤, 상품팀에서 모델점에 들어갈 상품을 확정했다. 정 과장을 비롯한 시스템 담당 직원들은 상품팀에서 받은 리스트와 가격표를 바탕으로 마스터 등록을 진행했다. 우선 대분류가 필요했기에 상품 카테고리를 나눠보았다. 크게 건강기능식품, 건강지향식품, 유기농식품, 자연식품 네 가지로 나누고 하위 상품들을 등록했다. 본부에서 지정한 상품과 코드번호, 가격으로 마스터 등록을 하고 매장에서는 본부로부터 납품받은 제품을 매장 POS에 등록하면 웹서버를 담당하는 본부 담당자와 매장의 점주는 언제 어디서나 매출, 물류 정보를 열람할 수 있는 방식이었다. 인터넷을 토대로 하는 시스템이라 이용 허가 대상은 매장뿐 아니라 집이나 외부에서도 컴퓨터만 있으면 사이트에 접속, 로그인한 뒤 언제든지 자료를 열람할 수 있었다.

모델점에서는 우선 이 시스템을 사용해보고 장단점을 평가해 가맹점이 늘어날 경우 보완해야 할 점을 파악하는 것에 가장 큰 목적을 두기로 했다. 정 과장은 A업체와 지속적으로 접촉하며 본부 서버 구축을 진행하고 모델점 운영 기간에 관리를 전담하기로 했다. A업체에서는 교육을 담당하는 직원을 파견해 매장 담당 직원을 대상으로 사용법과 주의사항을 안내할 예정이었다. 직원교육 과정에 매장관리 시스템 숙지와 실습이 포함되어야 했으므로 정 과장은 일정에 맞춰 마스터 등록을 끝내기로 했다.

조직

모델점 운영을 위한 인력 확보

점장과 직원   자연먹은 안에서는 모델점 설정과 개발에 착수하면서 곧바로 점포운영 조직을 꾸렸다. 기존 직원들 가운데 프랜차이즈 개발 사업에 관심 있는 직원들을 선발해 일의 능률을 높였으며, 매장, 상품, 서비스, 시스템 등 분야별로 2개월 동안 모델점 개점 준비와 개점 이후 직접 매장을 운영하기 위한 인력은 별도로 갖춰야 했다. 지금까지 자연먹은에서는 매장 운영을 담당하는 직원을 선발한 적이 없기 때문에 박 팀장은 어떤 기준으로 어떤 직원을 모델점 점장, 직원으로 골라야 하는지 고민이 앞섰다. 모델점 개점까지 2개월 정도 남은 시점에서 박 팀장은 자연먹은 TF팀 주간회의에서 맥세스컨설팅이 제안한 내용을 토대로 서 대표에게 다시 한 번 검토를 받기 위해 전화를 걸었다.

"여보세요? 서 대표님, 저 자연먹은 FC팀의 박 팀장입니다. 모델점 운영 인원 확보와 관련해서 의논을 했으면 합니다."

다음 날, 서 대표가 FC팀을 찾았다. 박 팀장은 나름대로 다른 기업의 운영 형태를 조사한 자료를 앞에 두고 서 대표와 의견을 나누었다.

"맥세스컨설팅에서 제안한 것처럼 내부적으로 먼저 신청자를 받아서 자질을 검토한 뒤 선발하는 방법이 어떻겠냐고 허 사장님께서 말씀하시는데, 문의해온 사람은 있어도 신청자는 아직 없네요. 어떻게 하면 좋을까요?"

"모델점 점포는 이미 선정됐고 인테리어 시공업체도 정해졌지요. 이제 모델점의 '가맹점주' 역할을 할 점장이 필요하겠군요. 아무리 늦어도 개점 한 달 전부터는 점장이 점포를 수시로 점검하면서 돌아가는 사항을 모두 파악해야 합니다. 그리고 개점 20일 전에는 교육 프로그램에 따라 모든 교육 프로그램을 이수하고 평가받아야 하고요. 그러려면 하루빨리 인원을 선발해야겠네요. 제 생각에는 아무래도 FC팀의 팀원들 가운데 한 분을 점장으로 선발하는 것이 맞을 것 같습니다. 직원은 외부에서 채용하는 방법도 있고요."

"직원을 외부에서 채용한다고요? 아르바이트생 뽑듯이 말입니까?"

"쉽게 말하면 그렇죠. 제가 여러 프랜차이즈 기업을 컨설팅하면서 느낀 것 가운데 하나가 그겁니다. 매장 직원은 본부에서 뽑아주지 않는다는 것. 직원이 점주 마음에 들지 않을 경우 점주들은 본부에 원성을 쏟아냅니다. 가맹점을 운영하는 점주는 작은 사업체를 이끄는 CEO라고 볼 수 있습니다. 본인이 직원을 채용하는 기준과 안목도 가져야 한다는 것이죠. 자연먹은도 프랜차이즈 사업을 할 때 직원 채용에 대해서는 점주의 권한으로 두기를 바랍니다."

박 팀장은 FC팀원들 중에 누가 적절할지 골똘히 생각해봤다. 자연먹은에서도 젊고 패기 넘치는 직원들로 구성된 팀이라 누구 하나 부족하다는 생각은 들지 않았다.

"팀장님이 보기에 누가 리더십이 뛰어나고 부지런하며 꼼꼼합니까? 물론 직원들의 의사도 중요하지만 모델점은 본부에서 운영하는 매장이므로 업무의 연장선에 있으니 능력을 갖춘 사람이라면 적극 추천해주시기 바랍니다. 점장은 우선 상담 역할이 가장 큽니다. 자연먹은 프랜차이즈 매장은 크게 상담과 판매를 나눠 할 수 있을 텐데, 직원에게 상담을 맡기기보다는 점장이 교육과정에서 습득한 능력을 발휘해 상담을 전담하고 판매는 점장과 직원이 함께하는 것으로 하면 어떨까요?"

"알겠습니다. 우선 저희 TF팀에서 적절하다고 판단되는 직원을 몇 명 추려서 인사팀 자료를 받아 내부적으로 평가해보겠습니다."

"시간 여유가 많지 않다는 것을 명심하시기 바랍니다. 점장은 매장 개업 한 달 전부터는 점포에 전적으로 배치되어 개점의 모든 것을 체크해야 하니까요."

서 대표와 의견을 나눈 박 팀장은 점장 후보 물색에 나섰다. 매장 개발에 참여하고 있는 김 대리, 상품개발 담당인 최 과장, 서비스 담당인 송 차장, 시스템 개발 담당인 정 과장 등이 떠올랐다.

'다들 자기 분야에서 열심히 하고 있고 그동안의 인사고과도 좋은 편이라 우열을 가리기가 어렵군. 참, 며칠 전 회식 때 정 과장이 매장 운영, 관리에 관심을 보였던 것 같은데 따로 얘기를 해봐야겠어.'

시스템 담당 정 과장은 매장관리 시스템 POS를 도입하고 설치하면서 매장 운영에 관심을 많이 갖게 된 것이 사실이다. 프랜차이즈 매장만의 특징이 살아 있으면서도 효율적으로 관리할 수 있다는 점에서 흥미를 느꼈고 편리한 시스템을 바탕으로 매출 상승을 이끌 방법을 찾아야겠다는 생각도 하던 참이었다.

"정 과장, 잠깐 시간 좀 내주게."

박 팀장은 정 과장을 불러 면담을 했다.

"모델점 관리 시스템 선정하느라 바쁘지?"

"아닙니다. 이제 업체 계약이 끝나서 프로그램 설치하고 마스터 입력만 하면 큰일은 끝납니다."

"다름이 아니라 자네가 매장 운영에 관심이 있는 것 같아서 말인데, 알다시피 지금 모델점 점장을 모집하는데 적극적으로 신청하는 직원이 없네. 하지만 어서 점장을 정해야 개점 준비에 박차를 가할 수 있다네. 솔직히 말하지. 나는 자네를 추천하고 싶은데, 어떤가?"

"제가 모델점 점장을 한다고요? 제 역량으로 될까요?"

정 과장은 내심 놀랐지만 한편으로는 도전해보고 싶은 마음도 솟았다. 자신의 마음을 읽고 먼저 제안해준 팀장에게 감사한 마음도 들었다.

"어차피 프랜차이즈 사업이 우리 모두에게 첫 도전이지 않은가? 모델점은 모두 힘을 합해 만들어가고 있고 운영 역시 모두 힘을 모을 걸세. 단지 점장은 모델점에서 본부의 뜻을 실행하는 대표인 셈이지. 어떤가, 해보지 않겠나?"

"팀장님의 의견이 그러시다면 도전해보겠습니다. 그 대신 많이 도와주셔야 합니다."

"하하하. 당연하지. 그동안 자네가 건강기능식품 프랜차이즈 본부에서 점포 운영, 마케팅 담당 업무도 했고 다른 직원보다 적극적인 성격이 두드러진다는 것은 이미 윗선에서도 다들 인정한다네. 곧 보고를 올리고 결재 받는 대로 다시 알려주겠네."

며칠 뒤 박 팀장은 상부의 결재를 받고 모델점 점장으로 정 과장을 선정했음을 모두에게 알렸다. 정 과장은 기존에 맡고 있던 시스템 업무를 다른 직원에게 넘기고 점포 개점의 모든 사항을 파악하게 되었다.

정 과장은 점장 위임을 받은 뒤 매장에서 함께 일할 직원을 선정했다. 가맹점일 경우 점주 권한으로 시간제 형식의 계약 직원을 두게 되겠으나 모델점의 경우 본부 FC팀에서 직접 직원을 선발했다. 박 팀장과 정 과장의 의견을 적극 반영해 구인 공고를 해서 직원을 두 명 뽑아 개점 전 교육부터 함께 참여하기로 했다.

한편 정 과장은 TF팀 맥세스컨설팅 김 팀장과 '점장 업무 매뉴얼'을 작성했다. 자연보감 건강기능식품 전문점을 이끌어나가는 점장으로서 어떤 역할을 이떻게 해야 하는지 스스로 정해보는 것이었다.

'점장 업무 매뉴얼이라. 나 자신도 지킬 수 없는 것을 매뉴얼로 할 수는 없겠지. 점장으로서 반드시 해야 하는 일, 매장 발전을 위해서 해야 할 일을 먼저 생각해보자.'

정 과장은 먼저 본부의 경영철학과 이념을 되새겨보았다.

'본부가 지향하는 이념은 가맹점도 반드시 숙지하고 그 뜻을 함께해야 하겠지. 어느 한쪽만으로는 할 수 없는 게 프랜차이즈 사업이니까.'

자연보감의 경영철학인 '고객만족 실현, 신뢰로 맺는 협력관계, 사회의 모범이 되는 기업'을 맨 위에 적어두고 정 과장은 다시 생각했다.

'점장의 기본 수칙을 만들어보자. 우선 점장은 점포의 최고경영자로 모든 일에 책임을 져야 하겠지. 직원들과의 관계가 원만해야 매장이 잘 굴러갈 테고. 직원과 늘 소통하는 점장이라고 하면 될까? 그리고 고객들에게는 최고의 서비

모델점 점장 수칙과 업무 매뉴얼

• 점장 수칙: 자연먹은 건강기능식품 모델점의 점장
  1) 점포의 최고경영자다.
  2) 점포 안의 모든 일에 책임을 진다.
  3) 직원과 소통하면서 늘 원만한 관계를 유지한다.
  4) 손님에게 최고의 서비스와 상품을 제공한다.
  5) 점포가 지역사회 발전에 기여하도록 노력한다.

• 점장 업무 매뉴얼
  1) 매장관리: 개점, 상품, 매출·매입, 인력
  2) 계획관리: 마케팅, 고객
  3) 본부 연계관리: 교육, 프로모션
  4) 관리에 따라 업무 일람

스와 상품을 제공해야 하고. 가맹점은 지역사회를 바탕으로 운영하니까 지역사회 발전을 저해하는 영업방식은 절대 안 될 테고.'

정 과장은 이렇게 하나하나 항목을 따져가며 모델점을 어떻게 운영해나갈지 정리했다. 또 점장 역할도 정의할 필요가 있었다.

'점장의 역할은 우선 오픈과 점포관리, 인력관리, 상품관리 등이 있겠지. 고객 만족과 매출 상승을 위해서 다양한 프로모션도 계획해야 하고.'

정 과장은 맥세스컨설팅의 매뉴얼 가이드라인에 따라 점장 수칙과 업무 매뉴얼을 작성했다. 모델점 운영 기간에 그들이 정한 매뉴얼은 시험대에 올라 평가 받을 것이며 수정과 보완을 거칠 것이었다. 그리고 앞으로 가맹사업을 하는 데 가맹점주를 위한 매뉴얼로 발전해나갈 터였다.

슈퍼바이저　　한편 슈퍼바이저 선정이라는 숙제가 또 남아 있었다. 프랜차이즈 진입전략 단계에서 도출된 결론이기도 했고 본부와 가맹점을 잇는 중요한 역할 이라는 점에는 누구도 이견이 없었지만 중요한 역할인 만큼 선정하기도 쉽지 않았다. 우선 모델점 한 곳을 운영할 예정이니 모델점을 전담할 슈퍼바이저 한 명을 선발, 운영하는 것으로 의견을 모았다.

점장으로 선정된 정 과장의 역할과 달리 슈퍼바이저는 본부와 모델점을 긴밀 하게 연결하면서 상품 하나하나부터 본부에서 지시된 프로모션 전달과 매장 컨 설팅을 주로 맡게 될 터였다. 또 점장과 매장 직원이 느끼는 현장의 애로사항을 귀담아 듣고 본부 지원이 필요한 사항에 대해서는 지원을 요청하고 적극적으로 도와주어야 했다.

박 팀장은 점장 선발과 마찬가지로 TF팀 내부에서 적절한 후보를 고르기로 했다. 슈퍼바이저는 아무래도 본부의 사업 방향과 내용을 정확히 이해하고 분석할 줄 아는 능력이 우선되어야 했다. 또 타인과 원활히 의사소통하며 매장의 운영 사항을 폭넓게 보고 다각적으로 분석해 매출을 올릴 방법도 제안할 수 있어야 했다.

일반적으로 프랜차이즈 기업에서는 슈퍼바이저 1명이 점포를 20~25개 맡아 매주 각 매장을 한두 차례 순회하면서 가맹점의 모든 운영 사항을 체크한다. 자격요건도 비교적 까다로워 본부에서 2년 이상 근무했으며, 직영점에서 일정 기간 연수를 마치고 슈퍼바이저 교육과정까지 끝내야 했다.

박 팀장은 자격 요건을 염두에 두고 슈퍼바이저 후보를 물색했다.

'제일 먼저 떠오르는 사람은 서비스 담당인 우 과장이군. 건강식품의 유통담당으로 오랫동안 일했고 평가도 좋았지. 우리 회사 제품에 대해서라면 누구보다 잘 알고 있고 수많은 유통업체를 상대로 일했으니 슈퍼바이저 역할도 잘할 것 같군. 참, 홍 차장도 적성에 잘 맞을 것 같은데. 유통 업무도 했고 기획 업무도 했지. 기획팀 일을 할 때 보면 참신한 아이디어도 많이 냈는데 말이야.'

박 팀장은 다른 팀 팀장들에게 의견을 물어 두 사람을 후보에 올린 뒤 직접 만나서 이야기해보기로 했다. 우 과장은 슈퍼바이저의 역할이 생소하지 않아서인지 길게 설명하지 않아도 박 팀장의 의도를 이해했다.

"팀장님께서 저를 후보로 추천해주신다니 영광입니다. 제가 오랫동안 유통업체 담당으로 일하다 보니 저를 떠올리신 것 같습니다. 그런데 저 자신은 좀 부족하다는 생각이 듭니다. 가맹점은 유통업체와는 또 다른 시스템이고, 지금 제가 TF팀에서 일하기는 하지만 솔직히 프랜차이즈 사업 자체가 아직은 좀 어렵게 느껴져서요."

"그런가? 그럼 일단 생각은 해보게. 후보를 복수로 두고 있으니까 우리도 다른 방법을 찾아보겠네."

이렇게 해서 박 팀장은 우 과장은 일단 보류하고 홍 차장을 만나 이야기를 나눴다.

"슈퍼바이저로 자네가 잘 맞을 것 같은데 어떤가?"

홍 차장은 잠시 생각하는가 싶더니 입을 열었다.

"아직은 슈퍼바이저 역할을 잘 모르지만 말씀을 들어보니 제 성향과 맞을 것 같군요. TF팀 일을 하면서 회사 내부뿐 아니라 외부 업무를 보는 게 흥미로웠거든요. 우선 모델점을 대상으로 슈퍼바이징을 하는 것이니 크게 부담 갖지 않는다면 해보는 것도 좋을 것 같습니다."

"알겠네. 역시 자네의 시원한 성격이 나오는군 그래. 하하하. 그럼 윗선에 보고하고 결재 나는 대로 업무를 시작할 수 있게 하겠네."

이렇게 해서 TF팀 내 홍 차장이 모델점 전담 슈퍼바이저로 선정되었다. FC팀 자체로 슈퍼바이저 시스템에 대한 내용을 정리했고 홍 차장은 점포 개점 준비 과정에서부터 업무를 시작, 정 과장과 긴밀하게 의견을 주고받으며 모델점 개점에 차질이 없도록 했다.

슈퍼바이저의 기능과 역할

1) 목적: 본부의 방향과 목적에 따라 모델점이 올바르게 운영되고 가맹사업의 확대로 이어질 수 있도록 최선을 다한다.
2) 기능: 본부가 운영하는 모든 사업 영역에 대해 모델점 점장에게 전달하고 상담하며 필요에 따라 제어한다.
3) 운영: 모델점 순회는 최소 주 1회 시행한다. 순회할 때 본부의 매뉴얼에 따라 업무를 진행, 평가, 보고한다.
4) 향후계획: 가맹사업을 확대할 때 슈퍼바이저 육성 과정 설치·교육을 시행한다.

기타

상표권 · 엠블럼 · 도메인 확보

요즘 소비자들에게 '브랜드'는 의미가 크다. 어떤 물건을 사거나 서비스를 이용할 때 기능과 효과도 중요하지만 그 브랜드의 이미지와 느낌도 선택에 한몫하기 때문이다. 젊은 사람들 사이에서 유행인 외국 브랜드의 테이크아웃 커피숍을 보라. 맛이 특별히 뛰어난 것은 아니지만 한 끼 식사 값에 맞먹는 비용을 지불하고 커피를 사려는 사람들이 넘친다. 브랜드의 세련되고 도회적인 이미지, 바쁜 현대인에게 잠깐 휴식을 뜻하는 이미지가 종이컵 한 잔의 커피 안에 담겨 있기 때문에 사람들은 지갑을 여는 데 주저하지 않는 것이다. 그런 의미에서 새로운 사업을 펼치려는 기업이라면 브랜드, 즉 상표나 엠블럼 확립은 중요한 과정의 하나이다.

자연먹은 TF팀 역시 사업 실행과 동시에 상표권과 엠블럼을 설정·등록하는 과정을 거치게 되었다. 자연먹은 허준 사장이 프랜차이즈 점포브랜드로 기존에 갖고 있는 '자연보감'의 로고 등은 이미 상표권이 등록되어 있는 만큼 건강기능식품 라인이 갖고 있는 '自然'이라는 글자만 형상화하여 엠블럼을 보완하기로 했다. 그리고 모델점에서 판매할 전용 상품, 즉 새롭게 개발, 생산될 건강기능식품과 건강지향식품에 대해서는 새로운 디자인을 적용하기로 했다. 전반적으로 젊고 밝은 느낌을 살리는 쪽으로 방향을 맞추어 기본 엠블럼인 '自然'이라는 글자를 흰색, 녹색, 황토색, 홍색, 자색 등으로 나누어 상품 성격에 따라 다르게 적용하기로 했다. 예를 들어 홍삼 제품은 홍색을 적용한 '自然'을 쓰고 어린이용 성장 제품에는 파란색의 엠블럼을 사용하는 식이었다.

개발된 엠블럼은 곧 모두 특허등록을 하여 상표권을 확보하였다. 또 다른 업체에서 자연보감 브랜드의 상표나 엠블럼을 유사하게 사용하지 못하도록 담당 직원이 꾸준히 브랜드워치(Brand Watch) 활동을 하여 유사상표 등록 이전에 이의신청이나 정보제공을 하도록 했다. 유사상표가 등록되어 사용될 경우 상표등록 무효심판청구 등 복삽하고 긴 전쟁을 치러야 할 수도 있기 때문이다.

이에 덧붙여 프랜차이즈 가맹사업이 커질 경우 가맹점에서만 판매하는 전용 상품임을 표시하는 엠블럼은 중요한 사안이 되므로 서 대표는 이를 확실히 규정해야 한다고 자연보감 담당자들에게 강조했다.

"자연보감 프랜차이즈 가맹점의 상품 엠블럼이 붙은 제품이 다른 유통 채널을 통해 돌거나 판매되어서는 안 됩니다. 이런 일이 생기면 가맹점주들이 가만히 있지 않으며 본부와의 신뢰관계도 깨지므로 주의해야 합니다. 기존 프랜차이즈 기업에도 이런 사례가 있었습니다. 유통 프로세서가 난잡해지면 프랜차이즈 사업은 무너진다는 점을 명심하고 모델점 내의 판매에 힘써주시기 바랍니다."

한편 도메인을 선점해서 등록하는 일도 미룰 수 없었다. 인터넷 사이트를 통한 기업 홍보, 소비자 접촉은 이제 기업 차원에서도 빼놓을 수 없는 중요한 일이었다.

건강기능식품 전문점의 새로운 홈페이지를 개설하고 이에 따른 도메인으로 'www.naturebogam.co.kr/com'을 추가하기로 했다. 국내 주요 포털사이트에는 '건강기능식품', '건강식품', '건강기능식품 전문점'으로 검색했을 때 가장 먼저 '자연먹은' 홈페이지가 보이도록 링크 등록도 하기로 했다. 홈페이지 내용은 가맹점 사업, 사업 방향, 모델점 운영을 위주로 구성하고 모델점 운영 기간이 끝난 뒤 가맹사업이 진행될 것임을 알리도록 했다.

모델점 개점 준비 점검사항

자연보감 건강기능식품 모델점 개발이 시작된 지 2개월 하고도 보름이 지났다. 점포 서정, 인테리어업체 선정과 인테리어 공사, 상품개발과 생산 조정, 교육 프로그램 신설과 실행, 매장관리 시스템 개발, 매장관리 인원 선발 등 각 분야에서 모두 바쁘게 움직였다. 목표는 오직 하나, 일정에 맞춰 모델점을 성공적으로 여는 것이었다. 서 대표는 박 팀장을 비롯해 팀원들과 함께 모든 진행 상황을 의논하면서 최선의 결론을 내기 위해 애썼다.

'음, 이제 개점을 향해 마지막 스퍼트를 해야 할 때로군. 중간에 의견 충돌도 있

모델점 개점 D-15 체크리스트

구분	체크리스트	담당	협조	비고
상품	상품 마스터 등록-ERP	상품팀	경영정보관리팀	
	상품 마스터 등록-POS	상품팀	솔루션 업체	2~3일 소요 예정
초도물량	확정	상품팀		
	발주	상품팀		
	창고 입고	상품팀		
	매장 진열	매장담당		
	사전 오픈	매장담당		
	개점	매장담당		
카드가맹	가맹대상: 5개 카드사	회계팀		가맹체결서류 구비
	POS업체에 이관 - POS 등록	시스템팀	솔루션 업체	
	진행상황 공지	정 과장	솔루션 업체	이메일 공지
POS	단말기 입고예정일	시스템팀	솔루션 업체	
	ASP 계약 체결일	〃	〃	
	ASP 셋업 완료일	〃	〃	
	사용자등록과 권한부여	〃	〃	
	사용자 교육-본부	〃	〃	
	사용자 교육-매장	〃	〃	
바코드	공지-진행방법과 일정	상품팀		기존 상품팀 협조
	스티커 제작과 입고	관련 부문		
	상품에 스티커 부착	매장담당		

었지만 다행히 모두 일정대로 움직이니 개점은 예정 날짜에 맞추어 할 수 있을 것 같아.'

오랜만에 FC팀원이 모두 한자리에 모여 저녁식사를 하고 돌아온 다음 날, 서 대표는 개점 준비를 위한 체크리스트를 작성했다. 개점까지는 이제 보름이 남았고 지금 속도대로만 움직인다면 개점은 문제없을 것으로 보였다.

상품부터 초도물량, 카드가맹, 바코드 등록 등 개점하기 위해 점검해야 하는 사항은 한두 가지가 아니었다. 각 부문의 담당자들은 체크리스트를 보며 현재 진행 상황을 점검하고 관련팀과 협조하며 준비에 박차를 가했다. 서로 맡은 부문은 달라도 모든 팀원이 씨실과 날실처럼 엮여서 하나의 작품을 만들어가는 것이었으므로 긴밀하게 소통하며 일을 처리하는 게 무엇보다 중요했다. 그리고 개점 일주일을 앞두고 서 대표와 FC팀원이 한자리에 모여 다시 한 번 개점 체크리스트를 확인했다.

모델점 개점 D-7 체크리스트

- 계약 관련 서비스(보험, 무인경비, 세무기장, POS, 인터넷, 방역 6개 부문)는 모두 적정 가격으로 협상되어 계약을 마쳤는가?
- 전단지 콘텐츠는 완성되었는가?(개점 5일 전까지는 완성되어야 함)
- 매장운영계획서에 반품서 양식이 들어가는가?(반품 양식, 규정 필수)
- 카드 가맹점 보증보험은 들었는가?(농축수산물이 들어가면 카드 수수료율이 낮아지므로 확인 바람)
- 홈페이지 콘텐츠는 완성되었는가?(개점과 동시에 오픈 목표)
- 매장 직원 유니폼, POP, 쇼핑백, 포장백은 준비되었는가?(개점 3일 전까지 목표)
- 초도물량은 충분히 주문되었는가?(개점 초기에는 볼륨감 있게 진열해야 함)

드디어 모델점 개점을 하루 앞둔 날, 서 대표는 아침 일찍 모델점으로 갔다. 팀원들은 분주하게 움직이며 상품 진열과 시스템 확인 등 모든 부분을 마지막으로 확인하고 있었다.

"모두들 고생이 많으십니다. 이제 준비가 거의 다 되었겠지요?"

"해도 해도 끝이 없습니다. 내일이 개점이라는 게 실감도 안 나고요."

팀원들은 걱정 반 기대 반인 표정이었다. 서 대표는 차근차근 다시 한 번 진행 상황을 점검했다.

"김 대리님, 인테리어 공사는 완료된 것이지요?"

"네, 내부 공사 모두 끝났고 일부 마감이 미진한 부분도 어제 모두 마무리되었습니다. 간판은 오후에 올리기로 했고요."

"휘장은 붙일 건가요?"

"네, 준비되어 있습니다. 오후에 업체에서 가져다주면 붙일 예정입니다."

서 대표는 점포 외부의 시공 상태부터 출입문, 벽지, 바닥, 조명 등 하나하나 꼼꼼하게 만져보며 상태를 살펴보았다.

"상품 담당 이 과장님, 초도물량은 충분히 입고되었지요? 매장에 들어왔을 때 물건이 풍성한 느낌이 들어야 합니다."

"네, 어제 오후부터 상온 제품은 진열이 시작되어 마무리됐습니다. 냉동·냉장고는 오늘 오후 2시부터 작동될 예정이라 진열도 그 뒤 할 예정이고요. 베이커리 제품은 내일 새벽에 발주되어 아침에 진열할 예정입니다."

"내일 새벽에 확실히 올 수 있는 겁니까? 어떤 상황이 발생할지 모르니 오늘 오후에 처리하는 게 좋겠습니다. 기타 상품에 대해서도 긴급발주 상황을 염두에 두고 물류창고와 긴밀하게 접촉하기 바랍니다."

"네, 그럼 다시 알아보겠습니다."

서 대표는 계산대 쪽으로 건너가 POS를 살펴보았다.

"정 과장님, POS는 가동에 문제가 없나요?"

"네, 어제 모의 테스트를 해보았고 업체에서 담당자가 나와 확인했습니다."

"바코드가 없는 제품도 있는데 어떻게 하시나요?"

"바코드가 없는 제품은 바코드 책받침을 만들어 계산대에 두기로 했습니다."

"알겠습니다. 유니폼과 기타 부자재들도 다 되었고요?"

"네, 유니폼은 상태가 불량한 것이 있어 오늘 오후 3시에 다시 가져오기로 했고 다른 것들은 모두 구비되었습니다."

서 대표는 저녁 늦게까지 박 팀장과 함께 매장과 본부를 오가며 모든 사항을 점검했다. 몇 개월 동안 많은 이들이 힘을 모아 이룬 자연보감 건강기능식품 모델점이 드디어 그 결실을 맺기에 이른 것이다.

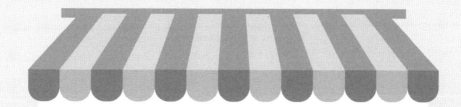

Chapter **4**

모델점 운영과 검증
(2개월)

모델점 개점과 운영

예정된 날짜에 문을 연 모델점은 허 사장과 회사 임원, 상가번영회 회장을 모셔놓고 개점 행사를 성공적으로 마쳤다. 개점 당일 분주하게 움직인 팀원들은 바쁜 와중에도 발생하는 문제점을 꼼꼼히 점검, 곧바로 수정과 보완에 들어가려고 노력했다. 개점 전부터 지역 주민을 대상으로 홍보 활동을 벌인 덕분에 주민들의 반응이 호의적이어서 첫날 매출은 예상보다 더 좋은 편이었다.

개점 당일 운영이 끝나고 허준 사장과 서민교 대표 그리고 자연보감 FC팀원들은 모두 모여 자축의 의미로 회식을 했다. 허 사장이 먼저 팀원들에게 감사인사를 했다.

"여러분 모두 그동안 정말 고생 많으셨습니다. 꼼꼼하게 준비할 수 있도록 아낌없이 도움 주신 서 대표님에게 감사드립니다. 오늘 이렇게 모델점을 열어 소비자들과 처음 만났는데 그 모습을 보니 저는 더 자신감이 생겼습니다. 물론 이제부터가 진짜 시작이고 앞으로의 일은 누구도 장담하지 못합니다. 그러나 우리가 지금처럼만 힘을 모아 모델점을 이끌어간다면 소비자들의 마음을 사로잡는 것은 시간문제일 거라는 생각이 듭니다. 여러분 모두에게 다시 한 번 감사의 말씀을 전하면서 자연보감 모델점의 미래를 위해, 프랜차이즈 가맹사업의 꿈을 위해 건배를 외치면 어떨까요?"

팀원들은 모두 일어나 잔을 들고 힘차게 건배를 외쳤다. 그동안의 긴장감이 잠시나마 풀리면서 웃음꽃이 번졌다.

사흘 뒤, 서 대표와 맥세스컨설팅 운영부분 김 팀장은 자연보감 FC TF팀 박 팀장과 모델점 점장 정 과장을 만나 개점 당일 발생한 점포 운영의 문제점을 점검했다. 사소한 부분이라도 바로 수정하지 않으면 나중에는 일이 더 커질 수 있기 때문이다.

"점장님, 그동안 발생한 문제점에는 뭐가 있죠?"

"지금 설치한 터치형 자동문이 위험해보입니다. 손님들이 불편해하기도 하고 아이들이나 노인들이 드나들 때 부딪쳐서 사고가 일어날까 우려되네요."

"그럼 완전 자동문이나 수동문으로 바꿔야 하는데 아무래도 수동문이 낫겠군요. 인테리어 시공업체 담당자와 접촉해서 가장 빠른 방법으로 재시공하죠."

"그리고 등록한 신용카드 가운데 두 가지가 되지 않아 계산에 애를 먹었습니다. 업체와 다시 이야기해서 손봐야 하고요."

"그럼 업체의 POS 담당자를 매장에 직접 나오라고 해서 몇 시간만 같이 있어달라고 하십시오. 일일 관리도 가능하니까요. POS는 본부와 물류창고까지 연결되어 있어서 작동에 문제가 생기면 안 되니까 늘 점검하시고요."

"네, 알겠습니다. 그리고 바코드가 불일치하는 상품이 몇몇 있어서 스티커를 다시 주문했고요, 개점 당일에 가장 많이 팔린 홍삼 제품은 넉넉하게 주문했습니다."

"예상보다 반응이 좋은 상품은요?"

"네, 유기농식품 가운데 감식초, 베이커리 제품이 반응이 매우 좋습니다. 추가 주문을 해서 물량을 확보해야 할 것 같습니다. 참, 멤버십카드에 대해 문의하는 고객들도 있었는데 이걸 진행해야 할지 생각 중입니다."

"멤버십카드는 사실 좀 더 있다가 진행하려고 했는데, 고객들이 문의해왔다니 일정을 조절할 수 있도록 의논해봐야겠군요. 참, 점장님. 개점 지도 일지를 하루도 빼놓지 않고 반드시 작성해주시기 바랍니다. 개점 후 문제점을 종합해서 차후에 검증해야 하니까요."

맥세스컨설팅 김 팀장과 점장은 이렇게 일일 점포 상황을 지속적으로 점검하며 부족한 부분을 보완하고 잘못된 부분은 수정해나가기로 했다.

세부관리항목

모델점 개점 후 지역상권 범위 고객의 만족을 위해 점장과 슈퍼바이저는 17항목을 중점 운영해나가야 한다.

17가지 세부관리항목

No	구분	세부점검내용	점장	부점장	비고
1	고객응대·관리	• 접객 용어 • 유니폼 착용·용모 • 고객 불만 처리, 고객카드 작성, 상담기술			
2	청결관리	• 카운터 정리정돈 • 진열대·QSC·냉동고 청소 • 간판·유리창 청소			
3	판매촉진	• 상권 내 홍보 • 체험행사 • 시식행사			
4	CRS관리	• CRS 평가와 관리 방법 • CRS 중요성			
5	POS관리	• 매출 등록·반품 • 영수증 교체 • 응급조치 • 스캐닝과 조작 방법			
6	정산	• 정산방법 • 매출금 관리방법			
7	발주	• 발주서 유의 사항 • 발주방법 외			

(계속)

No	구분	세부점검내용	점장	부점장	비고
8	검품·검수	• 검품·검수의 중요성 • 섬품·검수 방법			
9	인원관리	• 인력관리의 중요성 • 근태관리 방법			
10	진열	• 진열 방법 • Zoning·Facing 준수			
11	반품	• 반품제품 관리			
12	문서관리	• 근무일지 작성법 • 집기사고보고서			
13	후방관리	• 창고보관 상품 리스트 • 후방관리			
14	로스관리	• 로스관리의 중요성 • 종업원관리 • 투매관리 • 전표와 영수증의 중요성			
15	선도관리	• 유통기한 관리			
16	집기관리	• 정전 시·단수 시 • QSC, 냉동고, POS, 에어컨, 간판 • 집기 애프터서비스 PGM			
17	상품관리	• 상품 구색관리/Face관리 • 신상품관리 • 스캐닝 미등록 상품 • 가격 변동 외			

주요 관리부분 시행은 자연보감 프랜차이즈 TF팀과 맥세스컨설팅팀의 상호조율로 점검해나가기로 했다.

상품관리

모델점 개발 과정에서 선정된 상품들은 모두 모델점을 통해 소비자들의 반응을 시험해볼 수 있었다. 야심차게 준비한 유기농식품, 건강기능식품, 건강지향식품 등 상품을 다양하게 구비한 덕분에 다양한 소비자의 입맛을 공략할 수 있었다. 그러나 유기농 신선채소의 경우 과발주되면 금세 상하거나 폐기대상이 되어 점포의 손실로 이어지기도 했다. 따라서 요일별, 시간대별로 지역의 주 소비자층의 소비 패턴을 파악하는 것이 상품의 손실을 막는 중요한 관건이었고 점장과 본부 담당자는 POS를 통해 집약된 상품 판매 정보를 수시로 점검해 상품의 손실을 최소화하면서 소비자들에게 부족함 없이 상품을 제공하도록 발주, 수주량을 조절해 나갔다.

지역 소비자들의 패턴이 파악될 때쯤, 저녁시간부터 폐점시간까지 신선식품을 중심으로 짧게 할인행사를 지속적으로 진행해 맞벌이 주부나 퇴근길에 장을 보는 싱글족에게 좋은 반응을 얻었다.

주말에는 특별 패키지 상품전을 열어 인기 제품으로 구성된 묶음판매를 종류별로 만들어 판매하기도 했으며, 일정 기간 소비자들의 외면을 받는 상품은 발주를 줄여나갔다.

최종적으로 건강기능식품의 비중이 가장 커져야 하고 '건강기능식품 전문점'이라는 이미지를 갖게 되는 것이 목표였기 때문에 오미송(오배송과 미송분)을 줄이고 인기가 높은 건강기능식품은 상품을 점점 다양하게 늘리고 매출이 저조한 경우 다른 부문의 상품부터 양을 줄여나가기로 했다.

판매촉진

모델점의 마케팅은 본부의 MD와 점장이 주축이 되어 이끌어나갔다. 우선 고객의 요청이 많은 멤버십카드는 예정보다 당겨서 도입하기로 했다. 새로운 사업을 시작할 때 멤버십 제도가 부담이 될 수 있다는 판단 이래 보류했으나 소비자들의 반응이 좋아 POS 담당업체와 협의해 곧 매장에 적합한 멤버십카드 제도를 도입할 수 있었다. 멤버십 역시 POS에서 간단한 조작으로 간편하게 이용할 수 있어 고객의 특성에 따른 소비패턴을 파악하는 데 좋은 정보가 될 수 있었다.

한편 자연보감은 건강기능식품이므로 매장에 붙이는 POP(Point of Purchase advertising)의 경우 매장에서 만들어 붙이더라도 광고심의를 거쳐야 하므로 작은 것이라도 나중을 대비, 모든 POP에 광고심의를 받기로 했다. 광고심의를 받은 것 가운데 크기가 동일한 것들을 주로 사용해 매장 분위기를 깔끔하게 유도하기로 했다. 이 모든 것이 점포 표준화를 위한 노력이라고 할 수 있었다.

전단지 역시 지속적으로 배포해서 효과를 극대화해야 했다. 개점 안내와 기본 상품 홍보전단지는 개점일을 중심으로 배포하고, 특별행사나 신상품 안내 전단지는 시기에 맞게 신문 삽지, 아파트 홍보 게시판 등을 이용하여 꾸준히 배포해나갔다.

또 지역 특색을 살려 노인들이 많이 모이는 복지관이나 문화센터에 전단지와 샘플을 집중적으로 배포했으며, 유치원이나 어린이집, 학원 행사 때는 베이커리 제품을 합리적인 가격으로 제공해 단체 고객들의 입맛도 사로잡았다. 그러면서 POP는 판매사원과 동일하다는 것을 실감하였다.

그리고 매장에서는 7일간 고객 감사 특별할인행사로 고객 유입을 꾀하였다.

- 어린이를 동반한 구매고객에게는 경북의성 친환경 모둠꾸러미 사과 증정
- 어린이 대상 건강 영양식 식단 상담 행사 진행
- 겨울철 유기농제품 체험행사

고객관리

시간이 지나면서 자연보감 모델점을 찾는 고객들의 패턴도 조금씩 윤곽이 잡히기 시작했다. 모델점의 스토어 콘셉트 설정에서 예상했던 대로 지역의 주부들이

주 고객층이 되었고, 연령대별로 보면 20대의 젊은 층 또는 60대 이상의 노년층 고객도 증가하는 추세였다.

모델점에서는 POS를 도입해 매장의 모든 부문을 총체적으로 관리하였는데 고객관리 역시 POS를 이용함으로써 손쉽게 할 수 있었다.

우선 매장을 찾는 모든 고객에게 멤버십카드를 알리고 일정 금액 이상 구매하면 일정 비율을 적립했다가 나중에 현금처럼 쓸 수 있다는 점을 각인시켰다. 고객이 성별과 나이, 관심 분야 등 기본 정보를 멤버십에 등록하면 그 고객이 물건을 살 때마다 언제, 어떤 물건을 얼마나 구매했는지 정보가 입력되고 이것이 쌓여 고객의 소비 패턴이 도출되는 것이었다.

이처럼 고객과 관련된 기업 내·외부의 자료를 분석·통합하여 고객 특성에 기초한 마케팅을 계획·지원하고 평가하는 것이 바로 CRM(Customer Relationship Management)이다. 기업이 내놓은 상품과 서비스에 소비자가 어떤 반응을 보이느

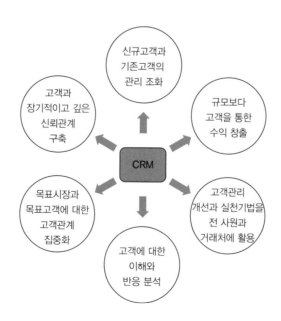

냐가 앞으로 가맹사업을 좌우하는 만큼 CRM은 모델점에게 무엇보다 중요한 요소였다.

개점계획을 세울 때 모델점 인근 500m 이내에서 사전 확보한 고객 정보를 활용하여 할인쿠폰이나 신상품 카탈로그를 일괄적으로 제공하기보다는 고객 정보에 따라 고객의 성향에 맞도록 세심하게 정리·발송하여 고객들이 좀 더 특별함을 느낄 수 있도록 유도했다. 이로써 우수 고객은 더욱 장려하고 휴면 고객은 활성화하는 효과를 얻을 수 있었다.

더 많은 신규 고객을 끌어들이는 것도 중요하지만 우량 고객을 꾸준히 관리해 이탈을 방지하는 것도 모델점에게는 큰 수확이었다. 건강기능식품과 같은 선택적 소비재의 경우 검증된 우량 고객 1명은 불분명한 신규 고객 10명보다 더 중요할 수도 있기 때문이다. 이렇게 고객의 소비 패턴을 파악해 신상품을 개발하고 부진한 상품은 과감히 퇴출하는 등 모델점 담당자들은 매장을 좀 더 효율적으로 운영하려고 노력했다.

한편 모델점 개점 이후 1개월마다 고객을 대상으로 만족도 조사를 실시해 고객들이 느끼는 장단점을 파악하기로 했다. 기존 고객을 만족시키지 못하면 새로운 고객을 끌어들일 수 없다는 판단에서였다.

매장 분위기와 시설, 상품의 종류와 품질, 가격, 직원의 태도, 고객 서비스 등 모델점의 모든 사항을 5단계로 나누어 만족도를 조사하면 본부 프랜차이즈 TF팀에서는 개선점을 도출했다.

설문조사 결과 다수 고객이 일정 분량 이상에 대해 배달 서비스를 원하는 것으로 파악됐다. 특히 부피가 큰 신선채소나 무게가 나가는 건강기능식품이 그 대상이었는데 선물용으로 구입하는 건강기능식품도 배달을 원하는 고객이 종종 있었다. 이에 2주차에 모델점에서는 3만 원 이상 구매 고객에 한해 지역 안에서 배달 서비스를 시행하기로 하고 시간제 직원 한 명을 배달 전담 직원으로 운영해 대우를 달리하기로 했다.

홍삼류와 다이어트 식품, 유기농 상품 등 인기 상품에 대해서는 품질과 가격 면에서 고객만족도가 높은 것으로 나타났고, 유기농 신선채소의 경우 매장에 들른 김에 다른 상품과 함께 구입하는 효과를 보는 것으로 나타났다. 건강기능식품 선택을 위한 상담 서비스는 다른 매장에서는 보기 드물어 호감을 갖고 있는 고객들이 많은 것으로 나타나 좀 더 활성화할 필요가 있었다.

한편 홈페이지와 블로그 등을 통해 발행하는 자연보감 웹진은 여전히 인지도가 낮은 편이었다. 국내 주요 일간지를 통해 개점 당시 보도자료를 배포했으나 시간이 지나면서 효과가 떨어지는 듯 보였다. 인터넷을 통해 자연스럽게 자연보감 건강기능식품 전문점이 있다는 사실을 알리고 신문사이나 방송사 취재에도 본부 차원에서 적극 협조하기로 했다.

3주차에는 고객들이 직접 상품 사용 후기를 늘리는 것도 필요했으므로 매장을 찾는 주부 고객들을 대상으로 인터넷 사이트에 후기 작성 이벤트를 실시, 참여도에 따라 상품을 증정하기도 했다.

인원관리

모델점은 점장 역할을 맡은 프랜차이즈 TF팀의 정 과장과 부점장 역할을 맡은 강 대리가 주축이 되었고 직원은 따로 선발해 평일과 주말로 나누어 두 명이 교대로 근무하였다. 점장과 부점장은 기본적으로 매장 안의 모든 상황을 총괄하되 특히 고객 상담 부분을 전담하는 역할이 매우 중요했다. 이를 위해 본부 차원의 교육을 수료했으나 신제품이 출시될 때마다 제품에 대한 숙지와 이해가 필요했으며 다양한 고객의 건강 상태나 신체 특징에 맞는 제품을 추천하기 위해 지속적인 교육이 병행되어야 했다. 점장과 부점장은 정기적으로 본부의 교육을 받았고, 직원교육은 점장 권한으로 했다.

모델점을 담당하는 본부 슈퍼바이저 홍 차장은 일주일에 두 번 정도 매장에 들러 신제품과 마케팅 전략을 전달하고 매장 운영 상태를 점검했다. 점장이 매장 운영에서 고민하는 점은 가장 먼저 슈퍼바이저와 상의했으며 슈퍼바이저가 본부 프랜차이즈 TF팀 직원들과 의견을 나누어 함께 해결책을 찾아나갔다.

홍 차장은 매장을 정기적으로 방문하는 것 말고도 수시로 매장에 들러 직원들의 태도, 점포 운영시간의 적절성, 시설과 기계장비의 고장 유무 등을 살펴보기도 하고 특히 직원들의 숙련도를 꼼꼼히 체크하는 것도 잊지 않았다. 건강기능식품인 만큼 식품이 어디에 효과가 있는지 과장되게 설명하여 고객에게 혼란을 주고 의약품처럼 판매하지 않는지 상담방법과 기술을 눈여겨보고 미숙한 점은 홍 차장이 설명해주는 경영지도를 시행하였다. 또 어떤 고객들이 주로 매장을 찾아 어떤 상품을 많이 사는지 직접 체크하기도 했다.

점장과 부점장이 매장 안에 온전히 시선을 두고 운영에 힘쓰는 역할이라면 슈퍼바이저는 매장과 본부를 연결하며 한 발 떨어져 시선을 두고 좀 더 객관적으로 매장 운영을 점검하는 역할이라 할 수 있다.

모델점을 운영하는 동안 점장과 슈퍼바이저의 관계가 얼마나 중요한지 직원들 스스로 느끼고 있었다. 본부와 가맹점의 원활한 소통은 향후 가맹사업의 핵심이라고 해도 지나친 말이 아니었기 때문이다.

매출 · 손익관리

모델점은 가맹사업을 펼치기 위해 본부 차원에서 매장을 운영해보는 테스트숍 개념이다. 하지만 수익이 나지 않아도 된다는 뜻은 절대 아니다. 예비 가맹점주들의 최대 목표는 어디에서 매장을 운영하든 '수익을 내는 것'일 수밖에 없다. 따라서 매장을 일정 기간 운영했을 때 수익이 어느 정도 난다는 예를 예비 가맹점주들에게 분명히 보여주어야 한다는 점에서 모델점의 매출과 손익 관리는 무엇보다 중요했다. 점장과 부점장, 직원들은 스스로 목표를 '수익창출과 고객만족'으로 정하고 이를 위해 노력했다.

서 대표와 프랜차이즈 TF팀은 분석기간 14일간 보고된 매출 관리를 바탕으로 운영실태를 점검해보았다. 사전기획 단계 대비 순조로이 출발했지만 2개월 정도 추이를 분석해보아야 한다.

서 대표는 매출이 개점 초기라 늘었지만 한 달 뒤부터 차츰 떨어져 70% 정도 수준에 달할 것이라고 지적했다. 그러므로 매출 증대를 위한 할인행사를 점점 줄여 이익률을 증대하고, 내점객수와 객단가를 높이는 방향을 강구하라고 프랜차이즈 TF팀에 지적했다. 무엇보다 초기 모델점에 대해 허 사장을 비롯한 임원진이 궁금해할 테니 박 팀장이 결과를 그대로 보고하면 될 것 같다고 덧붙여 제안했다.

자연보감 모델점 매출 결과

구분	모델점 기획 시 목표	결과	달성률	비고
기간 총매출	3,000만 원	2,052만 9,000원	146%	월매출 환산 시 4,398만 원
기간 순매출		1,939만 7,000원		면세 808만 1,000원, 과세 1,131만 6,000원
일평균 매출	150만 원	146만 6,000원	98%	
일평균 객수	50명	99명	198%	총객수 1,391명
평균 객단가	3,000만 원	1,472만 7,000원	49%	
매출 이익률	35%	27%	77%	개점 할인품목 포함
경상이익	421만 2,000원	523만 7,000원	124%	순매출-순매입

모델점 운영과정 검증

어느덧 모델점을 개점한 지 2개월이 흘렀다. 그동안 자연보감의 FC팀 직원들은 모델점 운영과정을 꼼꼼히 점검하며 가맹사업을 위한 발판을 만들었다. 모델점의 직원들은 모델점이 가맹사업의 밑거름이 될 수 있도록 하루하루 매장 운영에 최선을 다했다.

고객들은 꾸준히 증가세를 보이며 안정되어갔고 고객들의 성원에 힘입어 2개월 동안 상품 라인도 새롭게 정리해 좀 더 효율적인 구성이 갖춰졌다. 예정대로 2개월의 모델점 운영 기간이 지나면 피드백, 즉 모델점 검증을 통해 가맹사업 여부와 방향을 설정하게 될 터였다. FC팀의 박 팀장과 함께 모델점을 둘러보고 사무실로 돌아온 허 사장은 창밖을 바라보며 조용히 생각에 잠겼다.

'벌써 예정했던 시간이 다 되었다. 그사이 계절이 두 번이나 바뀌었다니 시간이 참 빠르기도 하구나. 우리 직원들이 애써주지 않았다면 여기까지 올 수 없었겠지. 오늘 둘러보니 모델점은 처음 생각했던 것보다 더 좋은 결과를 낳고 있는 것 같다. 모델점이 이만큼 결실을 거두었다면 이제 본격적으로 가맹사업을 시작해도 승산이 있지 않을까?'

허 사장은 조심스럽게 마음을 다잡았다. 매장 입지 선택부터 디자인 설정과 인테리어 시공, 상품개발과 생산라인 정비, 고객 서비스와 직원교육 등 자연보감이 꼼꼼하게 준비한 모델점은 실제로도 좋은 결과를 보였다. 모델점을 통한 자연보감의 프랜차이즈 가맹사업 도전은 업계에서도 조금씩 입소문이 나면서 화제가 되기도 했다.

서 대표를 중심으로 한 맥세스컨설팅 직원들 역시 자연보감의 가능성을 믿고 물심양면으로 협조해 어려움이 있을 때마다 함께 고비를 극복했다. 맥세스컨설팅의 풍부한 프랜차이즈 기업 컨설팅 경험이 자연보감 모델점의 자양분이 될 수 있었음은 물론이다.

'자, 이제 그 어느 때보다 객관적이고 냉철한 판단이 필요할 때다. 모델점 운영을 검증하는 과정을 거쳐 우리가 앞으로 가야 할 길을 정해보는 거다.'

허 사장은 곧 진행될 모델점 검증을 위해 보고된 자료를 수집·정리했다. 그동안의 날들이 주마등처럼 스쳐갔다.

며칠 뒤, 본부 회의실에는 허 사장을 비롯한 임원들과 FC팀 팀장, 서 대표가 모여 모델점 운영과정을 검증하게 되었다. 임원들은 감회가 새로운 듯 담소를 나누며 회의를 기다렸다.

"모델점 운영이 걱정했던 것보다 잘돼서 정말 다행입니다."

"그동안 다 같이 노력한 보람이 있는 거지요. 하지만 속을 들여다보면 보완해야 할 점들이 또 많을지도 모릅니다."

곧 회의 시간이 되었고 허 사장이 먼저 말문을 열었다.

"오늘부터 모델점 검증을 시작합니다. 그동안 고생한 모든 임직원 여러분께 감사하다는 말씀을 먼저 드리고 싶군요. 서 대표님의 조언도 큰 양분이 되었고 운영과정에 어려움도 적지 않았지만 다 함께 힘을 모아 현명하게 대처하고 해결한 결과 모델점 운영은 이제 안정적으로 자리를 잡았습니다.

모델점 운영은 지금처럼 계속하되 본부 차원의 검증이 필요한 시기입니다. 우리의 목표인 가맹사업 계속 여부와 방향을 판단하기 위해서지요. 이 과정에 따라 긍정적 결과가 도출되면 가맹사업을 준비할 것이고 그렇지 않으면 사업 자체를 다시 처음부터 고려해봐야 합니다. 그럼 서 대표님, 시작해주시지요."

허 사장에 이어 서 대표가 입을 열었다.

"허 사장님 말씀대로 이제 모델점을 검증할 차례입니다. 모델점을 만들기 위해 의견을 모았던 것처럼 여러분의 의견이 필요한 것이죠. 그럼 항목별로 운영 내역을 살펴보겠습니다."

서 대표는 화면에 자료를 띄웠다.

모델점 운영과정 검증

구분	개점 당시	2개월 후
1. 타깃·콘셉트	• 30대 후반, 40대 초반 • 지역 내 주부 고객 타깃	• 다양한 연령층의 고객 확보 • CRM 활성화 • 고객만족도 설문조사 결과 양호
2. 상품	• 유기농식품, 건강기능식품, 건강지향식품으로 대분류 • 로스리더로 신선식품 배치 • 유행하는 건강기능식품 중심	• 건강기능식품 상품 세분화, 다양화와 비중 확대 • 판매가 지속적으로 저조한 상품 대분류에서 제외 • 신선식품 지정 시간 할인 판매
3. 입지	• 아파트단지 입구 • 버스·지하철역 입구	• 상권 내 고객층의 출퇴근·낮 시간대 방문이 많음
4. SI(인테리어)	• 상품 특성에 따른 Zoning • 상품 진열공간과 고객 서비스 공간 구분 • 환경친화적 분위기	• 고객 이동동선 용이 • 청결한 분위기와 인테리어에 대한 만족도 높음
5. 마케팅(LSM)	• 고객 상담존 운영 • 전단지, 카탈로그, 샘플 배포 • 웹진 발행	• 고객 상담존 활성화 • 멤버십카드제도 도입, 등록회원 500명 돌파 • POP 광고물 표준화 • 지역 내 단체주문고객 특별 판매
6. 매뉴얼과 교육	• 운영 매뉴얼·MD 매뉴얼에 따른 운영 • 기기운영과 진열대 등 시설의 적합성	• 운영 매뉴얼 수정 필요 • MD 매뉴얼 내용 직원 숙지 필요
7. 인력운영	• 점주 1명, 부점장 1명, 아르바이트 1명 • 월매출액 대비 인건비 25~30% 수준	• 직원 2명 운영 적절함 • 인건비 수준 적절함
8. 매출·손익	• 예상 손익분기점 0개월	-

타깃·콘셉트

"먼저 타깃과 콘셉트 부분입니다. 환경분석, 경쟁사분석, 고객분석, 자사분석 등을 통해 도출한 자연보감의 콘셉트와 선정한 고객층이 예상과 같은지에 대한 평가를 가장 먼저 실시해야 합니다. 타깃과 콘셉트에 따라 이후 평가될 항목이 변

고객	• Main: 구매력이 강한 40~50대 여성 　－가족 건강에 대한 구매 결정자 • Sub: 30대 기혼 여성
경쟁자	• 기존 건강기능식품 전문점과의 차별화 　－상품·서비스·매장환경·본부지원에 　　대한 명확한 차별화
생산자	• 유기농 농식품 • 건강기능식품, 건강지향식품 • 로스리더로서 신선식품
서비스	• 건강 관련 상담 표준화와 점주 교육 프로그램 • 건강 코디와 콜센터 운영 • 매장 내 자가진단 Sys. 운영 등

유기농식품을 비롯한 다양한 건강기능식품을 제공하여 건강한 삶 영위와 서비스 가치를 동시에 제공하는 사업으로 정의

↓

'건강기능식품' 전문점
'자연보감'

형되므로 무엇보다 중요하다고 할 수 있습니다.

　위에서 보는 바와 같이 최초에 설계한 타깃과 콘셉트에 부합하는 결과를 도출했는지를 보면, 예상한 바와 같이 40~50대 여성고객의 방문이 많았으며, 구매력 또한 높은 것으로 나타났습니다.

　방문고객의 성비를 보면 여성고객의 비율이 남성고객 대비 3배가량 높으며, 연령대별 성비를 보더라도 전 연령대에서 여성고객의 방문 비율이 높은 것을 알 수 있습니다. 그러나 눈여겨보아야 할 것은 예상과 달리 50대 고객의 방문이 적고 서브 타깃으로 설정한 30대의 방문 비율이 높다는 것입니다.

　연령대별 방문고객은 자연보감의 입지 부분에 따른 것일 수도 있으므로 다시 한 번 살펴봐야 합니다. 그러나 다행인 것은 30대가 많이 방문한다는 것입니다. 건강기능식품 수요층으로 고연령층뿐 아니라 구매력이 높은 30대까지 주요 타깃으로 확장할 수 있기 때문입니다. 20~30대까지의 고객층 확장도 고민해봐야 합니다."

　"저는 멤버십 등록 회원이 500명을 돌파했다는 것이 가장 인상적이네요. 멤버

방문고객 성비

남자
23.1

여자
76.9

연령대별 성비

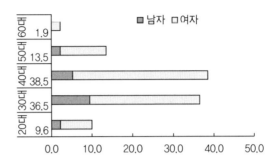

자연보감 방문고객 분석(%)

십카드는 개점 뒤 한 달여가 지나서 시작했는데 비교적 빨리 고객들의 신뢰를 얻은 것 같다는 생각이 듭니다. 상세 자료를 보니까 멤버십 가입 고객들의 방문 횟수가 비회원인 고객보다 월등히 높고 이들이 지속적으로 구매한다고 하더군요. 고객을 사로잡은 가장 큰 비결이 무엇인지 정확히 파악해서 꾸준히 개발하도록 힘써야 하지 않을까요?"

자료를 살펴보던 영업 담당 이사가 문자 서 대표가 답변을 했다.

"그 부분에 대해서는 고객만족도 설문조사를 살펴보면 됩니다. 지난 2개월간 자연보감 매장을 방문한 고객을 대상으로 설문조사를 실시하였으며, 설문조사 내용은 다음과 같이 여러 항목을 설계했고, 유의미한 결과를 얻어서 방문고객만족도를 분석했습니다. 그중 자연보감에 대한 전반적 만족도를 살펴보면 다음과 같습니다.

항목별로 살펴보면 가격의 합리성, 브랜드 인지도와 신뢰, 상품의 다양성 등은 자연보감이 얼마 되지 않았기 때문에 당연한 결과라고 보입니다. 그러나 이 세 가지를 제외한 모든 부분에서 높은 만족도를 보였습니다. 그중 매장청결, 인테리어

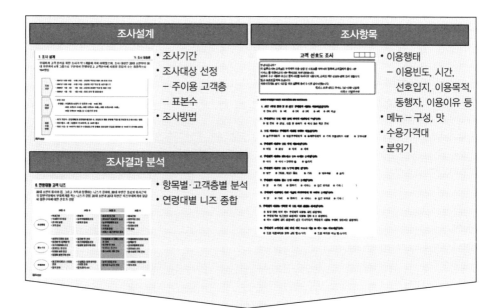

조사설계	조사항목

· 조사기간
· 조사대상 선정
 – 주이용 고객층
 – 표본수
· 조사방법
	· 이용행태
	 – 이용빈도, 시간,
	  선호입지, 이용목적,
	  동행자, 이용이유 등
	· 메뉴 – 구성, 맛
	· 수용가격대
	· 분위기

조사결과 분석

· 항목별·고객층별 분석
· 연령대별 니즈 종합

- 건강기능식품 전문점 이용행태, 브랜드 인지도·선호도, 메뉴·가격·분위기 등
  고객 분석 결과를 바탕으로 사업 콘셉트 재설정
  – 타깃층과 상품(메뉴)
  – 판매가격(고객 수용 가격대 조사)
  – SI(인테리어, 익스테리어, 간판 등 분위기)
  – 브랜드별 만족도 수준 분석

자연보감 방문고객만족도 조사

(단위: %)

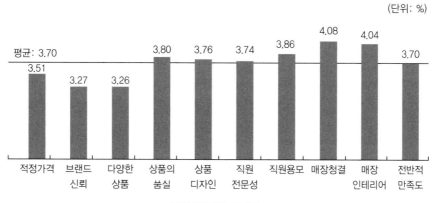

자연보감 이용 시 만족도

만족도가 높은 것은 고객이 자연보감 매장에 쉽게, 편안하게 방문할 수 있다는 의미입니다. 또 처음 계획했던 바와 같이 상품의 품질이 인정받은 것으로 나타났습니다. 멤버십 등록회원이 짧은 기간에 500명을 넘을 수 있었던 것은 쉬운 접근성과 품질에 대한 만족도가 가장 큰 이유가 아닌가 싶습니다. 고객만족도는 앞으로도 지속적으로 조사를 실시하여 고객의 변화에 빠르게 대응하는 체계를 마련해야 할 것입니다."

상품

이어 상품개발 담당 이사도 의견을 냈다.

"상품개발팀에서는 지금도 신제품을 개발합니다. 처음 모델점 개발 단계에서는 다양한 상품을 구비해 백화점식으로 구성했으나 고객 유도 효과를 어느 정도 본 뒤에는 건강기능식품 쪽에 무게를 두고 상품 라인을 세분화·다양화했습니다. 그렇다 보니 개발비나 생산비가 예상보다 크게 늘어 어려움이 있기도 합니다. 이 부분은 본부 차원에서 서둘러 조정해야 할 것 같습니다."

그러자 서 대표가 답변을 내놓았다.

"생산비 부분뿐만 아니라 고객만족도에서도 나왔듯이 다양한 상품군과 제품이 있음에도 고객들은 상품의 다양성 부분에 낮은 만족도를 보였습니다. 이것이 단순히 제품수의 문제인지 아니면 다른 문제가 있는지도 살펴보아야 합니다. 경쟁업체에 비해 제품수가 적은 것은 사실이나 그렇다고 눈에 띄게 적은 것은 아닙니다.

상품군별 만족도를 보더라도 다양한 상품에 대한 만족도가 낮은 편입니다. 경쟁업체와의 상품수 단순 비교뿐만 아니라 진열에 따른 문제는 없는지 파악해봅시다."

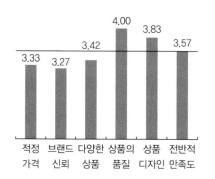

유기농식품류 만족도

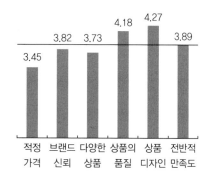

건강기능식품류 만족도

자연보감 상품군별 만족도(단위: %)

입지

"모델점의 입지도 최초 핵심상권이 아닌 주택가, 아파트단지 앞에 입점하는 것에 대한 우려가 컸습니다. 그러나 주요 타깃으로 설정한 30대 후반~40대 초반 여성고객의 내점이 용이하도록 한 판단이 결과적으로 옳았음이 판명되었습니다."

자연보감의 입지가 옳았음은 여러 데이터에서도 확인할 수 있었다. 매

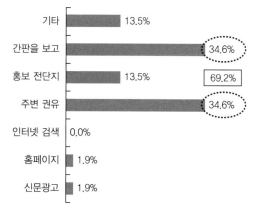

자연보감 인지 경로

장을 방문한 고객 분석에서도 30대 후반~40대 초반 여성이 많았음을 알 수 있었고, 방문한 고객들의 자연보감 인지 경로를 보더라도 자연보감의 간판을 보고 방문한 경우가 월등히 많았던 것이다.

"자연보감의 인지 경로에서도 나타났듯이 간판과 주변 권유에 의한 인지와 방

문이 높게 나타나 있습니다. 자연보감의 간판을 보고 방문한 고객이 만족하고 이를 주변에 알려 다시 방문하는 것을 의미한다 하겠습니다."

SI(Store Identity)

"인테리어 부분은 콘셉트와 분위기에 대한 만족도가 높아 입점의 편의성과 경쟁업체 대비 차별성은 충분히 인증되었다고 판단합니다. 그러나 고객만족도에서 나타난 다양한 상품의 만족도가 낮은 것은 분명 확인이 필요합니다."

듣고 있던 자금 담당 이사가 질문을 던졌다.

"자연보감의 표준 조닝(Zonning)을 보면 다양한 제품군이 있는데, 고객들은 제품군별 상품의 수로 다양성이 부족하다고 판단하는 것은 아닐까요?"

"실제 매장을 가보면 상품들이 벽면을 중심으로 진열되어 있다 보니 정작 문을

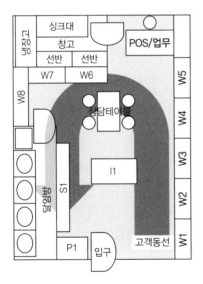

구분		품명	비고
WALL매대	W1	식물성 완제품	차별화상품군
	W2	농축액, 환·정·캡슐	파워상품군
	W3	액상추출액	파워상품군
	W4	액상추출액	파워상품군
	W5	기호식품, 절편, 주니어	유지발전상품군
	W6	뿌리삼(4년근)	파워상품군
	W7	뿌리삼(6년근, 패밀리)	유지발전상품군
	W8	동물성·식물성 완제품	차별화상품군
중앙매대	I1	기호식품, 절편, 세트류	유지발전상품군
SET매대	S1	달임·세트 제품	개발상품군
DP매대	P1	행사상품, 중점상품	시즌, 중점상품

표준 조닝(Zonning)

열고 들어선 순간 매장의 한가운데는 비어 있는 듯한 느낌을 받게 됩니다. 비슷한 제품군을 한곳에 모으는 것과 시선이 가장 많이 가는 매장 가운데를 이용하는 방법 등으로 상품이 풍성해 보이는 효과를 만들어보겠습니다."

마케팅

"그동안 마케팅은 LSM(Local Store Marketing) 중심의 전략을 실행하였습니다. 출퇴근 시간대의 전단지 배포와 아파트단지 내 카탈로그 배포 그리고 매장 앞은 물론 반상회, 조기축구회, 교회 등을 방문해 자연보감 제품 시음행사 등을 실시하였습니다. 결과적으로는 LSM 중심의 전략이 유효했음을 확인하였습니다."

처음에는 텔레비전, 라디오, 신문광고 등을 활용한 전방위적 마케팅을 준비하였으나 지역에서 우선 인정받고 그 가능성을 확인하는 것이 중요하다는 서 대표의 의견을 따라 LSM 중심의 전략을 구사한 것이 효과를 보인 것이다.

이번에는 영업 담당 이사가 한마디 했다.

"고객의 자연보감 인지 경로를 보더라도 매장 간판을 보고 방문한 고객이 가장 많은 것으로 나타났습니다. 현재 실시하고 있는 LSM을 강화하는 한편 브랜드 인지도와 신뢰도 향상을 위한 전사적 마케팅 전략을 준비해야 할 것 같습니다."

"네, 그렇습니다. 우선 모델점을 통해 자연보감의 가능성을 테스트하면서 내부적으로 부족한 부분, 고객의 요청사항 등을 수정하면서 좀 더 완성도 있는 브랜드가 되었다고 판단되고 고객의 만족도가 향상되었을 때 전사적 마케팅을 실시해야 그 효과를 거둘 수 있습니다."

홍보 담당 이사가 의견을 내놓았다.

"저는 홈페이지의 웹진과 블로그의 후기를 유심히 살펴봤는데 자리를 잡기까지 시간이 좀 걸릴 것으로 보입니다. 아무래도 매장이 한 곳이다 보니 인터넷에서 넓게 확산되기엔 무리가 있는 듯합니다."

"인터넷에서 중요한 것은 자연보감 관련 글이 늘어나는 것도 필요하지만, 그것보다 더욱 중요한 것은 자연보감의 장점, 특징 등 차별화 요인이 잘 표현되어 있느냐는 것입니다. 모델점은 사업성을 검증하는 과정이므로 무엇보다도 자연보감 브랜드의 긍정적인 이야기를 꾸준히 생성하는 과정이 필요합니다. 추후 본부 차원의 전사적 마케팅을 진행할 때 자연보감에 대한 관심도가 높아질 것이며, 그때 모델점을 운영하면서 작성한 내용이 상위에 노출될 것입니다. 현재는 자연보감 브랜드 이미지 관리 중심으로 온라인을 관리해야 합니다."

매뉴얼과 교육

"슈퍼바이저와 점장 등의 직원교육 프로그램도 보완이 필요합니다. 지금은 맥세스컨설팅 쪽에서 교육을 담당해 외부 강사를 초빙하는데 이제는 교육 프로그램의 방향도 본부 차원에서 좀 더 체계적으로 잡아야 할 것 같습니다.

교육 프로그램을 보완하기 전에 먼저 개점할 때 작성한 개점·운영·MD(Merchandising) 매뉴얼을 수정해야 합니다. 개점 매뉴얼의 경우 개점 프로세스에 맞게 진행되었다고 할 수 없습니다. 계획된 일정보다 왜 더 소요되었는지, 초과된 기간이 정말로 필요한 일정이었는지를 평가한 뒤 수정 여부를 결정해야 합니다.

운영 매뉴얼은 일일스케줄의 적합 여부와 접객 프로세스를 평가해야 합니다. 오픈 시간에서 마감 시간까지 시간대별 적정 근무인원이 아직 명확히 결정되지 않은 것 같습니다. 매장을 방문하는 고객의 요일, 시간대별 수를 확인하여 운영시간과 근무인력에 변화를 주어야 합니다. 아직도 매장에 고객이 왔을 때 어떻게 응대해야 하는지 몰라 우왕좌왕하는 경우를 볼 수 있습니다. 이는 직원의 숙지 여부와 함께 프로세스의 순서와 내용이 잘못되어 실행하기 어려운 것은 아닌지 평가

	Step 1	Step 2	Step 3
실 행 프로그램 주 요 내 용	모델점 운영	매뉴얼 재설계 방향	교육 프로그램 개발
		1. 프랜차이즈 경영전략집 2. 점포 개발 매뉴얼 방향 → 입지평가, 개발방법, 사업설명회 3. Contract 시스템 방향 → 정보공개서, 가맹계약서 4. 개점매뉴얼 개발 방향 5. 운영매뉴얼 개발 방향 6. 컨설팅 시 실무진행 회의록 7. MD 매뉴얼 표준화 방향 → 현 개발된 제품을 중심으로	가맹점주 교육 프로그램 개발 슈퍼바이저 교육 프로그램 개발

각종 매뉴얼 점검 · 보완

매장직원 교육 진행 단계

1단계	• 교육할 내용을 직접 실연으로 보여주고 설명을 해준다.
2단계	• 1단계에서 진행한 교육내용을 이해하는지 알기 위하여 교육한 내용을 실습한다.
3단계	• 교육생이 실습한 내용 중에서 잘못한 부분은 지적하여 보완해준다. 이때에도 직접 실연한다.
4단계	• 다시 한 번 종업원이 실습하게 한다. • 만족할 만한 수준이 못 되었으면 다시 1단계로 돌아가서 재교육을 하며, 완벽하게 수행하였으면 반드시 칭찬해준다.

매장직원 주요 교육내용

1. 기본적인 접객 용어
2. 인사방법
3. 고객 응대 자세
4. 복장 차림새
5. 청소
6. 전화받는 법
7. 상품 정보 숙지
8. 계산대 응대 방법
9. 상품 주문·검수
10. 기기 사용법/응급처치 요령
11. 접객방법
12. 창고·냉장고 상품보관·정리 방법·재고관리
13. 제안·연계 상품 판매 훈련
14. POS·금전등록기 사용 방법
15. 고객불평, 불만처리
16. 비상연락방법·강도 발생 시 행동 요령

매장직원 교육

해봐야 합니다. 각 매뉴얼의 정비가 끝난 뒤 이를 근거로 교육 프로그램을 작성해야 합니다."

매장 직원교육은 교육할 내용을 실연으로 보여주고 이후 실습을 진행하며, 이때 잘못한 부분을 지적해 보완하게 하고 최종점검까지 총 4단계로 진행한다. 접객용어, 인사방법, 고객응대, 복장, 청소, 상품정보 숙지, 창고와 냉장고 상품 보관, 고객 불만처리 등이 주요 교육내용이다.

점포운영

"점포운영 부분에서는 운영시간과 인력운영 부분을 살펴보아야 합니다. 현재 점포 운영시간은 오전 10시에서 오후 9시까지입니다. 점심시간 전에는 고객이 많이 오지 않으므로 전반적인 준비를 하는 시간과 직원과 미팅하는 시간으로 활용하며, 오후 퇴근 시간대에는 고객 상담과 매장 앞 홍보를 병행해서 진행합니다.

운영시간	• 운영시간 - 10:00~21:00(11시간 운영) → 개점과 종료시간은 상권과 고객 요구에 맞도록 자율적 운영	질	• 전문화된 상품관리 프로그램 • 표준화된 고객응대를 위한 상품판매 매뉴얼 • POS + CRM 관리 프로그램에 따른 스토어 운영 효율성 추구
근무계획	• 연중무휴 (필요시 주 1회 휴무) • 운영시간 중 대표 가맹점주와 근무자 1인은 반드시 근무하도록 함 • 근무복장: 지정 유니폼	청결도	• 깨끗하고 시각적인 유니폼 - 유니폼 청결 관리 • 상품 매대와 스토어 내 청결 유지
인력운영	• 최초 → A타입: 가맹점주 1명 → B타입: 가맹점주 1명 • 그 외 인력(필요시 충원)	서비스	• 교육으로 경쟁 브랜드와 차별화 • 표준화된 프로그램에 따른 상품 교육 - 친절 서비스 - 본사의 고객관리 서비스 실시

가맹점 운영기준

시간대별 방문객수, 매출을 보면 2~5시에 집중되어 있습니다. 2~5시를 제외한 시간대에 매장 내외에서 고객 서비스 차원에서 무엇을 할지 방안을 강구해야 할 것입니다.

매장에서는 고객상담존을 운영하는데 일부 고객은 이웃과 담소를 나누는 장소로 활용합니다. 더 많은 고객이 편안히 방문하도록 이를 좀 더 강화할 필요가 있다고 봅니다.

현재 점주와 아르바이트생 둘이 근무합니다. 처음에는 늘 둘이 근무하였으나 고객 방문 시간대를 파악한 한 달 정도 뒤부터는 오전에는 점주가 문을 열고 아르바이트생은 1시에 출근해 마감까지 근무하는 것으로 변경하였습니다.”

	문제점	개선방향
점두	• 간판: 선전, 홍보 기능 저하 • 계단 발판 경사도: 유모차 고객 불편 • 자동문(반자동 터치식) 　- 고객 부상 우려 　- 틈새로 외부 공기 유입, 열손실 과다	• 새로운 SI 간판으로 교체 • 발판 경사도 완만하게 하여 유모차 고객 흡입(공사) • 수동식 도어로 전환
카운터	• 카운터 높이 과다(105cm) • 카운터 돌출물 사고 위험 • 카운터 백 처리 • 카운터 상품 정리	• 높이 조절(90cm) • 돌출물 제거와 교체 • 진열장 전개로 상품력 강화 • 카운터 상품 진열대 비치
중앙 진열대	• 엔드존 하단 문구 삽입 필요 • 곤돌라 상단 상품전개로 고객 혼란 초래 • 일자 곤돌라로 진열 효율 저하 • 아크릴 부착해 상품 시계성과 진열 효율 저하	• 엔드존 하단 '유기-건강식품전문점' 문구 삽입(시트지 처리) • 곤돌라 상단 상품 미전개 및 콘텐츠 제작 문구 삽입(미용, 다이어트 등) • 아크릴을 제거해 진열 시계성 확보
점포개발	• 기설정 상권유형과 입지유형이 일치 • 권리금이 높다는 문제점 발생	• 자연보감 브랜드와 일치한 상권의 규정화 • 보증금과 권리금 투자비 비율 조정

모델점 피드백: 운영현황보고

매출 손익

회계 담당 임원도 입을 열었다.

"매출 손익 부분을 보면 희망적인 편입니다. 아무리 과정이 중요하다 해도 매출이 안 좋으면 장사는 결실이 없는 것 아니겠습니까? 처음에 매출 부분을 상당히 걱정했지만 손익분기점에 도달한 시점도 적절했고 손익분기점 도달 이후에는 매출 상승세가 꾸준히 지속되고 있어 월매출 이익이 플러스로 돌아섰습니다. 개점 2개월째부터는 하루 매출도 120만 원 이상 나오는 날이 많아졌고요."

서 대표의 말이 이어졌다.

"매출 손익이 희망적이라면 현재의 모델점을 기준으로 가맹점 투자와 손익 모델을 재정립해야 합니다. 모델점은 직영점 형태이므로 가맹점과는 투자비와 손익의 모델이 다르게 됩니다. 자연보감 가맹사업의 핵심은 결국 투자대비 수익률

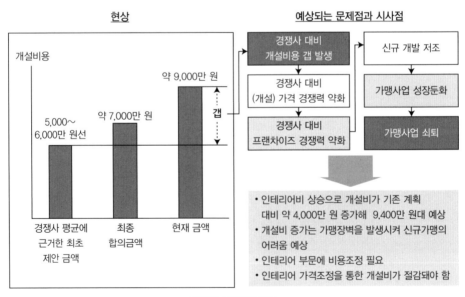

투자와 손익모델 검토

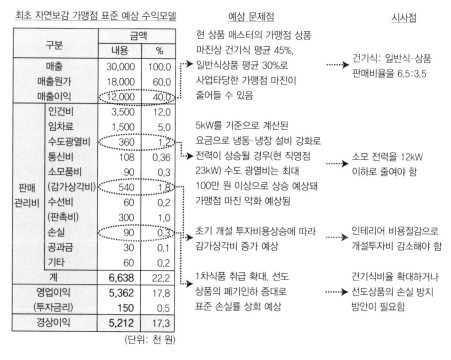

최초 자연보감 가맹점 표준 예상 수익모델

구분	금액	
	내용	%
매출	30,000	100.0
매출원가	18,000	60.0
매출이익	12,000	40.0
판매관리비 / 인건비	3,500	12.0
임차료	1,500	5.0
수도광열비	360	1.2
통신비	108	0.36
소모품비	90	0.3
(감가상각비)	540	1.8
수선비	60	0.2
(판촉비)	300	1.0
손실	90	0.3
공과금	30	0.1
기타	60	0.2
계	6,638	22.2
영업이익	5,362	17.8
(투자금리)	150	0.5
경상이익	5,212	17.3

(단위: 천 원)

예상 문제점

현 상품 매스터의 가맹점 상품
마진상 건기식 평균 45%,
일반식상품 평균 30%로
사업타당한 가맹점 마진이
줄어들 수 있음

5kW를 기준으로 계산된
요금으로 냉동·냉장 설비 강화로
전력이 상승될 경우(현 직영점
23kW) 수도 광열비는 최대
100만 원 이상으로 상승 예상돼
가맹점 마진 악화 예상됨

초기 개설 투자비용상승에 따라
감가상각비 증가 예상

1차식품 취급 확대, 선도
상품의 폐기인하 증대로
표준 손실률 상회 예상

시사점

건기식: 일반식·상품
판매비율을 6.5:3.5

소모 전력을 12kW
이하로 줄여야 함

인테리어 비용절감으로
개설투자비 감소해야 함

건기식비율 확대하거나
선도상품의 손실 방지
방안이 필요함

자연보감 가맹점 손익모델 재검토

이므로 표준투자비와 본부 수익, 가맹점 수익에 대한 모델 정립이 필요합니다."

"지난 2개월간 매장을 방문한 고객층을 보면 정말 다양한 계층이 방문하였습니다. 주부의 관심도가 가장 높을 것이라 예상하였지만 실제 운영해보니 주부뿐만 아니라 20대에서 50~60대까지 폭넓은 고객층이 자연보감에 관심을 가지고 있는 것을 확인했습니다. 이는 앞서 언급했듯이 짧은 기간에 500명의 멤버십 회원을 확보했다는 것으로도 알 수 있습니다. 고객관리를 지속하기 위한 CRM 프로그램의 추가 개발과 활성화 전략이 필요합니다."

임원들은 저마다 느낀 점을 솔직하게 이야기했다. 허 사장도 임원들의 말을 새겨들으며 자료를 검토했다. 서 대표가 계속해서 회의를 이어갔다.

"여러분 말씀대로 지난 2개월 동안 모델점은 많은 우여곡절을 겪으며 성장했습니다. 하지만 빈번하게 발생하는 시행착오나 운영상의 오류도 있었는데요. 이는 누구 한 사람의 탓을 하기보다는 모두 인식하고 공감해 빠르게 보완하는 것이 중요합니다."

서 대표는 화면을 넘기고 다시 설명을 시작했다.

모델점의 빈번한 시행착오와 오류

- 반품 규정과 처리
- 수·발주와 시스템 오류(오미송률)
- 상품공급가 변동에 따른 바코드 오류
- 매장 운영비용과 소모품 관리
- 판매촉진의 적극성 부족
- 점포직원들의 판매기술 부족
- 상품진열의 오류
- 지속적 고객관리

"우선 반품 규정과 처리입니다. 현재 반품 규정이 있긴 하지만 입고할 때 하자가 있는 제품 외에는 반품은 없는 것이 원칙입니다. 그런데 개점 초기에 여러 차례 반품 때문에 문제가 생겼습니다. 신선식품의 경우 입고할 때 상하거나 포장이 잘못돼 반품하는 경우가 종종 있었는데, 이런 것 외에 건강기능식품이나 건강지향식품의 경우 발주는 점장의 역량과 책임입니다. 발주한 상품은 어떤 방법으로든 팔아야 하는 것입니다. 그런데 반품 처리 과정에서 원칙과 다르게 반품을 지나치게 많이 받은 점이 눈에 띕니다. 가맹사업을 하면서 수많은 가맹점의 반품을 다 받을 경우를 상상해보십시오. 본부만 힘들어집니다.

두 번째, 수·발주 시스템의 오류입니다. 현재는 업체에 의뢰, 포머니 시스템을 이용해서 POS를 작동하고 있습니다. 그런데 모델점과 물류센터 사이의 연결에 오류가 몇 차례 발생해 잘못 배송되거나 배송되지 않아 판매에 지장을 주는 사례가 여러 번 있었습니다. 그런데 이것이 POS시스템 오류인 적도 있었고 POS 작동

미숙인 경우도 있었습니다. 시스템 문제는 업체에 반드시 원인을 물어 즉각 수정해야 하며, 작동 미숙 문제는 전적으로 점장 책임입니다.

한편 상품구성이 자주 바뀌면서 공급가격도 계속 수정해야 하는데 이것이 제때 되지 않아 바코드 오류가 여러 차례 발생했습니다. 이 역시 본부와 모델점에서 긴밀하게 소통해야 빈틈이 생기지 않는 일인데, 한정된 인력으로 많은 일을 처리하다 보니 실수가 생긴 것이라 봅니다. 바코드 오류가 발생하면 매출 관리에 혼란이 오는 것은 물론, 고객에게 불쾌감을 줄 수 있고 신뢰도도 떨어질 수 있습니다.

마지막으로 매장 운영비용과 소모품에 대한 내용입니다. 모델점 개점에서 운영까지의 과정에서 가장 큰 문제가 바로 이 점이 아닐까 싶은데요. 지금 모델점처럼 운영비가 지출된다면 가맹점을 하려는 사람은 거의 없을 것 같습니다. 개점을 위한 현수막이나 전단지, 삽지비, 행사비가 지나치게 지출되었고 마케팅 비용도 예상보다 많이 나가고 있습니다. 또한 고객을 모객하고 점포에서 판매하는 기술이 부족하여 구매단가가 높은 상품 판매가 부진했고요.

제 판단으로 가맹점주가 수긍할 수 있는 전단지 비용은 1만 2,000부 기준으로 50만 원 정도입니다. 그런데 모델점의 경우 100만 원이 넘었습니다. 그렇다면 본부에서 일정 금액을 지원해야 한다는 뜻인데 그것보다는 우리에게 맞는 제작업체를 찾는 편이 낫지 않겠습니까? 담당 직원이 좀 더 알아보고 진행했으면 좋았을 것이라는 아쉬움이 남습니다.

매장에서 사용하는 비품, 소모품 역시 다른 업체에 비해 공급가가 높은 것이 걸립니다. 사소한 부분이지만 이런 것들이 비싸게 제공되면 가맹점주는 '본부가 이런 부분에서 수익을 남기는구나'라고 생각할 수 있습니다."

허 사장과 임원들은 서 대표의 말을 들으며 메모를 했다. 영업 담당 이사가 질문을 던졌다.

"본부의 마케팅 비용도 예상보다 많이 지출됐다고 하셨는데, 사업 초기에는 어쩔 수 없는 부분 아닐까요? 모델점이 여러 곳도 아니고 한 군데이니까 그곳에 마케팅 역량을 다 쏟아부으려면 말이죠."

"물론 그런 면도 있습니다. 다행히 지출이 늘어난 만큼 홍보 효과를 거둔 것도 사실이고요. 하지만 모델점의 취지 자체가 모든 것을 시험해보는 곳 아니겠습니까? 여러 가지 방법을 동원하고 그 가운데 최선의 방법을 택하여 최대의 수익을 올려야 합니다. 마케팅 계획이 도출되면 상품, 마케팅, 영업 모두가 협력하여 의견을 공유하고 비용 품의를 받으면 본부 차원에서도 좀 더 경제적으로 일할 수 있을 것이라 봅니다.

또 진행된 판매촉진은 전 과정을 별도 관리하여 판매촉진 노하우로 만들어야 합니다. 가맹점의 경우 제한된 예산으로 다양한 판매촉진 방법을 실시하기 어렵기 때문에 본부에서 이를 대신 실행해보고 과정과 효과에 대한 데이터를 가지고 있어야 합니다. 이러한 데이터를 바탕으로 슈퍼바이저를 통해 가맹점의 매출증대 방안을 협의할 수 있는 것입니다."

허 사장이 고개를 끄덕이면서 입을 열었다.

"그럼에도 모델점이 적자를 기록하지 않았으니 참 다행입니다."

좌중에 웃음이 번지고 서 대표가 말을 이었다.

"하하하. 결정적으로 자연보감의 상품이 좋고 소비자들의 마음을 잘 읽었기 때문이라고 봅니다. 이제 각자 맡은 부문에서 다시 한 번 모델점 개점과 운영 상황을 검토해보시고 가맹사업을 진행할지 결정하지요."

허 사장이 회의를 마무리했다.

"그렇습니다. 임원들은 각자 팀원들과 함께 자료를 검토하시고 다음 회의에서 가맹사업 여부와 방향에 대한 의견을 주시기 바랍니다. 우리 모두의 냉정한 평가로 자연보감의 앞날이 결정될 것입니다."

　이렇게 첫 번째 회의가 끝나고 다음 회의에서 사업 여부를 결정할 터였다. 임원들은 서 대표의 분석 자료와 함께 팀별로 모델점 운영과정 보고 자료를 취합해 평가를 준비했다.

　다시 며칠 뒤, 회의실 안은 사뭇 긴장감이 맴돌았다. 임원들은 나름대로 분석한 모델점 운영 자료를 살피며 회의를 기다렸다.

　곧 허 사장과 서 대표가 들어서고 곧바로 회의가 시작됐다.

　"오늘은 각 임원들의 의견을 마지막으로 듣고 가맹사업 여부를 결정하겠습니다. 상품개발 담당 이사님이 먼저 시작하시죠."

　"네, 상품개발팀에서는 모델점을 통해 긍정적인 가능성을 보았습니다. 특히 성장률이 높은 건강기능식품 라인을 정리·정비하면서 잠재시장도 발견하게 되었습니다. 지금은 매장이 모델점 한 곳이므로 개발비나 생산비가 많이 지출되는 것이 사실입니다. 하지만 모델점 소비자들의 반응을 통해 느낀 점은, 건강기능식품 전문 가맹점을 원하는 소비자들이 많다는 점입니다. 또 우리의 좋은 상품을 더 많은 소비자에게 공급할 수 있다면 자연보감의 경영이념을 실현할 수 있을 것이라 확신합니다. 따라서 저희 팀에서는 가맹사업을 지지하고 찬성합니다."

　잠시 침묵이 흐르고 나서 허 사장이 말을 이었다.

　"좋습니다. 그럼 이번에는 마케팅 담당 이사님의 말씀을 들어보겠습니다."

　"이번 모델점을 통해 직영점이라는 새로운 형태의 공간을 접했습니다. 그럼으로써 마케팅 전략도 새롭게 도출해야 했고 시행착오도 겪었고요. 하지만 저희 팀원들의 공통된 의견은 이러한 사업 형태가 '소비자들을 직접 만나는 느낌이 강하다'는 것입니다. 소비자들의 반응이 빠른 만큼 사업하는 입장에서도 더 자극이 되고 새로운 것을 계속 찾게 된다는 뜻이지요. 저희 팀은 사실 모델점 운영에서 예산을 초과 지출했기에 좀 뜨끔하긴 합니다만, 저와 팀원들의 의견은 가맹사업을 통해 자연보감이 그동안 쌓은 마케팅 노하우를 한 단계 업그레이드해보자는 겁니다."

마케팅 담당 이사의 말에 회의실 안의 긴장감이 풀리고 웃음이 번졌다.

"알겠습니다. 그럼 영업 담당 이사님 의견은 어떠신가요?"

"맨 처음 프랜차이즈 가맹사업에 대해 이야기할 때가 생각납니다. 판매량과 매출은 꾸준히 늘어나는데 영업이익률은 떨어진다는 말씀을 드렸지요. 그래서 수익률이 높은 건강기능식품 시장을 개발하는 데 저희 팀은 적극 찬성했습니다. 그리고 몇 달 동안 모델점을 겪어보니 저희 뜻은 더 확고해졌습니다. 자연보감의 미래를 위해서도 건강기능식품 가맹사업은 좋은 대안이 될 것이라는 점이지요. 다들 아시다시피 현재 모델점은 예상을 넘어 좋은 수익률을 보여주고 있습니다. 앞으로 모든 가맹점이 다 그렇게 될 것이라고 확신할 수는 없지만, 우리가 모델점을 설정하고 개발한 노하우를 발전시킨다면 가능성은 충분하다고 생각합니다. 따라서 저를 비롯한 팀원들은 가맹사업에 적극 동참하고자 합니다."

이야기를 듣는 허 사장의 얼굴에 잔잔한 미소가 번졌다.

"좋습니다. 그럼 회계 담당 이사님, 말씀해주시지요."

"네, 모델점을 개발하고 운영하면서 100% 계획대로 예산이 움직이지는 못했습니다. 특히 모델점 한 곳을 위해 새롭게 생산라인을 정비하고 물류창고를 가동하고 시스템을 개발하는 것은 분명 모험적인 투자였습니다. 그러나 결과적으로 매장 수익이 점점 상승곡선을 그리며 안정세를 찾아가는 것을 보니 사업성은 충분하다고 판단합니다. 저 역시 처음 이 사업을 논할 때 우리 자연보감이 새로운 전환점이 필요하다고 생각했기에, 앞으로 본격적인 가맹사업을 한다면 초심을 바탕으로 열심히 해보고 싶습니다."

잠시 침묵이 흐르고 허 사장이 말을 이었다.

"그렇다면 여러분 모두 우리 자연보감 건강기능식품 가맹사업에 찬성의 뜻을 갖고 있군요. 이 사업은 제가 생각했지만 실제로 이를 운영하는 것은 여러분과 함께입니다. 그동안 모델점을 개발·운영하면서 걱정이 더 컸습니다. 하지만 가맹사업에 대한 의지는 꺾이지 않았습니다. 그런데 지금 여러분의 의견을 들어보니 이제는 정말 잘해봐야겠다는 생각이 듭니다. 어떻습니까? 그럼 이제부터 자연보감 제2의 도약, 건강기능식품 가맹사업을 시작해도 되겠습니까?"

"네, 좋습니다!"

"더 늦기 전에 시작합시다!"

임원들은 모두 자리에서 일어나 박수를 쳤다. 허 사장이 다시 말을 이었다.

"제 뜻을 이해해주시니 정말 고맙습니다. 서 대표님께 한 말씀 들어봐야겠지요?"

"여러 기업을 컨설팅해봤지만 자연보감의 모델점처럼 모든 직원의 마음이 똘똘 뭉쳐 물 흐르듯이 진행이 잘된 경우는 아주 드뭅니다. 자연보감 모델점이 100점이라고 말할 수는 없지만 모델점을 통한 가맹사업 도전은 충분히 긍정적이라고 생각합니다. 이제는 본격적인 가맹사업을 위해 더 열심히 뛰겠습니다."

허 사장은 서 대표에게 악수를 청했다. 모든 임원은 다시 한 번 박수를 치며 가맹사업의 첫출발을 축하했다. 허 사장이 마지막으로 말했다.

"자, 이것으로 우리 목표는 확실해졌습니다. 모델점을 디딤돌 삼아 가맹사업을 펼쳐갑시다. 자연보감 건강기능식품 가맹사업의 성공을 기원하면서 오늘 저녁은 축하연을 열겠습니다!"

이렇게 해서 자연보감은 모델점의 개발과 운영을 바탕으로 가맹사업을 시작하게 되었다. 모델점이 자연보감 안에서 이루어진 일이라면 이제부터는 불특징 다수의 예비 가맹점주를 만나 함께 일구어가는 진짜 모험이 시작될 터였다.

Chapter 5

프랜차이즈 유닛
표준화

현상 재분석과 프랜차이즈화 준비

모델점 운영과 검증 과정이 끝난 뒤 자연보감의 FC팀과 맥세스팀원들은 더욱 분주해졌다. 그동안은 모델점을 개점하려고 바탕을 닦았다면 이제는 프랜차이즈 가맹사업을 펼치기 위해 본격적인 준비가 필요했기 때문이다. 특히 맥세스의 서 대표와 팀원들은 그동안 쌓은 컨설팅 노하우를 바탕으로 자연보감의 프랜차이즈 사업 기반을 마련하는 데 힘썼다.

이들은 모델점을 계속 운영하면서 지속적인 정보 수집과 검증을 사업 '모델'로 100% 활용하고, 한편으로는 가맹사업을 위한 단계를 밟아나가기로 했다. 따라서 '2장 프랜차이즈 가맹사업 실행계획'에서 규정한 내용을 단계별로 자연보감 유닛화를 확정하고자 했다.

기 운영 점포의 데이터 분석

주요 이슈

개요
1) 매출, 고객수를 기준으로 손익분석을 하여 표준화하는 작업
2) 매출을 기준으로 한 운영체제의 표준설정

프랜차이즈화 가능성 검토

주요 Activity

점포 운영 분석을 통한 프랜차이즈 비즈니스 모델의 재도출
- 투자비(시설비, 투자비 등) 분석
- 연간 손익분석(매출, 원가, 판매관리비, 영업이익 등)
- 인원·인건비 분석
- 고객층 분석(상권, 유동인구와 내점고객)
- 제공 상품분석(판매분석, 원가분석 등)
- 입지와 상권 분석
- 영업표지와 Visual Identity 분석
- 점포 설계 분석
- 노하우(점포 운영, 판매촉진 등) 정립

프랜차이즈 유닛 표준화를 위한 기초작업

노하우 정립

프랜차이즈 비즈니스 모델

모델점 운영의 목적

우선 프랜차이즈 가맹사업을 구성하는 단위요소를 표준화하는 '프랜차이즈 유닛(UNIT)의 표준화' 단계가 시작됐다. 유닛 표준화에 앞서 현상 재분석과 프랜차이즈화 준비 과정이 필요했다. 프랜차이즈 가맹사업을 하려면 기존에 운영되는 점포를 재분석해 가맹점 표준투자비, 표준 손익모델 등 표준가맹점을 설정해야 하는데, 자연보감의 경우 모델점을 재구축하는 방안도 동원되었다.

자연보감의 경우 모델점 설정에서 검증 과정까지 큰 무리 없이 진행되어왔기에 이를 바탕으로 진행할 수 있었다.

본부 이념체계의 구축

프랜차이즈 가맹사업을 진행하겠다는 목표를 설정했다면 기업의 방향성이나 경영지침의 체계화가 반드시 필요하다. 이념체계 구축은 1단계 회사의 신념·고객에 대한 기본정신 등 현재 이념 집약, 2단계 자사 사업에 대한 정의를 통한 사업 영역의 명확화, 3단계 기업의 사회에 대한 존재가치를 명확히 하고, 4단계 경영의 기본 지침을 마련하여 경영이념의 명확화, 5단계 사원에게 바라는 행동의 가치관과 지침 등을 행동규범으로 명확히 하여야 한다.

이 과정에서 자사에 적합한 사업 분야나 사회에 대한 존재가치를 다시 한 번 명확히 함으로써 구성원 사이의 일체감을 높이고, 목표를 향해 똘똘 뭉치는 원동력이 될 수도 있기 때문이다. 팀원들은 머리를 맞대고 모델점을 운영하려고 마련한 자연보감의 사업 목표, 사업 영역, 경영철학, 비전 등 기존 경영이념을 검토해 가맹사업을 위한 새로운 이념을 도출해냈다.

1단계	2단계	3단계	4단계	5단계
현재 이념 집약	사업영역의 명확화	존재가치의 명확화	경영이념의 명확화	행동규범의 명확화

- 현재 존재하는 회사 내 이념에 대한 것을 집약한다.
  - 회사의 신념
  - 고객에 대한 기본 정신
  - 회사의 담화 등
- 자사 사업의 정의를 명확히 한다.
- 기업의 사회에 대한 존재가치를 명확히 한다.
- 경영의 기본 지침을 명확히 한다.
- 사원에게 바라는 행동의 가치관이나 지침을 명확히 한다.

- 기업이 궁극적으로 갖춰야 할 모습을 발견하여 이념체계를 정리하는 작업은 자사에게 적합한 사업분야나 사회에 대한 존재가치를 다시 한 번 명확히 해준다.

- 구성원 간의 일체감을 높이고 목표를 향해 하나가 되는 힘의 원동력이 된다.

- 프랜차이즈는 이념공동체라고도 불린다. 본부와 가맹점 사업자가 동일한 이념을 모토로 집결해 프랜차이즈 전체의 목적을 달성하기 위해 노력하기 때문이다. 조직 내 구심력을 높이기 위해 이해하기 쉽고 모두 공감할 수 있는 이념에 대한 명문화가 필수 요소다.

이념체계 구축단계

이념체계 구축 위한 기존 경영이념 정리

사업 목표	• 자연보감 브랜드의 강화, 기업의 생명력 강화 • 소비자의 니즈에 따른 건강기능식품 제공 • 건강기능식품 프랜차이즈 시장에서 자리매김 • 검증된 중소업체의 발굴과 협력으로 사회적 역할 수행
사업 영역	참살이 문화를 선도하고 고객의 건강과 행복을 위해 전국 모든 가맹점에서 전문적인 상품과 서비스를 제공하는 건강 지킴이가 된다.
경영철학	• 고객만족 실현 • 신뢰로 맺는 협력관계 • 사회의 모범이 되는 기업
경영이념	• 고객의 의견에 귀 기울이며 최고의 상품과 서비스를 제공한다. • 즐겁고 행복한 일터를 만든다. • 본부와 가맹점은 신뢰와 협조로 함께 발전한다. • 협력업체와 원활한 관계로 사회에 꼭 필요한 기업이 된다.
비전	• 정성적 • 고객만족 실현 • 정량적 • 본부 매출액 80억 원 달성 • 건강기능식품 문화 선도 • 우수한 프랜차이즈 가맹체제구축 • 첫 사업연도에 수도권 내 50개 점포 오픈

자연보감 건강기능식품 전문점의 기존 경영이념 정리를 통한 현재 이념 집약

- 대한민국 참살이, 건강 생활문화의 선두주지
- 소비자의 요구에 한 발 앞서는 양질의 상품과 서비스 제공
- 전산화된 시스템 도입으로 편리한 매장관리와 영업
- 가맹점의 매출 향상을 위한 고객관리 시스템
- 본부의 체계적 교육과 인원관리 시스템

본부 이념체계 재정비

사업 영역	• 직접적: 건강기능식품 전문점 • 정의: 고객의 건강과 행복을 위해 전문적인 상품과 서비스를 제공하는 사업
존재가치	우리는 국내의 건강 생활문화를 선도하며 자연보감을 찾는 모든 고객이 건강과 행복을 얻을 수 있도록 공헌한다.
경영이념	• 고객: 고객의 소리에 귀 기울이고 최상의 상품과 서비스를 제공한다. • 가맹점주: 신뢰와 협조를 바탕으로 함께 발전한다. • 협력업체: 사업의 동반자로 사회에 공헌한다. • 직원(본부): 자연보감 프랜차이즈 사업 성공의 핵심으로서 언제나 소통하고 함께 발전한다. • 직원(가맹점): 직원만족을 통해 고객만족을 실현한다.
행동규범	• 내가 담당하는 업무에 대해 최고 전문가로서 지속적인 역량개발에 힘쓴다. • 언제나 고객 입장에서 생각한다. • 회사는 즐겁고 행복한 일터다.

이렇게 이념체계가 정립되었다면, 이제부터는 본격적으로 프랜차이즈 유닛 표준화를 진행해야 하는 시기에 이르렀다. 프랜차이즈 유닛 표준화는 투자비, 손익, 고객, 상품, 상권과 입지, 영업표지, 인테리어, 점포운영, 판촉 등 유닛별로 가맹사업에 가장 적합하도록 만들어내는 과정이다.

이러한 프랜차이즈 유닛 표준화 프로세스를 살펴보면, 1단계 타깃표준화, 2단계 상품표준화, 3단계 입지상권표준화, 4단계 BI표준화, 5단계 SI표준화, 6단계 점포운영표준화, 7단계 투자·손익표준화 등의 순으로 진행되어야 한다.

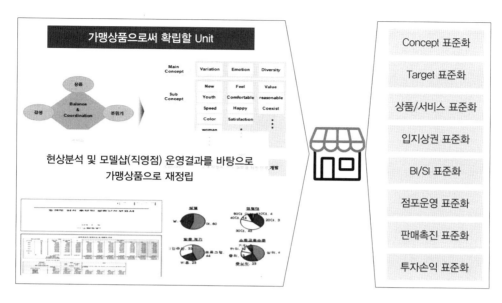

가맹상품으로써 확립할 Unit

| Main Concept | Variation | Emotion | Diversity |
| Sub Concept | New Youth Speed Color woman | Feel Comfortable Happy Satisfaction | Value reasonable Coexist |

현상분석 및 모델샵(직영점) 운영결과를 바탕으로
가맹상품으로 재정립

Concept 표준화

Target 표준화

상품/서비스 표준화

입지상권 표준화

BI/SI 표준화

점포운영 표준화

판매촉진 표준화

투자손익 표준화

콘셉트 재정립을 통한 프랜차이즈 유닛 표준화

콘셉트 표준화	타깃 표준화	상품 표준화	입지상권 표준화	BI표준화	SI표준화	점포운영 표준화	투자·손익 표준화
현상재분석을 바탕으로 가맹사업 브랜드로서의 콘셉트 재정립	• 최종소비자 • 타깃층선정 　– 연령별 　– 직업별 　– 성별 • 유통채널 선정 　– 가맹점 　– 인터넷 　– 할인점 　– 홈쇼핑 　– 백화점 　– 무점포	• 상품구성 • 상품가격 • 조리매뉴얼 • 상품제공 방법 　– 배달 　– T/O • 원부재료의 규격화 • 시설·장비 • 집기비품 • 가격결정	• 입점형태 　– 층수, 평수, 　 전면 등 • 상권유형 　– 주택가, 　 오피스가, 　 역세권, 　 유흥가, 　 복합 상권 • 매출예측	• 브랜드 네이밍 • 상표(서비스) 　표·등록 • Visual Identity 　– 유니폼 　– 판촉물 　– 포스터 　– 전단지 　– 포장용기 등	• 인테리어· 　익스테리어 • 간판 레이아웃 　– 의자·탁자 　– 진열대 　– 주방기기 　– 냉난방기 등	• 영업시간 • 인원편성 • 판매촉진 • 고객관리 • QCS관리 　– 품질관리 　– 서비스 　– 청결 • 직원교육 • POS 활동	• 표준투자비 　– 가맹금 　– 시설비 　– 점포비 　– 초도입고 • 표준 손익 　– BEP 매출액 　– 원가율 　– 영업이익 • 자금조달계획 • 투자회수계획

프랜차이즈 유닛 표준화 프로세스

자연보감의 경우 표준화 프로세스에 충실하게 진행하였고, 더불어 '판매 촉진 노하우 정비'까지도 진행하게 되었다. 이렇게 프로세스별 유닛 표준화를 진행하려면 사전에 필요자료를 나열해볼 필요가 있었다. 유닛 표준화를 위한 필요자료는 다음과 같다.

손익분석

① 연간 월별 매출액
② 상품(메뉴별) 판매가·판매원가(메뉴＋찬류)
③ 연간 월평균 판매관리비(계정과목별)
④ 점포비: 보증금, 권리금, 임대료, 관리비
⑤ 시설비: 인테리어, 익스테리어, 기기류 등
⑥ 기타: 집기비품, 소모품, 유니폼, 판촉물, 인허가비 등
⑦ 금융(이자)비용과 대출금액, 상환조건

타깃

① 연령별, 직업별, 성별 고객 분석
② 객단가 또는 테이블 단가

상품

① 상품 분류, 상품 설명서, 메뉴북
② 상품(메뉴)별 매출액, 판매량, 판매단가, 판매원가
③ 주단위·시간대별 평균매출액

입지상권

① 입지상권 조사 자료(점포 현황, 주변 상권 등)

이러한 과정이 없다면 본부의 노하우 축적, 매뉴얼 정립 등 점주에게 본부로서 기능을 하지 못하게 될 것이 뻔하다. 그렇기 때문에 프랜차이즈로 가는 길목에서 정말 중요한 일이 아닐 수 없다.

타깃과 제공 상품의 표준화

모델점을 운영하는 동안 점차 주 고객층이 구분되고 상품 라인도 정비되었다. 가맹사업을 위해서는 주 고객인 '타깃'과 제공 상품의 표준화도 필요했다. 타깃 및 제공 상품의 표준화는 모델점의 매출데이터 정보와 점장, 부점장, 직원들의 직접 면담을 통해 분석된 고객의 needs와 wants, 경쟁사 대비 포지셔닝 분석을 종합하여 정립할 수 있었다.

자연보감은 생필품 영역 밖의 상품이므로 월소득이 일정 금액 이상 되는 가정을 타깃으로 하는 등 프랜차이즈 진입전략에서 세운 목표고객(월소득 350만 원 이상 가정의 30~50대 주부, 60대 이상 노부부, 20~30대 직장인 미혼남녀)이 실질적으로 내점하는지 검토가 필요한 상황이었다.

고객의 Needs 및 Wants	상품(서비스)의 표준화	표준화의 실행

고객의 Needs 및 Wants
- 소비(이용) 트렌드의 변화
- 고객 만족도 설문 조사
  - 이용 행태 분석(이용패턴, 비용지출 등)
  - 고객 선호 환경 분석

자사의 상품 / 서비스 분석
- 핵심 차별점 분석
- 가격 / 서비스 분석
- 매장 근무 직원 관련 등 분석

경쟁사 대비 Positioning 분석
- 상품 및 서비스의 차별성
- 시설 / 분위기 등 차별성
- 기타

상품(서비스)의 표준화
- 상품/서비스 표준화
  - 개선안 제안 및 표준화
- 차별적 상품/서비스 개발

표준화의 실행
- 상품, 가격, 서비스 시설, 분위기 등 개선 작업 진행
- 상품/서비스의 지속적인 보완

이에 모델점의 고객관리 프로그램과 POS데이터를 활용해 내점한 고객층을 분석한 결과, 여성이 85%, 30~50대가 65%, 전업주부가 45%로 나타나 진입전략에서 목표한 고객층을 큰 무리 없이 주 고객으로 표준화할 수 있었다.

고객층 분석

성별	여성: 85% 남성: 15%
연령대	30~50대: 65% 60대 이상: 20% 20대: 15%
직업	전업주부: 45% 직장인 주부: 30% 직장인(싱글족, 남성): 25%
기타	유치원, 학원, 복지관, 문화센터 등 지역 내 단체

자연보감 건강기능식품 전문점의 타깃은 30~50대 주부로, 이들은 지역 특성을

감안할 때 트렌드에 민감하고 소비력을 갖춘 사람들이라고 볼 수 있다. 따라서 주고객층의 요구에 부합하는 상품과 마케팅을 전략적으로 짜는 것이 중요할 터였다.

한편 상품관리와 분석 등의 업무를 효율적으로 진행하기 위해 상품 라인을 표준화하는 작업도 했다. 모델점에 적용했던 상품구성을 분석해 가맹사업을 하는 데 가장 적절한 선을 찾는 것이 관건이었다.

프랜차이즈 진입전략에서 세운 상품콘셉트(건강기능식품, 건강지향식품, 유기농식품, 자연식품 등의 상품구성)에 따라 모델점의 상품을 판매하고 도출되는 결과를 분석하였다. 궁극적으로는 건강기능식품 전문점을 표방했으므로 건강기능식품을 좀 더 다양화, 세분화(건강기능식품, 미용·다이어트식품, 성장촉진식품)하고 로스리더는 전략적으로 배치하기로 했다.

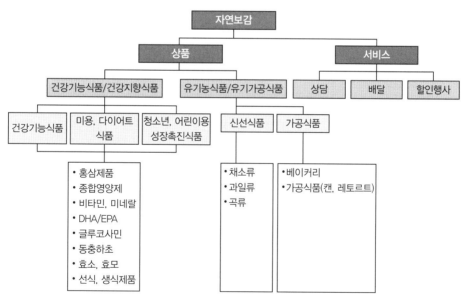

상품표준화 체계

냉장고

건강
기능

냉동고

오가닉

건
지

오
가
닉

대표

오가닉
건지

카운터

행사

행사

입구

| 환·꿀·건강식품 | 전통건강·차류 | 미용·다이어트 | 선물세트 |

건강, 미용, 다이어트 FACING 부분 사례

입지평가와 선정기준 작성

가맹점을 열 때 가장 기본이 되는 것이 바로 입지와 상권 선택이다. 상권조사분석을 통한 입지평가에 대한 사고방식은 '입지평가=매출'을 예측하는 것이 아니라 채산성이 있는 입지를 선정해 부진한 매장을 예방하자는 것이어야 했다. 자연보감은 기존 모델점 한곳을 바탕으로 기준을 작성하기로 했기에 가맹사업을 하면서 이를 지속적으로 업그레이드해야 한다는 것을 팀원이 모두 마음에 다시 한 번 새겨두었다.

자연보감의 경우 모델점의 입지를 성공적으로 선정했으므로 사업 설정 단계에서 수립된 가맹점 입지상권의 콘셉트는 큰 변화 없이 유지하는 방향으로 결정했다. 그러나 기준 넓이는 33~50m²가 아닌 50m² 이상으로 변경했는데, 현재 모델점이 50m²이지만 물건이 다양해질 가능성이 크고 그에 따라 좀 더 넓은 공간이 필요하다고 판단했기 때문이다.

따라서 이러한 콘셉트로 우선 1차 목표상권에서 가맹점을 집중적으로 개설하고 브랜드 인지도가 올라갔을 때 2차와 3차 목표상권으로 확대해나가기로 계획을 세웠다. 또 가맹점의 영업지역을 보장하기 위한 기준도 설정했다.

이는 같은 상권 안에서 매장이 여러 개 문을 열어 매출에 지장을 받지 않도록 본부 차원에서 방지하고 가맹점주의 기본 영업지역을 확보해주기 위한 수단이었다. 이렇게 설정된 영업지역은 가맹점주의 매출을 보장하기 위해 다른 가맹점뿐만 아니라 본부 직영점도 출점할 수 없도록 규정하였다.

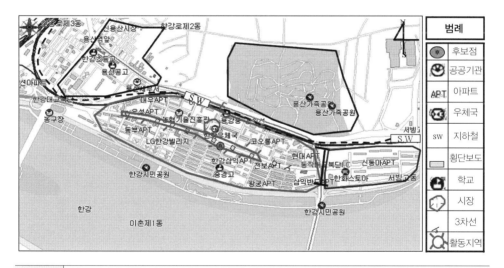

지역 특징	• 후보점의 지역 특징으로 가장 크게 나타나는 것은 이웃 지역과 확연히 단절되어 있다는 것 • 후보점 배후에 한강이 있어 한강 이남지역과 상권이 단절되어 있으며, 북으로는 경원선이 자리 잡고 있고, 용산가족공원이 있어 상권의 연계성을 저해하는 가장 큰 요인으로 작용 • 전체적으로 독립적인 경제활동이 일어나는 지역으로 판단

BI(Brand Identity) 규정

상표(서비스표)는 독점적·배타적 사용권을 부여하는 것으로 자사 상표를 등록하여 관리할 필요가 있다. 특히 프랜차이즈 본부라면 이에 적합한 상표 전략을 짜는 것도 중요한 일인데, 실제로 대부분의 프랜차이즈업체들이 받는 가맹금의 상당 부분은 상표 사용료(Royalty)라고 봐도 지나친 말이 아니다.

소비자들에게도 프랜차이즈 기업의 독점적 상표는 그 기업을 인식하고 선택하는 데 중요한 역할을 한다. 자연보감은 모델점 개점 전에 디자인을 개발하기 위해 여러 업체의 지명원을 면밀히 검토하고 경쟁 프레젠테이션을 거쳐 전문업체를 선정하였다. 선정된 업체는 2주 만에 디자인 개발방향과 표현전략, 1차 디자인 시안을 가지고 보고하였다. 이때 100여 가지 시안 중 기본이 될 서체와 표현 느낌 등을 결정하였고, 결정된 내용을 중심으로 더욱 심도 있는 BI 개발을 진행하였다.

다시 일주일 뒤 4개로 압축된 기본 후보군을 볼 수 있었고 더 세밀한 수정과 보완작업을 진행하기 위해 그중 1개를 선정해야 했다. 이에 전 직원의 의견을 객관적으로 수렴해 4개 후보군 중 1개를 선택하여 일주일 뒤 최종 완성본을 보기로 하였다.

어느덧 다시 일주일이 지나 기본 최종 완성본을 확인할 수 있었다. 기본항목은 로고, 심벌 등을 볼 수 있었고 이해를 돕기 위해 간판(Sign) 느낌을 포함한 이미지를 표현하였다. 이렇게 BI 기본항목을 정립하는 데 4주가 걸렸다.

자연보감은 모델점을 개점할 때 상표와 엠블럼 등에 대해 상표권을 등록해두었다. 그러나 가맹사업을 하려면 좀 더 꼼꼼하게 확인해야 했으므로 변리사의 자문을 받아 다시 한 번 점검하기로 했다.

재점검을 거쳐 상표권 등록을 BI 기본항목뿐만 아니라 응용항목을 활용한 소모품 등으로 확장하기로 결정하게 되었다.

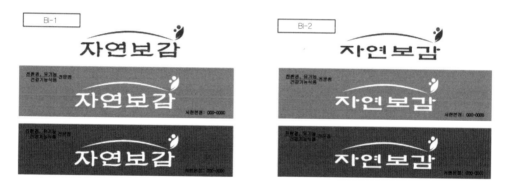

자연보감 BI 개발 사례

SI (Store Identity) 표준화

모델점의 매장 디자인과 사양 등을 검토하여 인테리어와 익스테리어, 시설기기 등 설계 표준화를 통한 Store Identity를 정립하는 과정은 본부의 통일된 이미지를 구축하려면 꼭 필요한 작업이었다. 이에 진입전략의 SI 정립방향을 기초로 Store Identity를 정립하려 했다.

- 분위기: 깨끗하고 단정하면서도 따뜻한 분위기, 매장에 들어오는 것만으로도 건강해질 것 같은 느낌 선사
- 전문성: 고객 상담 공간, 건강과 생활문화 정보를 담은 패널 활용
- 이미지: 접근성과 가시성 확보를 위한 간판, 입체형 간판, DP활용 등

가맹사업이 확대되어 전국 어디서나 자연보감 가맹점이 문을 연다고 가정했을 때 전국에서 볼 수 있는 '자연보감만의 매장 분위기'는 소비자들에게 신뢰를 얻고 판매를 늘리는 데 중요한 역할을 할 터였다.

SI는 BI와 연계해 가시성이 확보된 간판, 외부디자인을 설정하고 전문성과 차별성을 느낄 수 있는 인테리어와 진열 형태로 소비자들의 마음을 사로잡아야 했다.

매장 안은 고객과 직접 만나는 장소인 만큼 레이아웃이 중요했다. 그래서 상품개발팀, MD, 마케팅팀 등 모든 분야 담당자가 함께 의견을 나누어 가장 효율적인 레이아웃을 도출하기 위해 머리를 맞댔다.

모델점의 경우 운영과정에서 조금씩 보완·수정되었으므로 이 과정을 적극 참고하여 가맹점 개설 시 기본 매장 레이아웃을 도출할 수 있었다.

공간설정 (Zoning)	• 전면: 건강기능식품 신제품, 할인행사 상품 • 후면: 상담존, 팸플릿 진열대 • 좌측: 유기농 신선식품, 유기농 가공식품 • 우측: 건강기능식품, 건강지향식품 • 중간: 베이커리 제품, 좌우측 존과 연계
진열	• 상담존: 테이블과 의자(3), 책꽂이 • 신선식품: 냉장고, 냉동고(서랍형+전시형) • 건기식, 건지식: 하단(수납), 1~3단(전시) • 베이커리: 테이블 전시

VMD(Visual Merchandising)가 가능한 디자인(인테리어)업체 선정, 통일화 작업 추진
$50m^2$ 기준 초도상품 고려, 영업 노하우 접목

Funtional Design
- 고객 지향적인 공간의 기능성 추구
- 상품 진열, 서비스 등 공간의 구분

인테리어와 익스테리어
- 프리미엄 매장 느낌 연출
- 외관과 점내의 이미지 일체화
- 상품 특성에 따른 Zoning
- 환경친화성, 차별성 확보

SI 매뉴얼
- 지역별·위치별
- 지원아이템별 유형개발

기능디자인

의장디자인

유형개발

인테리어와 익스테리어 표준안

SI 표준 매뉴얼 정립

시설 기기 개선(기기, 동선 등)

타깃 상권에 맞는 분위기 연출

※인테리어 전문업체를 통하여 표준화함

SI 개발방향

인테리어 프로세스 표준화

SI 개발 사례

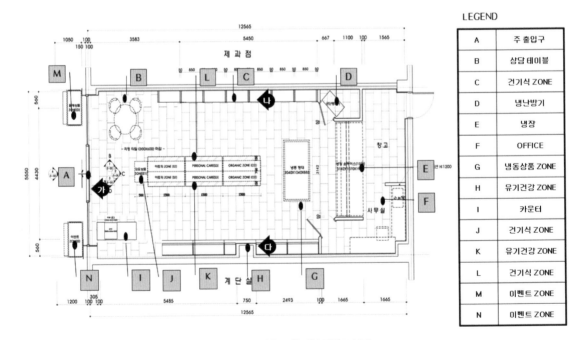

스케치를 기초로 한 기본 평면도 사례

동시에 목공사, 도색, 바닥, 조명 등 모델점 인테리어 공사 과정을 참고로 가맹점 인테리어 공사에 소요되는 표준비용을 산출할 수 있었고, 인테리어 프로세스 역시 정립할 수 있었다.

판매 촉진 노하우 정비

가맹점을 열려면 가맹점주들에게 전수할 본부 차원의 판매 촉진 노하우를 반드시 마련해야 한다. 가맹점주는 사업 초보자이므로 초기에 본부의 든든한 지원이 따르지 않으면 안정권에 접어드는 데 그만큼 시간이 많이 걸릴 수밖에 없다. 이에 자연보감은 목적별 판촉방법에 따라 모델점에 LSM을 적용하였다.

자연보감은 현재 운영하고 있는 모델점의 LSM(Local Store Marketing) 효과를 분석한 뒤 판매 촉진 노하우를 정비해 매뉴얼로 만들고 이를 노하우 기반으로 삼기로 했다. 매장 운영은 기본적으로 POS 시스템을 이용하여 수·발주, 재고관리·매출관리를 하도록 했다. 앞으로 가맹점이 늘어날 경우 본부와 가맹점들 사이를 긴밀히 연결해 물량을 점검하는 일이 더욱 중요하므로 POS의 관리와 활용도 중요한 부분이 되었다.

그뿐만 아니라 맥세스팀원들은 슈퍼바이저의 역량을 강화하고 가맹점 관리 활동을 원활하고 효율적으로 하도록 SPSP(Store Promotion Support Program)를 제안해 가맹사업에 더 큰 효과를 기대했다. 이는 가맹점의 특징과 가맹점주의 의견을 존중하고 본부와 가맹점의 소통을 중요하게 생각하겠다는 자연보감의 의지가 반영된 것이기도 했다.

판매촉진 유형설정

목적	방법
신규 고객의 내점 촉진	전단지 배포, 점포 앞 이벤트, 온라인 홍보(블로그, 맘카페 커뮤니티 등)
재방문율 높이기	재방문 혜택 제공(쿠폰, 스탬프, 포인트 적립등)
객단가 높이기	세트 상품 개발, 고단가 상품 개발, 일정금액 이상 구매 시 혜택 제공
시즌별 매출 증대	시즌 이벤트 기획(테마, 계절, 차별화) 및 시즌 상품 개발
비수기 매출 저하 방지	일부 상품 할인, 특정 상품 이벤트, 일정금액 이상 구매 시 혜택 제공
브랜드 가치 높이기	사보 발행, 온라인 판매촉진 활동, 사회공헌활동, 친환경 활동 강화
기타	점포 기념일 이벤트(오픈 1주년 행사), 자체 개발 판촉용 상품 제공

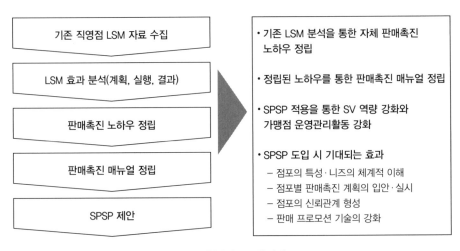

LSM 실행방법 표준화 사례

운영 노하우 정립

　　　　　　모델점 운영과 정보를 분석해 수익 면에서 프랜차이즈
　　　　사업의 가능성을 검토했다면, 더 많은 고객을 끌어들이
는 차별화 경쟁우위 요소를 도출하여 운영 노하우를 정립하고 시스템을 표준화하는 과정이 남았다. 가맹사업은 고객뿐만 아니라 가맹 희망자들을 끌어당기는 요소 역시 중요하므로 어떤 매력 포인트를 만들 수 있는지 예비 가맹점주 입장에서 생각해볼 필요가 있었다.

현재 모델점을 볼 때 자연보감 건강기능식품 전문점의 매력은 개척이 덜 된 시장을 선점했다는 것과 '자연보감'이라는 브랜드의 가치였다. 깨끗하고 안전한 먹거리, 고급스러운 제품이라는 이미지는 가맹사업을 하는 데도 큰 힘이 될 요소였다.

사회적·문화적 흐름으로 볼 때 건강식품에 대한 소비자 관심은 점점 높아질 수밖에 없다는 점도 무수히 많은 잠재고객을 개발할 수 있다는 가능성을 의미했다. 무엇보다 중요한 것은 가맹 희망자를 끌어들이는 요소다. 자연보감은 모델점 개발과 운영과정에서 짧은 시간 안에 좋은 결과를 거둠으로써 이를 바탕으로 매장 운영, 매출과 수익 관리, 마케팅, 교육 등 분야별로 매뉴얼을 만들어나갔다.

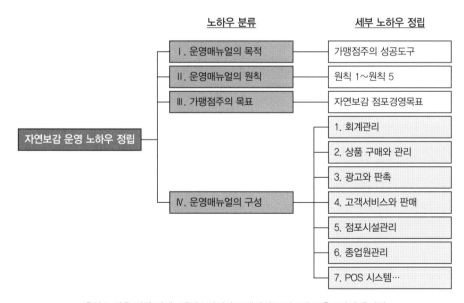

운영 노하우 정립 사례: 맥세스컨설팅 프랜차이즈 시스템 구축 3단계 유닛화

현재 자연보감의 매력 도출	• 왜 고객이 자연보감을 방문하는지, 앞으로 계속해서 방문할 이유는 무엇인지를 파악하여 자연보감 자체의 매력 도출
타 브랜드와 매력을 비교하여 경쟁우위의 매력 도출	• 자연보감의 경쟁 브랜드 파악 • 타 브랜드와 비교하여 특별히 경쟁우위에 있는 요인 분석 예) 상품, 서비스, 장소 등
가맹희망자를 끌어당기는 매력정리	• 가맹희망자에게 제공할 수 있도록 자연보감의 차별화된 노하우 정리 예) 투자수익, 본사지원(개발, 개점, 운영, 교육 등), 편의성 등 • 정리된 매력을 지탱할 수 있는 노하우나 시스템의 명확화(매뉴얼화 등)

• 사업을 프랜차이즈화할 경우 그 사업이 고객의 지지를 계속해서 받을 수 있는 매력을 최대한 많이 갖추어야 하며
• 그 매력이 다른 경쟁 브랜드와 비교해서 차별화되고 우위성을 갖고 있어야 함

모델점 경영 시뮬레이션

프랜차이즈 가맹사업을 시작하기로 의견을 모으고 본격적으로 준비하기 시작한 만큼 이제 모델점의 수익성은 무엇보다 중요한 이슈가 되었다. 모델점 기준으로는 ROI수준(0.24)이 다소 낮으나 계절지수를 고려하여 가맹점으로 전환할 경우 투자 대비 수익성이 얼마나 되는지 분석하여 수익성을 높이도록 시뮬레이션을 개발·적용해 실제 수익 상승으로 이어지는 것이 관건이었다.

경쟁력 있는 사업으로 시장에 진입하기 위해서는 수익성을 일정 수준 이상으로 갖춰야 하며, 직영점에서 가맹점 기준으로 전환 시 투자 대비 수익성을 분석하여 투자 및 손익 모델을 정립해야 한다.

경쟁력 있는 사업으로 시장에 진입하기 위해서는 수익성을 일정 수준 이상으로 갖춰야 하며, 직영점에서 가맹점 기준으로 전환 시 투자 대비 수익성을 분석하여 투자 및 손익 모델을 정립해야 한다.

구분		금액		비고
		내용	%	
매출		32,920	100	2023년 1월 실제 매출
매출원가		18,277	55.5	원가율: 58.3%
매출이익		14,643	44.5	1월 실 매출이익률
판매 관리비	인건비	5,500	16.7	점장(3,000), 부점장(2,500)
	임차료	3,800	11.5	건물임차료
	수도·광열비	566	1.7	전기 500, 수도 66
	통신비	102	0.3	
	소모품비	36	0.1	
	감가상각비	1,267	3.8	5년 정액상각
	택배비	105	0.3	택배 83, 우편 22
	손실	441	1.3	1월 실제 손실(폐기·할인)
	공과금	132	0.4	근무인원 저녁 식대 300, 유류대 30
	기타	838	2.5	보안, 방역, 카드수수료 등
	용역비	110	0.3	
계		12,297	39.2	
영업이익		1,746	5.3	
투자금리		690	2.1	보증금: 5,000만 원, 권리금: 1억 5,000만 원, 시설 7,600만 원(연리 3%)
경상이익		1,056	3.2	

*출처: 매출/이익률—POS DATA, 비용—자연보감 1월 마감 결과

모델점 수익성 검토 사례

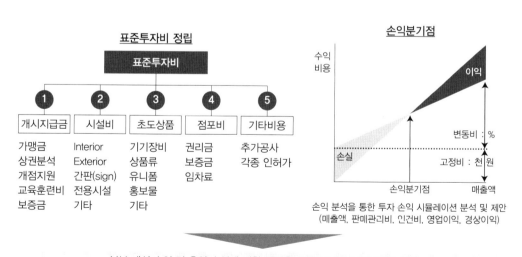

표준투자비 정립

표준투자비

① 개시지급금
가맹금
상권분석
개점지원
교육훈련비
보증금

② 시설비
Interior
Exterior
간판(sign)
전용시설
기타

③ 초도상품
기기장비
상품류
유니폼
홍보물
기타

④ 점포비
권리금
보증금
임차료

⑤ 기타비용
추가공사
각종 인허가

손익분기점

수익
비용

이익

변동비 : %

고정비 : 천원

손실

손익분기점   매출액

손익 분석을 통한 투자 손익 시뮬레이션 분석 및 제안
(매출액, 판매관리비, 인건비, 영업이익, 경상이익)

본부 개설 수익 및 운영 수익에 대한 정립을 통해 FC 본부 사업계획 수립

Chapter 6

프랜차이즈
본부경영체제 구축

프랜차이즈 시스템 가치사슬

프랜차이즈 유닛을 표준화하는 단계에 이어 프랜차이즈 본부체제 구축 단계에 접어들었다. 자연보감 FC팀과 맥세스팀원들은 분석 자료를 바탕으로 유닛을 표준화하고 다시 이를 기반으로 본부체제를 만들어나갔다. 그동안은 모델점 한 곳을 위해 본부체제가 유지되었다면 이제 자연보감 본부는 수많은 가맹점을 모집하고 개발·출점하는 역할을 하는 더욱 튼실한 뿌리가 되어야 할 터였다.

프랜차이즈 가맹사업은 본부의 체계적 시스템이 기초가 된다. 가맹점을 발굴해 점포를 개발·운영하고 교육과 지원을 지속적으로 하려면 본부의 운영 시스템이 갖춰져야 하기 때문이다. 시스템은 크게 가맹점 개발, 개점지원, 운영 시스템, 마케팅 시스템, 지원 시스템으로 나눌 수 있다.

가맹점 개발 시스템에서는 다양한 홍보 활동을 벌여 점포와 점주를 발굴하고 이를 계약으로 성사시키는 역할을 수행한다. 정확한 정보를 가지고 상권을 분석하여 매출을 예측하고 상담을 진행하는데, 이 과정에서는 무엇보다 예비 가맹점주에게 신뢰와 확신을 주는 것이 중요하다.

가맹계약이 끝나면 개점 준비 과정이 시작된다. 점포 공사와 감리, 각종 설비와 시설을 확인하고 초도상품 입고와 개점 행사까지 하게 되는데, 이 과정에서 가맹점주는 본격적으로 자신의 매장을 관리하는 시스템과 접하므로 이를 숙지할 수 있도록 본부 직원의 교육과 지도가 필요하다.

가맹점을 개점한 뒤에는 담당 슈퍼바이저가 지속적으로 방문·관리하며 본부와 가맹점을 잇는 역할을 하게 된다. 가맹점의 매출관리부터 다양한 마케팅, 고객관리까지 가맹점이 안정적으로 자리 잡도록 물심양면으로 지원하게 된다. 이러한 시스템의 밑바탕에서는 구매와 물류, 상품개발, 마케팅, 재무·인사관리, 교육 등

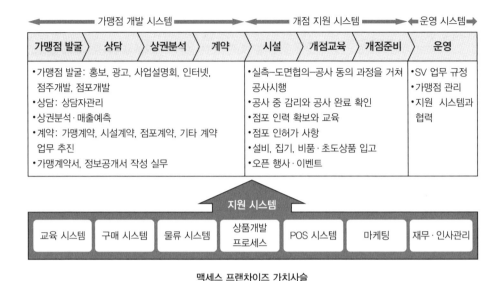

맥세스 프랜차이즈 가치사슬

부문별로 팀원들이 배치되어 프랜차이즈 가맹사업에 적합한 전문 상품과 서비스를 제공하게 될 것이다.

프랜차이즈 기업 사업계획 작성

모델점 개점과 검증을 바탕으로 상권의 유형, 입지의 표준투자비, 시설에 대한 표준투자비, 상품 종류와 공급가, 정보화 투자비, 물류방식, 점포운영에 필요한 인건비 등을 고려해 가맹사업의 가능성을 검증하였으므로 이를 기본으로 프랜차이즈 기업의 사업계획을 수립해 사업에 대한 투자 가능성을 점검하는 단계다.

자연보감 사업단계별 주요 계획과 신규진입을 고려한 저성장을 반영한 것으로 BEST안과 NORMAL안으로 검토하였다.

단계별 로드맵 사례

추진단계	기간	주요 추진방안

가맹점 사업 준비	~2022년 8월	• 액션러닝팀 운영: 자연보감 본부 내부인원(기획마케팅+상품 개발+영업), 외부 가맹점 전문가
		  steering committee: 허준 시장과 임원진
		• 가맹점 사업설계와 실행, 업무세팅 과정에 외부 전문가의 컨 설팅 방식 운영
		  -기존 직원의 역량 구축과 팀 빌딩 목적
		  -신규 채용은 사업준비 단계 후반부에 판단 후 채용, JOIN
		• 중장기 계획 수립과 2023년 사업계획 수립 연동-PO 과제

모델점 오픈	~2023년 1월	• 2023년 연내 1~2개 모델점 운영-1차 사업설명회 전 매뉴얼 과 시스템 정비(1단계 세팅) • 기본 IT 인프라·매뉴얼·조직·가맹점 패키지·상품개발 등의 1단계 완료 • 기존 건강전문점 중 가맹점 희망자 접수, 전환 진행-평가에 따른 전환
사업설명회, 다점포 운영	~2023년 6월	• 사업설명회를 통한 가맹점 모집(2023년 4~5월 내 완료) • 다점포 운영 노하우 확보, 자체적으로 사업운영이 가능한 수 준으로 세팅(2단계 세팅) • 인프라·매뉴얼·가맹점 패키지·상품개발 보완과 2단계 완료 • 사업조직 재편(본부·영업), 성공모델 확보, 사례화
확산플랜 준비	~2023년 12월	• 2023년 사업계획 수립-공격적인 마케팅 전략 수립(광고, 홍 보, 사업설명회) • 다점포 운영(12월 말까지 연간 50개점 개점 목표) • 2단계 세팅 내용에 대한 업데이트
본격적 확산	2024년	• 150개점 개설 목표·수익창출형 사업으로 완전 정착

BEST안—신설 초기 평균생산성 동일 적용안 사례

P/L(가맹본부 월간 손익)   (단위: 천 원)

구 분	가맹본부(적용 1안)			가맹본부(적용 2안)		
	2023년	2024년	2025년	2023년	2024년	2025년
GR	13,048,200	39,144,600	78,289,200	9,885,000	29,655,000	59,310,000
% of NR I	101.0%	101.0%	101.0%	101.0%	101.0%	101.0%
NR I	12,917,718	38,753,154	77,506,308	9,786,150	29,358,450	58,716,900
NR II	12,827,294	38,481,882	76,963,764	9,717,647	29,152,941	58,305,882
COGS						
% of NR I	47.3%	47.3%	47.3%	47.3%	47.3%	47.3%
% of NR II	47.6%	47.6%	47.6%	47.6%	47.6%	47.6%
GM	6,720,736	20,162,209	40,324,418	5,091,467	15,274,401	30,548,802
% of NIR I	52.0%	52.0%	52.0%	52.0%	52.0%	52.0%
ME						
% of NIR I	10.6%	8.1%	7.0%	13.0%	9.1%	7.6%
TRE	904,240	2,712,721	5,425,442	685,031	2,055,092	4,110,183
% of NIR I	7.0%	7.0%	7.0%	7.0%	7.0%	7.0%
FE						
% of NIR I	14.8%	8.2%	6.1%	15.2%	8.3%	5.6%
Oper Exp	4,182,772	9,035,379	15,586,757	3,450,615	7,154,014	11,908,028
% of NIR I	32.4%	23.3%	20.1%	35.3%	24.4%	20.3%
OP I	2,537,964	11,126,831	24,737,661	1,640,852	8,120,387	18,640,774
% of NIR I	19.6%	28.7%	31.9%	16.8%	27.7%	31.7%

NORMAL안—신설 초기 저생산성 적용안 사례(BEST안의 67% 수준)

P/L(가맹본부 월간 손익)   (단위: 천 원)

구 분	가맹본부(적용 1안)			가맹본부(적용 2안)		
	2023년	2024년	2025년	2023년	2024년	2025년
GR	8,598,764	30,532,788	65,371,482	6,622,950	23,130,900	49,523,850
% of NR I	101.0%	101.0%	101.0%	101.0%	101.0%	101.0%
NR I	8,512,776	30,227,460	64,717,767	6,556,721	22,899,591	49,028,612
NR II	8,453,187	30,015,868	64,264,743	6,510,823	22,739,294	48,685,411
COGS						
% of NR I	47.3%	47.3%	47.3%	47.3%	47.3%	47.3%
% of NR II	47.6%	47.6%	47.6%	47.6%	47.6%	47.6%
GM	4,428,965	15,726,523	33,670,889	3,411,283	11,914,033	25,508,249
% of NIR I	52.0%	52.0%	52.0%	52.0%	52.0%	52.0%
ME						
% of NIR I	14.5%	9.0%	7.4%	17.9%	10.2%	8.2%
TRE	595,894	2,115,922	4,530,244	458,970	1,602,971	3,432,003
% of NIR I	7.0%	7.0%	7.0%	7.0%	7.0%	7.0%
FE						
% of NIR I	22.4%	10.5%	7.3%	22.8%	10.6%	6.8%
Oper Exp	3,742,278	8,012,295	14,052,132	3,127,672	6,378,951	10,745,433
% of NIR I	44.0%	26.5%	21.7%	47.7%	27.9%	21.9%
OP I	686,687	7,714,228	19,618,757	283,611	5,535,082	14,762,816
% of NIR I	8.1%	25.5%	30.3%	4.3%	24.2%	30.1%

프랜차이즈 본부의 조직과 기능

자연보감 FC팀은 맥세스팀원의 조언을 받아 본격적인 프랜차이즈 가맹사업에 앞서 조직 개편과 함께 업무 분장을 확실히 하기로 했다. 본부 조직은 규모가 중요한 것이 아니라 얼마나 효율적으로 움직이느냐가 관건이므로 핵심 기능만 살리되 부문별로 긴밀하게 소통할 수 있는 조직을 만드는 것을 목표로 했다.

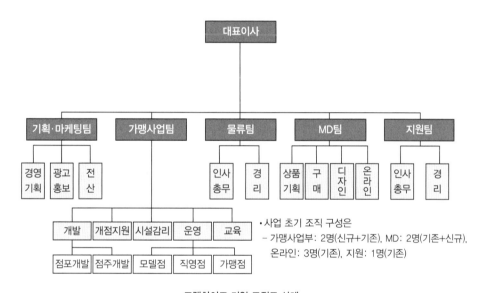

프랜차이즈 기업 조직도 사례

한편 위와 같은 조직구성에 따라 업무내용을 구분하기로 했다. 각자 위치에서 자신이 맡은 일을 확실히 해내는 것이 조직이 효율적으로 운영되는 원동력이기 때문이다.

부서	팀	업무내용	비고
점포운영	가맹점	• 영업실적 분석과 관리(가맹점 운영괴 매출계획 수립 등) • 매장별 투자와 매출, 손익 관리 • 시장 환경과 경쟁업체, 소비자 동향 조사 • 가맹점 지도 관리(경영, 판촉, 클레임 등)	가맹사업담당
	직영점(모델점)	• 직영점 영업실적 분석과 관리(회계부서와 연계)	사업 초기 직영점
기획	기획팀	• 중장기 경영방침, 경영전략, 비전 수립 • 신규 사업 입안과 계획서 작성 • 국내외 경영·경제 환경 조사와 관련업계 동향 분석 • 경영혁신과 제도개선 • 전사 경영실적 분석과 관리, 평가와 대응전략 수립 • 전사 경영관계 회의 주관과 운영	사업초기 전략: 가맹사업 실적: 회계팀
	전산팀	• 전사 정보기획과 정보자료 관리 • 전산 시스템 구축, 운영지원, 유지관리	사업초기 물류담당
지원	인사·총무팀	• 인사업무(조직·인사관리, 급여관리, 제 보험, 인사제도, 인사평가 등) • 총무업무(전사행사주관, 비서업무, 대관업무, 사옥관리, 문서관리, 계약관리 등) • 소송업무·공정위 관련 제 업무	지원담당
	재무회계팀	• 세무·회계 업무	
MD	상품개발	• 상품과 서비스 개발·보완(시장조사, 기술도입, 연구개발 등) • 클레임 접수와 처리관리	MD담당
	구매팀	• 구매계획과 상품수급계획 수립, 진행 • 상품 시장동향 조사와 정보관리 • 구매가격 결정과 구매원가 절감 • 구입 거래처의 선정, 유지, 계획, 발주, 납품 업무	
	마케팅	• 마케팅 전략과 계획 수립 • 광고, 홍보, 판촉계획 수립과 집행(홈페이지 관리, 인터넷 홍보, 대외 홍보) • 산업재산권 관리, CI·BI 관리 • 가맹점 공급가와 소비자가격 결정	사업 초기 가맹사업담당
	디자인	• 전사 디자인 개발(CI, BI, POP 등)	온라인팀 담당
물류센터	물류관리팀	• 본부 공급 품목에 대한 수급계획 수립 • 협력업체 발주, 재고, 반품 관리 • 물류 효율화 방안 수립(물류비용 분석과 피드백) • 수금과 매출마감 등 매출관리 업무	물류담당
	배송관리팀	• 가맹점 주문 접수 • 수·배송계획 수립과 관리	

정보화 시스템 구축

모델점을 열면서 마련한 홈페이지는 사실 크게 활성화되는 효과를 거두지 못했다. 그러나 가맹사업을 본격적으로 시작한 이상, 홈페이지를 통한 정보 공개와 가맹사업 안내는 매우 중요한 부분을 차지하게 될 터였다. 따라서 마케팅의 기본 전략 역시 온라인과 오프라인을 연계해 동시에 진행하고 고객들의 데이터베이스를 구축하는 것도 홈페이지를 적극 활용하도록 하였다.

자연보감 건강기능식품 전문점의 홈페이지는 같은 도메인으로 운영하되 콘텐츠를 더욱 논리적이고 긴밀하게 구성해 사용자의 접근성과 편의성을 좋게 하였다. 홈페이지는 창업 정보, 상품·서비스 정보, 가맹점 정보, 회사 정보 등의 정보 분류체계로 구분하는데, 주요 콘텐츠는 다음과 같다.

정보분류체계

정보분류		설명	주요 해당 콘텐츠
창업 정보	창업안내	계약조건, 투자비, 절차 문의	가맹점 안내: 창업안내, 창업FAQ, 온라인 창업상담, 사업설명회 참가신청
	입점 후보지	기존 점포와 신규 입점 후보지	매장 보기, 물건 정보
	성공 사례	창업 성공 사례	성공 스토리
상품·서비스 정보	상품	쇼핑몰 연계	쇼핑몰 연계
	할인카드	멤버십에 의한 할인카드 안내	할인카드(제휴)
	온·오프라인 이벤트	온라인·오프라인 이벤트 안내	이벤트: 진행 중, 종료, 당첨자 안내
가맹점 정보	매장 찾기	고객 주변 매장 찾기	매장 찾기
	고객관리	고객 의견 수렴·조치	고객센터
회사 정보	회사 소개	CEO 인사말, 연혁, 미션/비전, CI	회사소개
	정규직 직원 모집	정규직 직원 모집	채용관리
	자연보감 소개	자연보감 소개	회사소개
	공지사항	뉴스와 행사 정보	공지사항과 뉴스

또 아래의 홈페이지 메뉴 구조도를 설정해 전체 지도를 그릴 수 있었다.

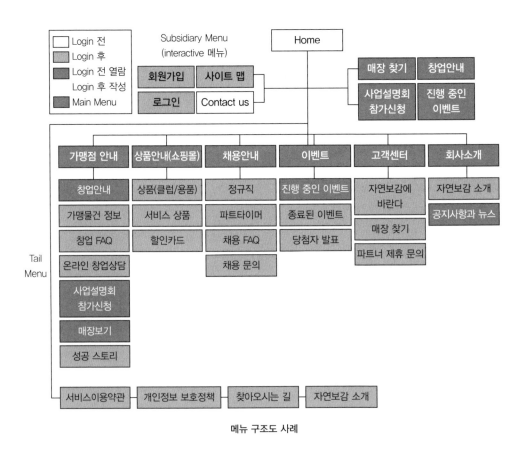

메뉴 구조도 사례

동시에 성공적인 프랜차이즈 본부로 거듭나기 위해 맥세스컨설팅에서 5년간 연구와 컨설팅 노하우로 개발한 'FC PLAN' ERP 프로그램을 자연보감에 론칭하기로 하였다. 이 프로그램은 프랜차이즈의 정보화 프로세스가 바탕이 되는데, 다음과 같다.

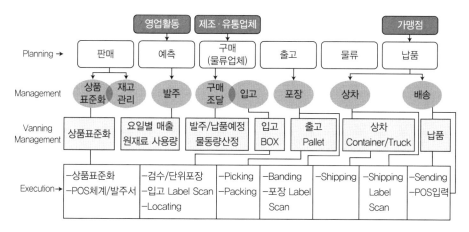

정보화 프로세스에 대한 이해

- 발주에서 입고까지의 작업은 POS 관리가 기본
- 물류업체는 품목별 보관 규정에 맞추어 창고 보관 및 운송 시 이를 준수하여 배송
- 구매부터 배송까지의 책임은 물류업체에 있으며 이후 관리와 유통기한 등의 책임은 가맹점에서 책임관리
- 제품의 품질이상과 파손 등의 사유 이외의 반품은 불가 → 정확한 매출 예측과 적정 재고관리(점주)

'FC PLAN' ERP 프로그램의 기능을 살펴보면 다음과 같다.

물류기능

가맹점에서 웹페이지를 통해 주문하면 공급업체용 웹페이지에서 자동으로 주문이 이뤄지고 직접물류를 운영하거나 다른 업체를 통한 3자물류까지 완벽하게 처리할 수 있다. 직접물류와 3자물류를 동시에 사용할 수도 있다.

본부 그룹웨어

중복되고 단절된 본부 업무를 전자결재, 업무일정, 업무일지, 각종 게시판을 통해 공유함으로써 업무효율을 획기적으로 개선한다.

가맹점 관리

가맹점용 웹페이지가 제공되며 가맹점과 의사소통을 위한 슈퍼바이징과 가맹점의 매출과 로열티 등의 성과분석, 가맹계약의 만료와 재계약의 계약관계 세 가지 측면에서 관리하는 다양한 기능을 제공한다.

예비창업자 관리

가맹문의에서 상담, 계약에 이르는 전 과정을 체계적으로 관리할 수 있다. 목표와 실적 등을 월별로 분석할 수 있고 상담 단계별로 전환율을 분석해 계약 가능성을 높일 수 있다. 사업설명회를 관리할 수 있으며 부동산 물건 관리 기능도 제공한다.

직영점 관리

웹페이지를 통해 양방향 의사전달이 가능하고 그날그날의 영업내역을 제공된 영업일보에 기록하면 월말에 결산서가 자동으로 출력된다. 결산서에는 매출과 매입 지출내역이 상세히 기록되며 이를 전달하고 비교할 수 있다. 영업내역을 팩스나 엑셀로 전송받아 다시 장부에 기록하는 이중작업이 필요 없다.

협력업체 관리

협력업체용 웹페이지가 제공되고 이를 통해 본부와 커뮤니케이션한다. 가맹점에서 상품발주는 물론 집기·비품 발주도 가능하다.

성과 분석보고

본부마다 중점적으로 관리하는 요소를 직접 설정해 월별 성과를 분석하는 마감

현황 기능을 제공한다. 예를 들면 로열티, 가맹비, 물류 수수료, 가맹점의 이벤트 참가 등 무엇이든 직접 설정하여 관리할 수 있다.

　이러한 정보화 시스템은 최고경영진의 전폭적인 지원과 확고한 경영전략, 정보전략, 효율적 프로젝트 관리, 다양한 컨설팅 경험과 서비스 능력이 잘 맞물려야 최고 시스템으로 활용할 수 있다.

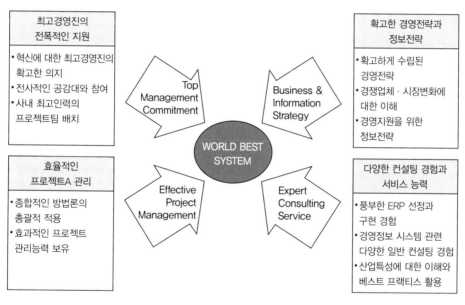

정보화 시스템 추진 포인트

물류체제의 정비

최직의 물류 시스템을 구축해 물류비용을 낮추고, 최상의 물류 서비스를 실현해 가맹점 만족도를 강화하며, 가맹점 영업활동에 핵심역량을 집중해 매출증대에 기여하게 하였다. 다음 물류센터의 전체 프로세스와 같이 본부, 물류센터, 생산·공급처, 가맹점 간의 물류체계 구축을 시행하였다.

이와 동시에 배송기사 업무범위 조정과 배송 코스 조정, 배송차량 조정, 종합적 배송계획 수립 등 비용을 고려한 배송효율 극대화 방안을 마련했다.

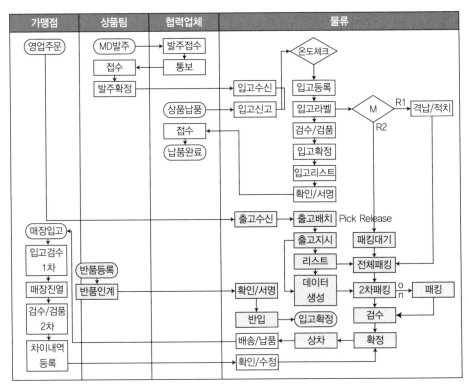

물류 프로세스 사례

지방 권역(2.5톤 차량 별도 제작/단독투입)					서울 권역 (월수금 배송)	

서울 권역 (월수금 배송)	
자연보감 (2개)	동부이촌(직영점), 대치(가맹점)
자연보감 (4개)	대치청실점(대치)/ 개포뉴코아(일원) 도곡점(대치)/미도점(대치)
총계(6개)	※자연보감 완료 후 ⇨기타 배송

배송일	월수금 배송	배송일	화목토 배송
06:00 용인센터 출발		06:00 용인센터 출발	
(권역)대전→전주		(권역) 충청권	
(도착)08:30 [출발]09:30	대전 둔산점 자연보감	(도착)08:30 [출발]09:30	충남 서천점 자연보감
(도착)09:40 [출발]09:50	대전 계룡점	(도착)10:00 [출발]10:20	충남 율곡점
(도착)10:10 [출발]10:30	대전 청사점	(도착)11:10 [출발]11:30	충남 예산점
(도착)12:00 [출발]13:00	청주 복단점	(도착)12:30 [출발]12:50	충남 서산점
(도착)13:30 [출발]13:50	청주 홍익점		
(도착)14:20 [출발]14:40	청주 서도점		

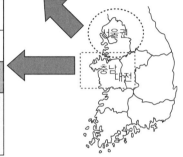

권역별 배송코스 시간표 사례

배송효율 분석

- 배송기사의 업무 명확화를 통한 인력 판단
  - 배송 업무와 슈퍼바이저 업무
  - 슈퍼바이저 업무 수행 시 업무의 범위

- 배송 능력 판단
  - 배송 코스 판단: 배송기사별 배송 코스 검토(가맹점 배송 순서)
  - 배송 시간 판단: 배송 코스 배송 시 총 소요 시간 판단
  - 배송기사 부가적인 슈퍼바이저 업무 소요 시간 포함

- 배송차량·물량판단
  - 배송 물량판단: 냉동, 냉장, 상온 품목의 물량판단
  - 배송 차량판단: 적재용량, 냉동/냉장/상온 적재 공간

- 배송 비용의 판단
  - 인건비, 차량유지비 등 배송 비용의 판단

극대화 방안

- 배송기사의 업무, 배송능력, 배송차량·물량, 배송비용 등 판단 기초자료를 분석하여

- 배송효율 극대화 방안 강구
  - 배송기사 업무 범위 조정
  - 배송 코스 조정(상차 방법 포함)
  - 배송 차량 조정 (적재량, 냉동·냉장·상온 공간 등)
  - 종합적인 배송 계획 수립 (본사, 지입차, 위탁 등)

배송효율 극대화 방안 마련

교육훈련 기능 재정비

가맹점 사선교육으로 예비 가맹점주와 신입사원에게 자연보감의 통일된 이미지를 유지하면서 본부의 전략적 지침이 가맹점과 직원에게 전파되도록 구축하였다. 먼저 교육미션과 비전을 설정하고, '교육이 바로 프랜차이즈 사업'이라는 가정 아래 운영원칙을 규정하였다.

자연보감에서는 건강기능식품을 다루어 다른 업종보다 교육의 중요성이 강조되므로 직영·가맹점 신규입문과정과 보수과정, 전문가과정을 통한 지역별 소그룹 교육을 설계하였고, 특히 가맹점 대상 월례회의를 할 때 행사기획 부분에 대한 교육과 공장견학을 집중 배정하였다.

교육교재의 경우 매장운영은 기본이고, 영양학과 생리학을 비중 있게 교육할 수밖에 없었다. 직영점장이나 가맹점주 중에 건강기능식품 판매기술이 탁월하거나 지식을 습득한 사람들을 중심으로 사내 강사육성을 전제로 교육을 설계하였다.

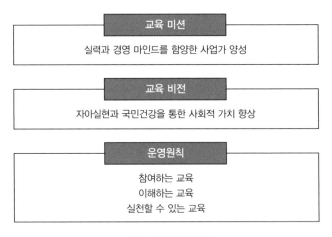

미션과 운영원칙 사례

교육 개요 사례

구분	세부 내용	비고
직영, 가맹점 교육	신규입문과정	월 1회/주 5일/집체교육(셋째 주 월~금)
	보수교육	분기별/합숙교육
	전문가과정	상반기 집체(수도권, 지방 분리 진행) 하반기 합숙(1박 2일): 사내강사 활용도 강화
	지역 소그룹 교육	A급 점장 소그룹 교육 정례화(본부 운영) 지역 소그룹 교육 활성화(영업담당 운영)
행사 기획	가맹점 대상 월례회의	월 1회(수도권: 매월 첫째 주 토, 지방: 둘째 주 수) 하반기 합숙(1박 2일)
	공장견학(가맹점, 점장, 고객)	연 17회 운영(5월, 6월, 9월, 10월)
교재 개발	매장운영매뉴얼 전제품교재 전산교재 상담화법 영양학 생리학	
교육과정 개발	자연보감 CAMP 과정	합숙/2회
강사 육성	매장운영 상담화법 및 고객관리 세법관련(매장운영에 따른) 등	교과목 강화

사전교육 예시(BOTC, Before Open Training Course)

구분	내용	비고
교육대상	• 가맹점: 가맹점주(2명)+종업원(8명) • 본부: 전임직원/신입사원	
교육시기	• 가맹점점포 오픈(D-30일) 이전 • 본부: 수시(가맹점 교육 시 병행교육 또는 별도 일정 수립)	
교육목표	• 점포운영에 필요한 노하우 제공과 점포운영 능력 향상 • 가맹점주와 가맹본부 간의 커뮤니케이션 활성화, 지식, 기능의 전수를 통한 프랜차이즈 사업 조기 정착화 • 우량점주 발굴	

교육장소	• 1단계 이론교육: 본부 강의실(빔 프로젝트) • 2단계 실습교육: 본부 실습실 • 3단계 현장교육: 직영점	
교육기간	이론교육 2일/실습교육 4일/현장교육 2주	
사내강사	교육담당, 개설·운영, 상품개발, 재경, 마케팅 등	
교육교재	점포 운영 매뉴얼, 청결, 서비스 매뉴얼 등	

앞으로 점주 마인드를 유지하기 위해 기존 가맹점주를 대상으로 점포운영 능력향상과 가맹점주 마인드·서비스 재교육, 우수점 성공사례를 통한 기존 가맹점 관리와 가맹점주 역량강화가 필요하다고 판단하고 정기교육에 대한 토론과 결과를 도출했다.

정기교육 개요와 커리큘럼 예시

정기교육 AOTC(After Open Training Course)

가. 대상: 대리점주
나. 교육목표: 점포운영에 필요한 노하우 제공과 점포운영 능력 향상
　　　　　점포판매 촉진
　　　　　가맹점주 마인드와 서비스 재교육
다. 커리큘럼: 기본 1일(6시간)

세부 커리큘럼

정기교육	1교시	기업의 비전과 목표 공유	자연보감의 미래와 가맹점의 비전	자연보감
	2교시	점장의 역할	경영방침, 관리능력, 운영관계, 직원 인사관리	
	3교시	판매촉진전략(LSM)	점포판매촉진전략, 판촉전략과 분석법, LSM의 적용과 평가	
	4교시			
	5교시	점포세무회계	의의, 매출대금관리, 영수증, 전표관리, 점 회계	
	6교시	우수점 성공사례 발표와 총평	매출과 서비스 우수점의 성공사례 발표와 토론, 1일 평가, 교육 총평	

슈퍼바이저 업무의 체계

슈퍼바이저는 개점절차를 거쳐 문을 연 점포를 정기적으로 방문해 지도·조언, 애프터서비스 요청, 고객 불만 접수, 상담, 본부 정보·정책 전달, 프로모션 등 슈퍼바이징 기능을 수행하고 이를 체크리스트로 작성해 보고·공유하며 본부와 협력업체를 통해 문제점을 개선하여 그 결과 등을 일지로 남겨야 한다.

이러한 일지가 축적되어 가맹점을 평가하고 이 결과를 바탕으로 가맹점 등급이 결정되면 등급에 따라 가맹점 관리의 초점이 달라져야 한다. 이렇듯 슈퍼바이저의 업무는 다양하며 책임감도 막중하다. 그에 따른 슈퍼바이저의 프로세스와 자격요건, 행동지침 등을 정리해보면 다음과 같다(80쪽 그림 참조).

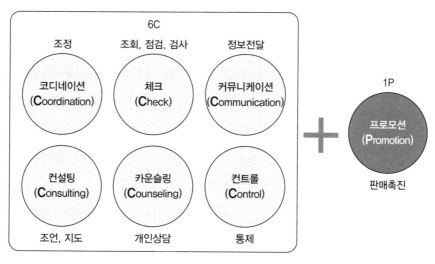

슈퍼바이징의 기능(6C+1P)

슈퍼바이저의 자격요건

슈퍼바이저에게 필요한 자격	슈퍼바이저가 구비해야 할 능력
• 스토어 매니저의 경험이 있을 것 • 리더십을 발휘할 수 있을 것 • 커뮤니케이션 능력이 높을 것 • 인간관계를 소중히 할 것 • 매니지먼트 지식과 관리능력이 높을 것 • 프랜차이즈 비즈니스의 사회적 사명을 이해하고 있을 것 • 가맹본부에 제안을 할 수 있을 것 • 가맹점에 '아니요'라고 말할 수 있을 것 • 항상 사물에 대해 냉정하고 객관적인 판단과 평가를 내릴 걸 • 자기계발에 의욕이 있을 것	• 경영이념을 이해하는 능력 • 고객의 입장을 생각하는 능력 • 전달능력 • 적절한 지도능력 • 설득능력 • 상대의 이해도에 대응하는 능력 • 리더로서의 능력 • 매출을 향상시키는 능력 • 이익을 향상시키는 능력 • 개별 점포 대응능력

슈퍼바이저의 여섯 가지 행동지침

1. 계약서와 매뉴얼에 정통할 것
2. 가맹점의 여러 가지 자원과 상황을 정확히 파악하고 있을 것
3. 본부의 방침과 업무 방향을 정확히 이해할 것
4. 예측하지 못한 사건에도 재빠르게 성의를 다해 대응할 것
5. 가맹점 정보를 정확하게 데이터화하여 해석하고 관리할 것
6. 업무의 본질을 정확히 파악하여 정열을 가지고 설득하려는 자세를 견지하며 점주의 마인드 변화에 중점을 둘 것

Chapter 7

매뉴얼과
각종 개발 툴(Tool)

가맹점 운영상의 의무와 기능의 정의

프랜차이즈 본부체제를 구축한 뒤에는 가맹사업에서 실제 활용할 각종 툴을 마련해야 한다. 툴에는 본부와 가맹점의 관계, 의무와 권리 등에 대해 명확한 규정이 포함된 가맹계약서를 비롯해 본부의 정보공개서와 각종 매뉴얼 등 여러 가지가 해당된다. 자연보감 FC팀은 맥세스의 경영 컨설팅 노하우를 바탕으로 본부와 가맹점주 모두의 권익을 보호할 수 있는 최선의 툴을 작성해나갔다.

먼저 프랜차이즈라는 사업의 특성상 본부와 가맹점의 계약 관계는 어떤 의무와 기능이 있는지 다시 한 번 정의를 세우는 것으로 시작했다. 본부는 가맹점에 상호와 상표, 노하우와 상품을 공급하고 가맹점은 그 대가로 가맹비와 보증금, 로열티, 운영상의 정보를 제공한다.

한편 가맹점은 직접 소비자를 만나는 창구로, 상품과 서비스를 제공하면서 본부의 경영이념을 실현한다. 소비자는 상품과 서비스에 대가를 치름과 동시에 고객으로서 정보와 지역정보를 제공한다. 이러한 기본 개념은 가맹계약에 앞서 본부와 가맹점주 양측이 반드시 모두 인지해야 하며, 계약 이후 모든 관계의 바탕이 된다.

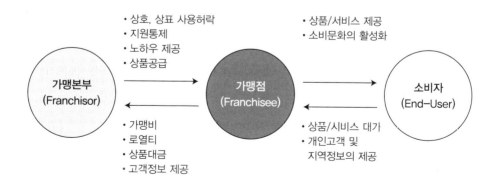

각종 매뉴얼 설계

프랜차이즈 사업이 시스템사업이자 교육사업이며 매뉴얼사업이라고 말하듯이 모델점 시스템을 구축함으로써 기본 실적 데이터를 보유했기에 맥세스컨설팅과 자연보감 TF팀에서는 큰 무리 없이 매뉴얼을 만들어나갔다.

허 사장과 임원들의 관심도도 대단히 높아 실무진에서 만드는 매뉴얼에 대해 몹시 궁금해했다. 그래서 실무진에서는 자료를 준비해 허준 사장 이하 임원들과 늦은 오후에 회의를 진행하였다.

먼저 서 대표가 매뉴얼 설계계획과 체계를 설명하려고 화면을 띄웠다. 그리고 매뉴얼 작성 순서를 차근차근 설명했다.

"프랜차이즈 사업을 전개하기 위한 안내서인 매뉴얼은 모든 업무의 핵심을 가장 통일되게 구축하는 도구로 점포운영, 경영지도, 개발, 개점, 교육훈련 등의 매뉴얼을 정립해야 합니다."

매뉴얼 설계계획과 체계

개발 매뉴얼	• 점주 개발: 가맹점주 모집, 가맹점 개설절차, 상담, 점주평가, 가맹계약절차 • 점포 개발: 점포 입지 상권 분석, 점포 계약, 인수인계 • 개발 패키지(개발에 필요한 서류와 양식), 가맹조건(투자와 수익)
개점 매뉴얼	• 개점 업무 진행 절차(개점 준비계획/개점지도방법), 도면협의, 예약(공사, 기기, 집기, 비품 등), 점주조치사항, 개점 지원 업무, 공사(입고)완료 확인, 인수인계
점포운영 매뉴얼	• 점포관리: 채용 · 교육, 청결 관리, 세무 · 회계, 안전 • 서비스: 서비스 기본, 접객 매뉴얼 • MD: 상품관리(발주 · 재고), 서비스 상품 (본부-가맹점, 가맹점-가맹점 간 중고 클럽 정산) • 판매촉진: 신규 고객 발굴방법, 판매촉진 방법
계약 매뉴얼	• 가맹계약서, 정보공개서
기타 매뉴얼	• 가맹점 교육훈련 매뉴얼(교육 프로그램) • SI 매뉴얼, BI 매뉴얼, 정보시스템 매뉴얼, 기계장비 사용/관리 매뉴얼, 협력업체 활용

개발 매뉴얼

구분	주요 내용	비고(개발 패키지)
가맹점 개설 절차	• 예비 가맹점주 발굴~개점까지의 프로세스 정립 • 프로세스별 진행절차	1. 점주이력서 2. RFC 상담서 3. 점주평가서 4. 점포후보지 현황표 5. 권리양수도계약서 6. 부동산임대차계약서 7. 실측요청서 8. 현장실측결과통보서 9. 초기비용과 업무 확인서 10. 인수인계서
가맹점주 발굴	• 가맹점주 발굴 플로/가맹점주 발굴방법/가맹점주 발굴 분석 툴 • 창업박람회 참가/사업설명회 업무 프로세스/정보채널 성과표 관리	
가맹상담	• 전화상담/상담FAQ/영업자의 상담자세/상담 진행요령	
상권 입지 분석	• 입지선정 플로/입지선정 업무 • 상권분석 프로세스/상권분석 세부 실행절차/영업지역 설정/사업계획서 작성 • 점포 매물 확보방법/중개수수료 산정/공부 확인	
가맹계약	• 가맹계약서 작성방법	
가맹점 관리 기준	• 가맹점 원단위 설정/가맹점 자격요건 설정/가맹점 상권 입지 기준/가맹희망자 평가/그리드 분석을 통한 평가	
가맹사업 주요 이슈	• 정보공개서/가맹금 예치제도	

개점 매뉴얼

구분	주요 내용	비고(첨부서류)
개점 업무 절차	• 개점 준비계획과 개점 체크리스트 • 개점 지원업무	1. 도면협의서 2. 공사완료확인서 3. 교육훈련의뢰서 4. 교육계획통보서
실측과 도면협의	• 실측진행절차(실측확인서) • 도면협의 진행절차(도면협의서)	
점포 개점 협의	• 개점진행 계약 실무: 인테리어, 기기, 집기비품, 초도물량, 소모품, POS 등 • 개점일정표(공사일정표 포함) • 교육훈련 일정 협의 • 오픈 행사 계획	
점주 조치사항 안내	• 점주 조치사항 안내서(업무 진행절차와 위탁 등): 보험가입, 보안업 체 선정, 세무기장 대행, 인터넷 가입, 사업자등록증 신청, 카드 가 맹 신청, 직원 채용과 교육안내	
점포운영계획서	• 점포운영계획서 표준안 • 점포운영계획, 인원, 오픈행사 등	
인수인계	• 점포인수인계서(점주) • 점포인수인계서(운영)	

매뉴얼 작성 순서

"모델점을 구축할 때 적용한 내용을 유닛화한 것을 중심으로 매뉴얼을 설계했으므로 모두 작성되면 모델점에 재적용할 것입니다."

운영 담당 이사가 고개를 갸우뚱하면서 질문했다.

"우리 자연보감 매뉴얼은 선진 외국 프랜차이즈 매뉴얼 못지않게 설계해야 한다고 생각합니다만 이 내용으로는 조금 부족한 듯싶어요."

"네, 그런 말씀하실 줄 알았습니다. 그래서 매뉴얼을 작성하기 전에 유의 사항을 이야기하고자 합니다."

서 대표는 말을 이어갔다.

"가맹사업 전에 매뉴얼이 모두 설계되어 있다면 좋겠지만 모두 완성하기에는 기간과 비용이 많이 소요되고, 완성되지 못할 위험도 있습니다. 맥도날드 같은 기업도 실질적 창업자인 레이 크록이 맥도날드 형제에게서 물려받은 매뉴얼은 작업규칙 15항목이었습니다. 레이 크록의 후계자 프레드 터너가 영업 면에서 생각해낸 것을 적은 최초 매뉴얼도 겨우 15쪽이었던 것을 생각하면, 자연보감은 전문적으로 설계하는 것이지요. 그 뒤 맥도날드 매뉴얼이 1년이 지난 1958년에 75쪽, 1961년에 칼 카로스가 200쪽으로 수정한 뒤 현재의 600쪽이 된 것처럼 자연보감 매뉴얼도 해가 갈수록 지속적으로 수정·보완해야 위대한 브랜드가 될 수 있습니다."

운영 담당 이사가 감탄하듯 말했다.

"아, 그렇군요."

그러자 허 사장이 나섰다.

"계속해서 매뉴얼을 작성한 내용을 들어봅시다."

서 대표는 잠시 분위기를 파악하고 나서 매뉴얼 작성 기본원칙과 효과적 사용방법을 설명하기 시작했다.

"우리 매뉴얼은 지금까지 우리나라에 나와 있는 어떤 매뉴얼도 흉내 내지 않고 우리만의 방식으로 다섯 가지 기본원칙에 따라 만들었습니다."

서 대표는 기본원칙을 화면에 띄우고 차근차근 설명하였다.

매뉴얼 작성 원칙 1. 핵심 노하우는 매뉴얼에 담지 않는다.

점포를 시작하는 이들이 매뉴얼을 만들 때 체인모델이 없느냐고 묻지만, 매뉴얼은 그 기업의 최고레벨이 겉으로 드러나지 않으므로 그 내용이나 노하우는 문구로 표현하지 않는다. 노하우는 형상이나 언어로 나타낼 수 없으므로, 작업을 행할 때는 노하우 위에 있다.

예를 들어, 맥도날드 매뉴얼에 보면 철판 표면의 온도는 햄버거 패티를 구울 때는 385도라고 나와 있어도 고기 부위, 즉 햄버거 패티 성분이 다르면 같은 온도로 구웠어도 그 맛은 나오지 않는다. 또 패밀리레스토랑이나 디너레스토랑에서 요리의 맛을 내는 데 소스나 드레싱이 높게 평가되지만, 그 맛의 성분은 결코 매뉴얼에 나와 있지 않다.

매뉴얼 작성 원칙 2. 조직과 관련된 사항은 매뉴얼에 담지 않는다.

어떤 체인의 매뉴얼을 손에 넣었을 경우, 그 회사의 경영이념이나 조직은 알지 몰라도 조직의 내용, 직무, 프로세스, 시스템과 그것을 구성하는 인재의 질과 양, 최고경영자의 능력이나 리더십, 경영전략, 기업의 생명력(활력)은 매뉴얼에 나와 있지 않다. 이것들이 몸에 익어 있지 않으면 아무리 매뉴얼을 들여다봐도 껍데기만 보는 것이다.

매뉴얼 작성 원칙 3. 교육훈련 시스템은 매뉴얼에 담지 않는다.

매뉴얼은 작업지시서로 누가 봐도 확실히 이해하도록 작성하는 것이 맞다. 그 회사의 레벨을 익히는 데는 매뉴얼을 보는 것만으로는 부족하며, 힘든 교육훈련 과정이 필요하다. 교육훈련에도 당연히 매뉴얼이 있지만 그 매뉴얼이야말로 사람에 따라 차이가 있다. 이를테면 매뉴얼에 교육훈련 시스템이 자세히(시스테매틱하게) 적혀 있더라도, 교육훈련을 실시하는 사람이 가르치는 방법에 따라서 교육훈련을 받는 쪽이 성장하는 모습도 다르고, 수강자의 소질, 자라온 환경, 학력, 경력에 따라서도 천차만별이므로 어떠한 노력을 거쳐 현재 레벨에 도달하였는지는 매뉴얼만 보아서는 절대 알 수 없다.

매뉴얼 작성 원칙 4. 회사만의 특별한 문화와 능력은 매뉴얼에 담지 않는다.

그 회사의 경영이념은 언어로 표현되어 있더라도 그 안에 포함되어 있는 사풍,

예의범절을 가르치는 것과 그 회사의 특별한 능력은 표현되어 있지 않다. 특히 세상이 아무리 진보하고 과학이 발달했어도 문자나 그림으로 표현할 수 없는 것이 많다. 예를 들어 경영자의 개성, 경영 요령이나 감, 작업의 중요 부분, 매뉴얼 작성 포인트, 크리에이티브 능력, 의지 등 한없이 많다.

기업을 창립해서 현재까지 살아남은 건 매뉴얼이 있어서가 아니다. 회사가 발전하고 조직이 커지면서 최고경영자의 의지가 조직을 지나 전 스태프에게 주지되기 위한 수단이 매뉴얼이므로 매뉴얼은 최고경영자 자체가 아니다. 좋은 매뉴얼이 최고경영자의 의지를 철저하게 하는 것이 아니다. 좋은 인재가 없다면 매뉴얼은 단지 최고경영자가 보낸 메일 한 통밖에 되지 않는다. 그러므로 매뉴얼을 작성할 수 없는 인재구성에서 그대로 베낀 매뉴얼은 '수박겉핥기 매뉴얼' 또는 '먼지 구덩이에 있는 매뉴얼'이 되어버린다.

매뉴얼 작성 원칙 5. 매뉴얼은 절대 공개하지 않는다.

매뉴얼은 절대로 공개하지 않는다. 그래서 점포계약을 체결할 때 공개되는 것은 한정되어 있다. 매뉴얼이 쉽게 손에 들어왔다 해도 그것은 다른 체인에는 쓸모 없는 것이라고 생각하는 게 좋다. 땀 흘리지 않고 얻은 매뉴얼은 결코 몸에 배지 않는다. 제 손으로 자기 회사에서 노하우를 축적하지 않는 한 정성이 담긴 매뉴얼은 나올 수 없다. 매뉴얼의 체계나 형식, 차례는 다른 회사를 흉내 내지 않고 처음부터 만들려면 무리가 있을 수 있으니 용납될지 모르지만, 다른 회사의 복사 매뉴얼은 이 회사의 관습에 젖어 들지 못하며(흡수되지 못하며) 그렇게 공개된 매뉴얼이라면 누구라도 따라 하기 십상이다.

예를 들어 '맥도날드'나 '켄터키 프라이드치킨'처럼 우수한 회사의 매뉴얼이 손에 들어왔다 해도 그것만으로는 진짜 시스템이나 노하우를 알 수 없으므로 프랜차이징화하는 데는 아무런 쓸모가 없다.

서 대표의 설명이 끝나자 허 사장이 말했다.

"서 대표님의 설명을 듣고 많이 반성했습니다. 사실 자연먹은 그룹 본부 기획실에서도 프랜차이즈 컨설팅을 받는다고 했을 때 많은 직원이 '컨설팅을 받을 필요가 없다. 프랜차이즈 정도야 외국 매뉴얼도 입수했고 우리 회사에서 충분히 할 수 있다'고 했는데 그 말대로 했더라면 큰일 날 뻔했다는 생각이 듭니다. 그리고 여러분 앞에서 무거운 마음을 감출 수 없습니다. 서 대표님 도움으로 모델점을 성공적으로 론칭한 뒤 프랜차이즈 기업 구축에 대하여 잡음이 많았는데 역시 전문가의 사고와 실행방법이 다르다는 것을 알았습니다. 앞으로 만드는 매뉴얼은 운영하면서 어떻게 수정할지 더 고민하고 맥세스컨설팅과 실무진이 만들어가는 데 격려를 아끼지 말았으면 합니다. 오늘은 내가 저녁을 살 테니 한 사람도 빠지지 말고 참석하기 바랍니다."

그제야 운영 담당 이사, 마케팅 담당 이사, 회계 담당 이사 등 실무진도 웃음을 보이기 시작했다.

계약 시스템 설계

가맹계약서와 정보공개서는 가맹계약의 구조와 특성을 고려해 가맹사업법에 따라(가맹사업법 제11조 제2항에 근거하여 가맹계약서 작성 시 필수 기재사항을 포함해 항목별로 구체적으로 설계) 사실적으로 작성해야 하며 본부 시스템과 연계한 가맹계약서를 만들어야 한다.

이렇게 가맹계약서를 비롯해 기타 계약서를 설계하려면 법률 지식도 중요하지만 프랜차이즈 비즈니스 모델에 대한 이해도 필요하다. 이에 따라 1~3차에 걸쳐 가맹계약서와 정보공개서를 작성해보고 변호사 외 법률전문가의 감수를 받아 수정·보완한 뒤 공정거래위원회에 등록함으로써 가맹점주에게 제공할 수 있는 계약서가 완성된다.

1. 영업표지의 사용권 부여에 관한 사항
2. 가맹점 사업자의 영업활동 조건에 관한 사항
3. 가맹점 사업자에 대한 교육·훈련, 경영지도에 관한 사항
4. 가맹금 등의 지급에 관한 사항
5. 영업지역의 설정에 관한 사항
6. 계약기간에 관한 사항
7. 영업의 양도에 관한 사항
8. 계약해지의 사유에 관한 사항
9. 가맹희망자 또는 가맹점 사업자가 가맹계약을 체결한 날부터 2개월(가맹점 사업자가 2개월 이전에 가맹사업을 개시하는 경우에는 가맹사업 개시일)까지의 기간 동안 예치가맹금을 예치기관에 예치하여야 한다는 사항. 다만, 가맹본부가 제15조의 2에 따른 가맹점 사업자피해보상보험계약 등을 체결한 경우에는 그에 관한 사항으로 한다.
10. 가맹희망자가 정보공개서에 대하여 변호사 또는 제27조에 따른 가맹거래사의 자문을 받은 경우 이에 관한 사항
11. 가맹본부 또는 가맹본부 임원의 위법행위 또는 가맹사업의 명성이나 신용을 훼손하는 등 사회상규에 반하는 행위로 인하여 가맹점 사업자에게 발생한 손해에 대한 배상의무에 관한 사항
12. 그 밖에 가맹사업 당사자의 권리·의무에 관한 사항으로서 대통령령이 정하는 사항
    ① 가맹금 등 금전의 반환조건에 관한 사항
    ② 가맹점 사업자의 영업설비·집기 등의 설치와 유지·보수 및 그 비용의 부담에 관한 사항
    ③ 가맹계약의 종료 및 해지에 따른 조치 사항
    ④ 가맹본부가 가맹계약의 갱신을 거절할 수 있는 정당한 사유에 관한 사항
    ⑤ 가맹본부의 영업비밀에 관한 사항
    ⑥ 가맹계약 위반으로 인한 손해배상에 관한 사항
    ⑦ 가맹본부와 가맹점 사업자 사이의 분쟁 해결 절차에 관한 사항
    ⑧ 가맹본부가 다른 사업자에게 가맹사업을 양도하는 경우에는 종전 가맹점 사업자와의 계약에 관한 사항
    ⑨ 가맹본부의 지식재산권 유효기간 만료 시 조치에 관한 사항

영업지역 설정에 관한 사항

13. 가맹계약 시 가맹계약서에 영업지도 삽입
14. 지도상 영업지역 직접 표기

계약기간에 관한 사항

15. 가맹계약기간은 법으로 정해져 있지 않음
16. 통상적으로 2~3년을 계약기간으로 정함
17. 단, 가맹점주가 일정한 사유위반을 하지 않았을 경우 10년간 가맹계약 갱신 등 계약기간을 보장받을 수 있음

가맹계약서 작성 시 17가지 필수 기재사항

자연보감 FC팀과 맥세스팀원들은 법률적인 부분에서 한 치의 오차도 생기지 않도록 특별히 신경 쓰면서 계약 시스템을 설계해나갔다. 특히 가맹계약서와 정보공개서에 반드시 들어가야 하는 필수 기재 항목은 그 필요성과 의미를 되새기고자 했다. 이는 가맹점주를 보호하기 위한 법률 대책이 많아지면서 필수불가결한 사항이 되었지만, 본부로서도 더 나은 결과를 위해 분명히 의미 있는 부분이었기 때문이다.

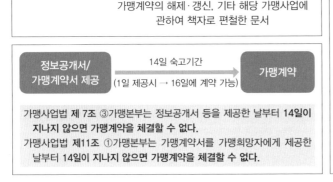

정보공개서란?
가맹본부의 사업현황, 임원경력, 가맹점 사업자의 부담, 영업활동의 조건, 가맹점 사업자에 대한 교육·지도, 가맹계약의 해제·갱신, 기타 해당 가맹사업에 관하여 책자로 편철한 문서

정보공개서 기재사항

Ⅰ. 가맹본부의 일반 현황
Ⅱ. 가맹본부의 가맹사업 현황
Ⅲ. 가맹본부와 그 임원의 법 위반 사실
Ⅳ. 가맹점 사업자의 부담
Ⅴ. 영업활동에 대한 조건 및 제한
Ⅵ. 가맹사업의 영업 개시에 관한 상세한 절차와 소요기간
Ⅶ. 가맹본부의 경영 및 영업활동 등에 대한 지원
Ⅷ. 교육·훈련에 대한 설명
Ⅸ. 가맹본부의 직영점 현황

정보공개서/가맹계약서 제공 — 14일 숙고기간 (1일 제공시 → 16일에 계약 가능) → 가맹계약

가맹사업법 제 7조 ③가맹본부는 정보공개서 등을 제공한 날부터 14일이 지나지 않으면 가맹계약을 체결할 수 없다.
가맹사업법 제11조 ①가맹본부는 가맹계약서를 가맹희망자에게 제공한 날부터 14일이 지나지 않으면 가맹계약을 체결할 수 없다.

정보공개서의 개요

가맹점 개발 툴 작성

가맹점 개발 툴은 상담 신청부터 가맹점 개점까지 업무 프로세스에 따라 매뉴얼을 정립하고 필요한 서류를 패키지 형태로 만들어 관리하도록 작성했다.

가맹점 개발 업무의 원활성과 전문성을 부각하려면 프로세스별 패키지를 확립

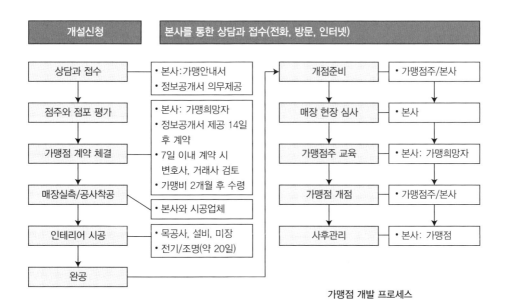

| 개설신청 | 본사를 통한 상담과 접수(전화, 방문, 인터넷) |

상담과 접수	• 본사: 가맹안내서 • 정보공개서 의무제공

점주와 점포 평가	• 본사: 가맹희망자
	• 정보공개서 제공 14일
	  후 계약
	• 7일 이내 계약 시
	  변호사, 거래사 검토
	• 가맹비 2개월 후 수령

가맹점 계약 체결	
매장실측/공사착공	• 본사와 시공업체
인테리어 시공	• 목공사, 설비, 미장 • 전기/조명(약 20일)
완공	

개점준비	• 가맹점주/본사
매장 현장 심사	• 본사
가맹점주 교육	• 본사: 가맹희망자
가맹점 개점	• 가맹점주/본사
사후관리	• 본사: 가맹점

가맹점 개발 프로세스

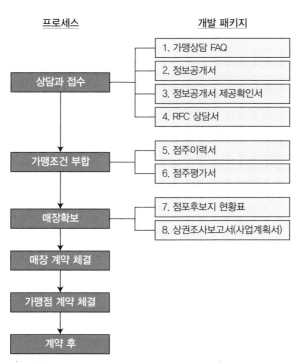

프로세스 　　　　　　　　　 개발 패키지

상담과 접수	1. 가맹상담 FAQ 2. 정보공개서 3. 정보공개서 제공확인서 4. RFC 상담서
가맹조건 부합	5. 점주이력서 6. 점주평가서
매장확보	7. 점포후보지 현황표 8. 상권조사보고서(사업계획서)
매장 계약 체결	
가맹점 계약 체결	
계약 후	

프로세스별 개발 툴 예시

*RFC(Recruit Field Counselor : 점포개발담당자)

해야 한다. 이에 프로세스별 패키지를 구체적으로 구축하게 되었다. 프로세스별 패키지는 단계별로 그 시점에 맞는 서류양식이 무엇인지 기획하고 확립하는 방식으로 진행했고, 그 결과 '매장확보'까지 패키지를 구축하게 되었다. 그리고 나머지 '매장계약 체결부터 계약 후까지'의 패키지를 마련하기 위해 실무자와 고민하며 결과물을 완성하려 노력하였다.

가맹점주 개발 방법
검토와 계획 입안

가맹점 개발 툴을 마련했다면 가맹점을 개발하기 위해 다양한 수단을 동원해야 한다. 이에 따라 맥세스컨설팅에서는 자연보감에 창업박람회, 사업설명회, 고객추천(Customer Advocacy) 등 여러 방법을 제안하고 본부 프랜차이즈 시스템과 연계해 실행계획을 수립하도록 했다.

특히 사업 첫해에는 한시적으로 본부 직원들에게 인센티브 제도를 적용해 가맹점주를 적극적으로 추천하는 기반을 마련하기로 했다.

인센티브 제도 이해	• 가맹점주와 본부 전 직원의 영업가족화 • '자연보감'에 대한 이해와 가맹점주 추천에 따른 보상체계 확립 • 기존 가맹점에 대한 관리 강화가 선행되어야 가맹점주 추천 활성화 가능 • 사전 가맹점주와 직원에 대한 가맹점주 추천 인센티브 제도 안내 • 예비 가맹점 제공 자료 준비: 브로슈어, 리플릿, 사업설명자료 등	사업 첫해 한시적 운영

본부 위주로 시행하는 동시에 매체와 가맹점 측면에서 가맹점 개발 과제를 시행하기 위한 계획을 세우고 준비하는 것도 잊지 않았다.

특히 직원교육을 실시해 전화상담 전문요원을 양성하고, 창업 관련 카페와 블로그를 통한 온라인 매체 활용 등은 전 직원의 적극 참여로 활발히 진행하였다. 인지도 높은 프로그램에 협찬광고를 하였고, 효과적인 광고를 제작(광고에 자연보감을 반복해서 삽입하여 청취자가 무의식중에도 흥얼거릴 수 있게 유도)하여 스폿광고를 진행하였으며, 전문지 담당기자를 발굴해 일주일에 한 번 빠짐없이 보도자료를 발송하는 등 단기과제를 성실히 수행하였다.

기업 측면에서 많은 기업이 가맹정보를 예비창업자에게 무한정 보내주면 좋을 것 같지만 실적을 분석해보면 결국 비용만 낭비하고 가맹점 개설 실적이 낮다는 것을 뒤늦게 깨우치곤 한다. 따라서 정상적인 방법으로 가맹점에 정보를 전달해야 하고, 그중 효과가 있는 부분을 집중 실행해야 한다.

개발방법이 많겠지만 프랜차이즈 기업 측면에서 우량가맹점 개발 실적이 뛰어나게 나타나는 부분을 한 가지만 소개한다. 많은 프랜차이즈 기업이 사례 부분을

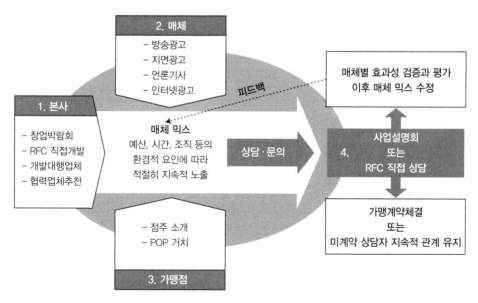

단기과제 가맹점 발굴 프레임워크 사례

비정형적으로 운영하기 때문에 어떤 기업이든 다 한다고 생각하는데 사실은 그렇지 않다. 사례 부분을 깊이 생각해보고 개발담당이 직접 개발했을 때만 우량가맹점이 탄생한다는 사실을 믿어야 한다.

이는 매체 측면에서 많은 프랜차이즈 기업이 고민스러워하는 부분이다. 이 부분은 돈으로 해결되는 것이 아니다. 프랜차이즈 기업이 몇 개 안 된다면 효과가 있을지 모르나 브랜드가 너무 많아 예비창업자들이 헷갈릴 정도다.

그래서 프랜차이즈 기업의 독자적인 매체 홍보방식이 필요하다. 이 책에서 공개하면 많은 본부가 따라 하겠지만 누가 오랫동안 지속하느냐 하는 싸움인 것 같다. 예비창업자의 심리를 조금이나마 아는 프랜차이즈 기업이 시행하는 홈페이지 홍보방식과 모델점에서 장사로 성공한 내용을 바탕으로 집필한 책을 가지고 가맹점 발굴에 뛰어난 실적을 거두고 있는 사례를 소개한다.

가맹개발자 직접개발 방안			실행점검	소요비용
관련업계 종사자 가맹 유도 방법	각종 POP 비치	• 단위점에 담당 개발자 명함 비치 • 가맹 안내서 비치 • 가맹 포스터 비치/각종 안내문 비치	• RFC 통합 SNS 계정을 만들어서 명함, 안내서 등 홍보물 비치 사진 또는 점포방문, 부동산 방문 사진을 업데이트	• 가맹안내서, 명함 등 인쇄물 비용
신축건물의 건물주 또는 분양사무소 신축	상가 분양소 방문 건물주 접촉	• 해당 지역 신축건물 분양사무소 접촉 • 건물주 접촉을 통한 브랜드 홍보 • 소액 물품 증정		• 분양사무소, 건물주 접촉 시 소액 물품 비용 • 가맹안내서, 명함 등 인쇄물 비용
기존의 동종 독립점포 가맹 전환	동종 점포 지속 방문	• 입지, 상권이 양호한 동종 점포를 방문하여 자사 브랜드 홍보 및 가맹 시 장점과 전환절차 소개 후 전환 • 키포인트: 지속방문(주 1회, 월 3회)	• 점포방문의 경우 영수증 제시를 원칙화	• 소액 물품 비용 • 가맹안내서, 명함 등 인쇄물 비용
지역 부동산 활용	각종 지원 사항	• 네트워크 구축(구당 3~5개) – 우수점주/우수 물건 지역 부동산에 산재 – 방문할 때 음료수 등 소액 물품 증정 – 부동산 내에 자신의 명함, 홍보물 비치		• 점주와 점포 계약 시 인센티브 50~100만 원

기업 측면 주요 예시

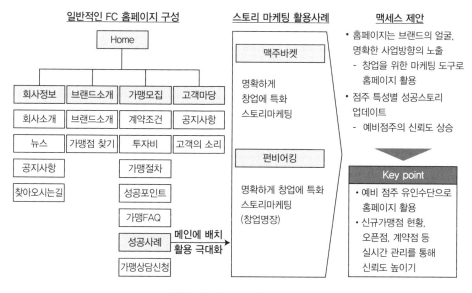

매체를 이용하는 방법-홈페이지 사례

*홈페이지를 통해 점주 특성별 성공 스토리를 업데이트하여 예비점주의 진입장벽을 최소화하고
신규가맹점 현황, 오픈점, 계약점 등 '실시간관리'의 개념을 도입해 본부에 대한 신뢰도를 높임

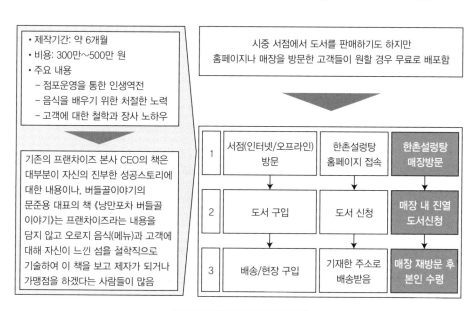

모델점을 통한 사업실적 집필 사례

*버들골이야기라는 포장마차전문점은 대표의 창업동기와 메뉴에 대한 철학을 책 한 권에 담아
내었으며 이 책을 통해 창업자들의 문의를 꾸준히 받고 있고 초기 회사의 신뢰도를 높이고 있음

마지막으로 점포 측면에서 가맹점을 발굴하는 방식도 수십 가지가 넘을 것이고 프랜차이즈 기업 중에는 독특한 방법으로 자기만의 노하우가 있는 곳도 있을 것이다. 점포 측면에서는 가맹점주가 추천해주면 가맹점을 발굴하기가 쉽다는 것은 누구나 안다. 하지만 가맹점주가 추천해주는 경우 반드시 전제조건이 있다. 운영하는 가맹점이 장사가 잘된다든지, 프랜차이즈 기업의 슈퍼바이저 경영지도가 성실하다든지, 점포 개발담당자가 꾸준히 사후관리를 해준다든지 하는 좋은 관계가 정립되어야만 가맹점에서 예비창업주들을 소개해준다.

　따라서 이런 활동으로 좋은 실적을 거두고 있는 기업 사례를 소개한다.

	Action	실행점검과 관리	결과
RFC	매주 점포 내 명함 비치 가맹안내서 등 POP물 비치	• RFC 통합 SNS 계정을 만들어서 명함, 안내서 등 홍보물 비치 사진이나 점포방문 사진 업데이트	• 점주의 본사 신뢰도 UP
	가맹점주를 대상으로 추천자 가맹계약 시 인센티브 제공 교육 및 홍보		• 친인척과 지인에게 가맹사업 권유
	주 1회 정기방문/월 4회	• 점포방문의 경우 영수증 제시를 원칙화	• 소요비용
SV	월간 보수교육 시 가맹점 진행상황 설명	• RFC의 경우 주간보고 시 방문점포 게재를 의무화하고 이를 KPI 성과지표에 적용	• 점주계약 시 추천 점주에게 인센티브 제공
	월별 점포운영 활성화를 위한 로컬마케팅 기획안 제시	• 슈퍼바이저의 경우 월간 보고 시 보수교육 및 로컬 마케팅 기획안 게재를 의무화하고 이를 KPI 성과지표에 적용	
	주 1회 정기방문/월 4회		

점포 측면 사례

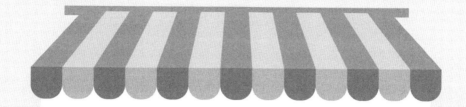

Chapter **8**

가맹사업 출발

가맹사업, 돛을 올리다

모든 직원이 늦게까지 있다가 퇴근한 뒤 허 사장은 홀로 사무실에 남았다. 창문을 여니 공기는 아직 차가웠지만 분명히 봄의 기운이 느껴졌다. 생각만 했던 프랜차이즈 가맹사업을 시작하겠다고 직원들에게 뜻을 밝힌 것이 엊그제 같은데 어느덧 6개월이 흘렀다.

'어느 때보다 시간이 빨리 흘러간 것 같구나. 자연보감 식구 모두 6개월 동안 제대로 쉬지도 못하고 일했으니 이만큼 올 수 있었던 것이겠지.'

모델점을 통해 프랜차이즈 가맹사업을 본격적으로 준비해온 자연보감은 드디어 사업설명회와 창업박람회 참가를 앞두고 있다. 업계에서 입소문이 나고 그에 따라 각종 매체에서 자연보감의 모델점 성공 이야기가 보도된 뒤, 가맹사업에 관심을 보이는 사람들이 부쩍 늘어나 FC팀은 사업설명회 준비에 박차를 가했다. 전화로 가맹점 개설을 문의해오는 사람들도 늘어나 텔레마케팅 전담요원까지 두었다.

그때 누군가 사무실 문을 두드렸다.

"들어오세요."

서 대표가 사무실로 들어섰다.

"서 대표님, 늦은 시간에 웬일이십니까?"

"지나가는 길에 들렀습니다. 왠지 허 사장님이 사무실에 계실 것 같았는데 제 예감이 적중했네요."

허 사장은 직접 차를 끓여 내왔다.

"마셔보세요. 저희 자연보감 유기농 라인에서 아주 인기 좋은 한방차입니다. 스트레스를 줄여주고 마음을 편안하게 해주니 술보다 낫지요. 하하하."

"향이 정말 좋군요. 그런데 왜 아직 사무실에 계세요? 이제 중요한 일은 모두 끝났을 텐데요?"

"네, 그렇지 않아도 오늘 일을 마무리했습니다. 사업설명회 때 필요한 프레젠테이션 작업도 끝났고 창업박람회 때 배포할 홍보자료와 상담자료도 완성했다는 보고를 받았습니다. 그래서 오늘도 다들 늦게 일이 끝나 조금 전에 퇴근했는데 전 오늘 따라 생각이 많아서 남아 있었네요."

"여기까지 오는 데 꼭 6개월이 걸렸습니다. 작년 이맘때 허 사장님이 저를 찾아오셔서 프랜차이즈 사업 이야기를 꺼냈죠. 그동안 정말 고생 많으셨습니다. 허 사장님께서 초심을 지키지 않았다면 직원들도 힘들었을 겁니다."

허 사장은 빙그레 웃으며 차를 한 모금 마셨다.

"별말씀을요. 누구보다 서 대표님과 맥세스 식구들에게 감사드립니다. 갓난아기가 이제 걸음마를 시작한 셈이지요."

"걸음마를 제대로 해야 잘 달리지요. 지금처럼 이렇게 마음과 뜻을 모아 움직인다면 가맹사업은 분명히 좋은 결과를 가져올 것이라 믿습니다."

서 대표도 자연보감과 함께한 6개월이 주마등처럼 머릿속을 스쳐 감회가 새로웠다. 가능성이 무한한 시장, 경쟁력 있는 브랜드, 직원들의 적극적 마인드. 이런 것들이 있었기에 서 대표도 허 사장의 제안을 흔쾌히 수락할 수 있었다.

물론 그 과정에서 시행착오도 있었고 실수도 있었지만 지난 6개월 동안 자연보감이 프랜차이즈 가맹사업을 시작하기 위한 디딤돌을 단단하게 놓았다는 것만은 분명했다. 허 사장의 얼굴에서 기대감과 설렘 그리고 걱정스러운 표정을 엿볼 수 있었지만 서 대표는 오랜 경험에 비추어 자기 생각에 확신을 갖게 됐다.

"허 사장님, 이제 본격적인 게임이 시작됐습니다. 우리는 실력을 갖춘 병사가 충분하고 단단한 무기도 갖고 있습니다. 걱정은 아무런 도움이 되지 않습니다. 무조건 전진, 앞으로 나아가는 일만 남았습니다."

허 사장이 고개를 끄덕였다.

"그렇군요. 그 길에 서 대표님이 함께해주신다면 저희는 더욱 자신감을 갖고 나아갈 것입니다. 그렇게 해주시겠습니까?"

"물론입니다!"

허 사장과 서 대표는 굳게 손을 맞잡았다.

자연보감 건강기능식품 전문점 가맹사업의 출정 나팔이 울리는 순간이었다.

브랜드 선포식 추진내용
사례

추진 목적

　　　　자연보감의 건강기능식품 사업 진출 선포식과 자연보감 프랜차이즈 사업 설명회를 동시에 진행함으로써, 대내외적인 공감대를 함께 형성할 수 있고 상호 시너지 효과를 기대할 수 있다.

자연보감 브랜드 선포식

- **자연보감의 대내외적 홍보**
  - 자연보감 조직 내 공감대 형성
  - First-Mover로서 이미지 창출

- **건강기능식품 프랜차이즈 사업설명회 지원**
- **자연보감에 대한 신뢰도 고취**
  - 장기적 관점에서 사업 성장성 이해
    (초기 사업 모델과 향후 확장 모델)
  - 참여자 저조 등의 위험 요소 제거

상호 시너지

- 초기 홍보 강화
- 상호신뢰
- 성공에 대한 열정

자연보감 사업 설명회

- **가맹희망자에 대한 신뢰성 확보**
  - 자연보감의 기업 이념과 철학
  - 자연보감의 전문성

- **상담과 가맹계약에 대한 동기 부여**
  - 건강기능식품 사업의 안정성
  - 가맹사업의 장점 강화
  - 기존 프랜차이즈 사업과의 차별성 강조
  - 본부 시스템으로 가맹점 운영 강조

추진 개요

가맹안내서, BI, SI 등에 대한 의사결정기간 등을 고려할 때 사업설명회를 7월 1일에 진행하는 것이 바람직함.

일시	2023년 7월 1일 14:00~17:00(3시간)
장소	서울 코엑스 컨퍼런스 센터
목적	1. 자연보감의 건강기능식품 사업 진출 선포(자연보감 론칭) 2. 자연보감 프랜차이즈의 가맹파트너 모집
대상	1. 자연보감 직원 50명 내외 2. 건강기능식품 프랜차이즈 사업에 관심 있는 예비창업자 100명 내외 (소자본 창업 희망자)

	사전 진행단계	본 설명회 프로세스	사후 진행단계
진행 단계	1. 추진방안 수립 2. 장소 및 설비 섭외 3. 브랜드 선포식 자료 제작 4. 사업설명회 자료 제작 5. 인사말 작성 6. 대외 홍보 7. 홍보물 제작(브랜드 선포식) 8. 가입과 상담신청서 9. 사전 접수와 해피콜 방안	1. 홍보물과 상담신청서 배포 2. 브랜드 선포 선언 3. 대표 인사말 4. 사업소개 프레젠테이션 5. 질의 응답 6. 상담신청서 작성과 접수 7. 개별 상담(요청 시)	1. 참여자 데이터베이스화 2. ABC 분류와 접촉 우선순위 결정 3. 개별 상담 진행

세부 진행계획

	항목	시간	소요 시간	담당	준비사항
Pre	진행팀 사전점검과 최종 리허설	13:00~14:30		전체	13시까지 집합, 시연
Pre	참가자 도착, 접수 확인, 입장	~15:00		각 담당	접수 데이터베이스, 양식 패키지
Pre	홍보 동영상	~15:10	반복		동영상 CD
1	시작멘트 -참여감사와 개시 공지 -신청서 작성, 상담, 사후 접촉 -진행순서와 소요시간 -대표이사 소개와 인사말	15:10~15:15	5	사회자	출입문 닫기
2	브랜드 선포식 -브랜드 탄생 배경 -향후 브랜드 계획	15:15~15:20	5	허준 사장	연단, 고정마이크
3	건강기능식품 프랜차이즈 사업 전망	15:20~15:40	20	허준 사장	연단, 고정마이크
4	사업설명 프레젠테이션	15:40~16:20	40	서민교 대표 이사	연단, 고정마이크
5	질의, 응답: 3~4명	16:20~16:30	10	본부장 (개발팀장)	무선마이크
6	가맹신청서 작성 안내와 작성	16:30~16:35	5	사회자	여분 필기구
7	다과 코너 이동	16:35~			다과 준비
8	신청서 접수와 개별상담 진행	16:35~17:20	45	진행 직원	설명 보조자료

프랜차이즈 시스템구축 컨설팅(직영점에서 프랜차이즈화)

직영점을 기반으로 성공적인 프랜차이즈 시스템을 구축하여 안정적으로 프랜차이즈 사업을 시작할 수 있습니다.

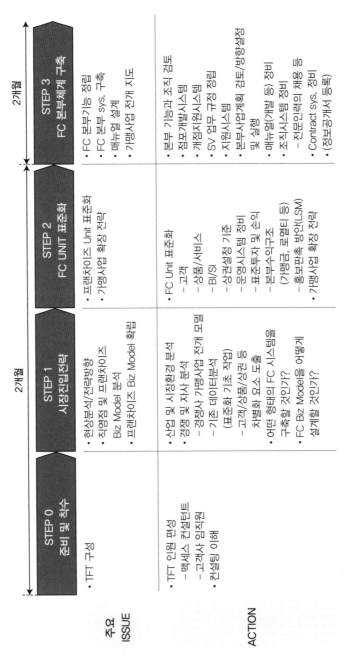

2개월 ← → 2개월

	STEP 0 준비 및 착수	STEP 1 시장진입전략	STEP 2 FC UNIT 표준화	STEP 3 FC 본부체계 구축
주요 ISSUE	• TFT 인원 편성 - 맥세스 컨설턴트 - 고객사 임직원 • 컨설팅 이해	• 현상분석/전략방향 • 직영점 및 프랜차이즈 Biz Model 분석 • 프랜차이즈 Biz Model 확립	• 프랜차이즈 Unit 표준화 • 가맹사업 확장 전략	• FC 본부기능 정립 • FC 본부 sys. 구축 • 매뉴얼 설계 • 가맹사업 전개 지도
ACTION		• 산업 및 시장환경 분석 • 경쟁 및 자사 분석 • 경쟁사 가맹사업 전개 모델 - 기존 데이터분석 (표준화 기초 작업) - 고객/상품/상권 등 차별화 요소 도출 • 어떤 형태의 FC 시스템을 구축할 것인가? • FC Biz Model을 어떻게 설계할 것인가?	• FC Unit 표준화 - 고객 - 상품/서비스 - BI/SI - 상권설정 기준 - 운영시스템 정비 - 본부투자 및 손익 - 표준수익구조 (가맹금, 로열티 등) - 홍보판촉 방안(LSM) • 가맹사업 확장 전략	• 본부 기능과 조직 검토 • 점포개발시스템 • 개점지원시스템 • SV 업무 규정 정립 • 지원시스템 • 본부사업계획 검토/방향설정 및 실행 • 매뉴얼(개발 등) 정비 • 조직시스템 정비 - 전문인력의 채용 등 • Contract sys. 정비 (정보공개서 등록)

*FC = Franchise의 약자

프랜차이즈 JUMP UP(본부시스템재정비 및 리브랜딩) 컨설팅

가맹점 운영 중인 본부를 대상으로 체계적인 프랜차이즈 시스템 진단 및 재정비를 통해 지속 성장하는 프랜차이즈 전문기업으로 재도약할 수 있습니다.

	STEP 0 준비 및 착수	STEP 1 프랜차이즈시스템진단	STEP 2 우선과제 시스템화 및 재구축	STEP 3 Tool류 및 시스템 정착
		2개월	2개월	2개월
주요 ISSUE	• TFT 구성	• Value Chain별 진단 • Tool류 진단 • 임직원 인터뷰 • 점주/점포 진단(CRS) • 고객만족도 조사	• 4~5개의 우선과제도출 • 과제해결방안 점검	• Tool류 보완 • IT 기반 본부 시스템 정착 • 2차 과제 전략 수립
ACTION	• TFT 인력 편성 　- 맥세스 컨설턴트 　- 고객사 임직원 • 컨설팅 이해	• 자사시스템 진단을 통한 프랜차이즈 본부 시스템 강화 목적 　- 개발, 개점, 운영, 지원 등 • 기존 Tool류 진단 　- 별률적, 제도적 　- Contract sys. 진단 • 본부 조직체계 분석 • 임직원의견조사 • 기존 매장 분석(CRS) • 진단결과의 체계적 분류 및 핵심이슈 도출	• 우선해결과제에 대한 핵심이슈 대안 수립 • 과제해결방안 제시 • 본부조직 재정비	• 우선과제에 따른 Tool류 보완 • IT 시스템 기반 프랜차이즈 전반적인 본부 시스템 확립을 위한 단계적 정착 • 핵심과제 최종 점검 • 핵심과제 외 2차적 과제에 대한 전략 수립

프랜차이즈 본부경영 시스템 구축 전문 컨설팅

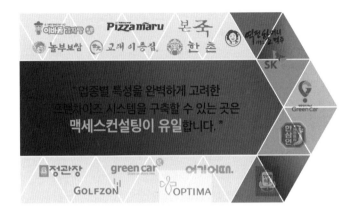

외 식

서비스

도소매

컨설팅 상품 제대로 된 프랜차이즈 본사를 위한 체계적이고 과학적인 컨설팅

Total FC 본사 경영 시스템 구축

신규아이템을 프랜차이즈 사업으로 전개하고자 할 때?

신규아이템 기획부터 Biz. Model 설계, 모델점 개점을 통해 프랜차이즈 사업 전개까지 Total 컨설팅을 실행합니다

대박집 가맹사업화

줄서는 맛집을 가맹사업으로 전개하기 위한 전략

계속해서 들어오는 가맹문의,, 가맹계약서와 정보계약서만 있으면 그게 가맹사업 아닌가요?

아닙니다. 제대로 된 프랜차이즈가 되기 위해서는 나에게 적합한 프랜차이즈 시스템 구축이 필수입니다.

프랜차이즈 본부구축 Jump-up 컨설팅

프랜차이즈 본부 리브랜딩 및 비즈모델 재구축

프랜차이즈 본부를 수년 경과했었지만, 생각하는것처럼 이익이 나오지 않아요. 가맹점 개발이 진행되지 않아요.

이런 상황이 있는 경우, 맥세스에서는 본부시스템 Jump-up 컨설팅 프로세스를 진행해 드립니다.

맥세스 교육 경쟁력 및 기대효과

현장 중심의 커리큘럼과 실무 경험이 풍부한 전문 강사진이 최고의 전문가를 양성합니다

교육 대상	교육특징	교육목적 & 기대효과
·분쟁 및 가맹사업법에 대응하고 싶은 본사 CEO 및 실무자	현업 종사 중인 강사진으로 구성 대표강사 50% 이상의 교육 (외부강사 위주 교육 탈피)	프랜차이즈 시스템 A부터 Z까지 구축 기반 마련
·프랜차이즈 업계 진출 희망자 ·프랜차이즈 본사 시스템 구축 희망자	이론/실습/사례의 교육프로그램을 구성하여 현업에 바로 적용 가능	강화된 가맹사업법의 분쟁예방 및 대응 방안 수립
·대·중소기업의 프랜차이즈 실무 담당자	교육기간 중 FC경영전문 컨설턴트 멘토링 자문상담 진행	업계의 전문가 육성 및 인재 배양

맥세스 교육 커리큘럼

프랜차이즈 전문가 과정(매주 토요일 총 80시간 교육, 매년 2월 8월 개강)

FC핵심전략 및 전술	개발(출점) SYSTEM	개점 SYSTEM	슈퍼바이저 SYSTEM	지원 SYS.	MD SYS.
·FC시스템 이해 ·FC시스템 기획 ·FC본사경영론 ·가맹계약서 정보공개서 가맹사업법 시행령 해석 및 이해	·가맹점 개발 전제조건 ·FC 개발 기획 - 출점 전략 - 입지상권개발 ·가맹점 개발발굴 전략	·개점 기획 및 실무 ·점포운영계획	·슈퍼바이저 본질과 기능 ·SV운영기능 ·SV점포기능 ·SV매출활성화 방법 (부진점대응)	·FC노무관리 ·FC인사관리 ·FC교육훈련체계구축	·FC지적재산권 확보 및 전략 ·FC마케팅 전략 ·FC메뉴개발 ·FC물류체계구축

프랜차이즈 본부구축 성공 CEO과정(매주 화요일 총 40시간 교육, 매년 4월 10월 개강)

프랜차이즈 사업의 이해	프랜차이즈 사업 진단	프랜차이즈 UNIT 표준화	프랜차이즈 기업체계 구축	TOOL 류 구축
·FC시스템 이해 ·FC생존전략 ·FC의 메리트	·본부이념체계 진단 ·FC 비즈니스모델 및 사업성 진단 ·CEO가 알아야 할 RISK 매니지먼트	·타깃제공상품의 표준화 ·가맹조건 표준화 ·영업표지 CI/BI 전략 ·업종운영 노하우 사례 ·입지상권 표준화 ·FC경영 시뮬레이션	·본부의 기능 목표관리 ·노무관리 ·가맹점 개발 시스템 구축 ·상품(메뉴)개발 ·마케팅체계 구축 ·물류체계 구축 ·SV관리체계 구축 ·교육훈련체계 구축 ·경영시스템체계 구축	·가맹계약서 정보공개서 위생 등 리스크 관리 체계 구축 ·각종 매뉴얼 유형 구축

중앙경제평론사 Joongang Economy Publishing Co.
중앙생활사 | 중앙에듀북스 Joongang Life Publishing Co./Joongang Edubooks Publishing Co.

중앙경제평론사는 오늘보다 나은 내일을 창조한다는 신념 아래 설립된 경제·경영서 전문 출판사로서
성공을 꿈꾸는 직장인, 경영인에게 전문지식과 자기계발의 지혜를 주는 책을 발간하고 있습니다.

가맹점 창업을 위한 프랜차이즈 시스템 실무 〈최신 개정판〉

초판 1쇄 발행 | 2013년 9월 7일
초판 8쇄 발행 | 2019년 1월 15일
개정초판 1쇄 발행 | 2023년 7월 25일
개정초판 2쇄 발행 | 2024년 7월 15일

지은이 | 서민교(MinGyo Seo)
펴낸이 | 최점옥(JeomOg Choi)
펴낸곳 | 중앙경제평론사(Joongang Economy Publishing Co.)

대 표 | 김용주
편 집 | 한옥수·백재운·용한솔
디자인 | 박근영
인터넷 | 김회승

출력 | 삼신문화 종이 | 에이엔페이퍼 인쇄 | 삼신문화 제본 | 은정제책사

잘못된 책은 구입한 서점에서 교환해 드립니다.
가격은 표지 뒷면에 있습니다.

ISBN 978-89-6054-319-5(03320)

등록 | 1991년 4월 10일 제2-1153호
주소 | ㉾04590 서울시 중구 다산로20길 5(신당4동 340-128) 중앙빌딩
전화 | (02)2253-4463(代) 팩스 | (02)2253-7988
홈페이지 | www.japub.co.kr 블로그 | http://blog.naver.com/japub
네이버 스마트스토어 | https://smartstore.naver.com/jaub 이메일 | japub@naver.com
♣ 중앙경제평론사는 중앙생활사·중앙에듀북스와 자매회사입니다.

| 도서 주문 | www.**japub**.co.kr 전화주문 : 02) 2253 - 4463 | https://smartstore.naver.com/jaub 네이버 스마트스토어 |

중앙경제평론사/중앙생활사/중앙에듀북스에서는 여러분의 소중한 원고를 기다리고 있습니다. 원고 투고는 이메일을
이용해주세요. 최선을 다해 독자들에게 사랑받는 양서로 만들어드리겠습니다. **이메일** | japub@naver.com